Florian Steger
Marcin Orzechowski
Maximilian Schochow (Hg.)

Pränatalmedizin

ANGEWANDTE ETHIK

ANGEWANDTE ETHIK

Herausgegeben von
Nikolaus Knoepffler, Peter Kunzmann, Reinhard Merkel,
Ingo Pies und Anne Siegetsleitner

Medizin
Band 2

Florian Steger
Marcin Orzechowski
Maximilian Schochow (Hg.)

Pränatalmedizin

Ethische, juristische und gesellschaftliche Aspekte

Verlag Karl Alber Freiburg / München

Florian Steger, Marcin Orzechowski and Maximilian Schochow (Eds.)

Prenatal medicine

Ethical, legal and social aspects

The European-wide introduction of new, easily accessible and non-invasive prenatal genetic diagnostics leads to diversely articulated discussions on the chances and risks of genetic diagnostics. In these debates, a broad consensus has been achieved in only one point: non-invasive genetic blood tests present new ethical, legal and social challenges. The fast and low-cost availability of these genetic tests could result in treating them as an integral component of standard prenatal diagnostics. This could limit the mother's right not to know and her self-determination, since the availability of this technology is associated with the expectation to use it. On the one hand, the advantages of non-invasive versus invasive prenatal diagnostics, of which the latter can be associated with complications for mother and child, are emphasized. On the other hand, numerous voices generally reject prenatal genetic diagnostics on the grounds that it possesses no therapeutic benefits.

In this volume, junior scholars and internationally renowned experts from various disciplines discuss the ethical, legal and social questions that are posed by the latest developments in the area of prenatal medicine.

The Editors:

Professor Dr. Florian Steger is since 2016 director of the Institute of the History, Philosophy and Ethics of Medicine at Ulm University.

Dr. Marcin Orzechowski is scientific assistant at the Institute of the History, Philosophy and Ethics of Medicine at Ulm University.

Dr. Maximilian Schochow is scientific assistant at the Institute of the History, Philosophy and Ethics of Medicine at Ulm University.

Florian Steger, Marcin Orzechowski und
Maximilian Schochow (Hg.)

Pränatalmedizin

Ethische, juristische und gesellschaftliche Aspekte

Die europaweite Einführung neuer, leicht zugänglicher und nicht-invasiver pränataler Gendiagnostik führt zu unterschiedlich gelagerten Diskussionen über die Chancen und Risiken genetischer Diagnostik. In diesen Debatten herrscht in einem Punkt weitgehende Einigkeit: nicht-invasive genetische Bluttests stellen neue ethische, juristische und gesellschaftliche Herausforderungen dar. Die schnelle und kostengünstige Verfügbarkeit dieser Gentests würde dazu führen, dass jene Tests immer mehr fester Bestandteil der pränatalen Standarddiagnostik werden. Damit würden das Recht der Mutter auf Nichtwissen und ihre Selbstbestimmung beschnitten. Denn die Verfügbarkeit dieser Technik würde mit der Erwartung einhergehen, diese dann auch zu nutzen. Es werden einerseits die Vorteile der nicht-invasiven gegenüber der invasiven Pränataldiagnostik betont, welche mit Komplikationen für Mutter und Kind verbunden sein kann. Andererseits finden sich zahlreiche Positionen, die generell pränatale Gendiagnostik ablehnen, da sie keinen therapeutischen Nutzen habe.

In diesem Sammelband diskutieren Nachwuchswissenschaftler und international ausgewiesene Experten aus verschiedenen Fachbereichen die ethischen, rechtlichen und gesellschaftlichen Fragestellungen, welche die neuesten Entwicklungen im Bereich Pränatalmedizin aufwerfen.

Die Herausgeber:

Professor Dr. Florian Steger ist seit 2016 Direktor des Instituts für Geschichte, Theorie und Ethik der Medizin der Universität Ulm.

Dr. Marcin Orzechowski ist wissenschaftlicher Mitarbeiter am Institut für Geschichte, Theorie und Ethik der Medizin der Universität Ulm.

Dr. Maximilian Schochow ist wissenschaftlicher Mitarbeiter am Institut für Geschichte, Theorie und Ethik der Medizin der Universität Ulm.

Gedruckt mit freundlicher Unterstützung des Bundesministeriums für Bildung und Forschung (BMBF), www.bmbf.de

Bundesministerium
für Bildung
und Forschung

MIX
Papier aus verantwortungsvollen Quellen
FSC
www.fsc.org
FSC® C083411

2. Auflage 2020

www.verlag-alber.de

Satz: SatzWeise GmbH, Trier
Herstellung: CPI books GmbH, Leck

Printed in Germany

ISBN 978-3-495-48956-7

Inhalt

II. Juristische Aspekte

III. Gesellschaftliche Aspekte

Vorwort zur zweiten Auflage

Vom 13. bis zum 17. März 2017 fand am Institut für Geschichte, Theorie und Ethik der Medizin der Universität Ulm die vom Bundesministerium für Bildung und Forschung (BMBF) geförderte Klausurwoche »Ethische, rechtliche und gesellschaftliche Aspekte invasiver und nicht-invasiver genetischer Pränataldiagnostik in Deutschland und Polen« statt. Ziel der internationalen BMBF-Klausurwoche war es, die allgemeinen Chancen und Risiken der Pränatalmedizin sowie die spezifischen Gemeinsamkeiten und Unterschiede zwischen Deutschland und Polen herauszuarbeiten. Dazu kamen deutsche und polnische Nachwuchswissenschaftler[1] aus verschiedenen Fachbereichen mit international ausgewiesenen Experten in Ulm zusammen. Die in diesem Band zusammengestellten Beiträge in deutscher und englischer Sprache basieren auf den überarbeiteten Präsentationen während der BMBF-Klausurwoche und wurden im Peer-Review-Verfahren begutachtet.

Seit Erscheinen der ersten Auflage des Bandes im Januar 2018 wurde die Diskussion um ethische, rechtliche und gesellschaftliche Aspekte der Pränatalmedizin in beiden europäischen Ländern fortgeführt. In Deutschland leitete im März 2019 der Gemeinsame Bundesausschuss (G-BA) ein Stellungnahmeverfahren zu den geplanten Anwendungsmöglichkeiten eines nichtinvasiven Pränataltests (NIPT) bei Schwangerschaften mit besonderen Risiken ein.[2] Das Ziel des Verfahrens war die Beantwortung folgender Frage: Soll ein NIPT als

[1] Wenn im Folgenden von den Herausgebern zur besseren Übersichtlichkeit die maskuline Formulierung verwendet wird, sind selbstverständlich Frauen, Männer und alle weiteren Identitäten gleichermaßen gemeint. Den Autoren wurde die Entscheidung überlassen, ob eine geschlechtersensible Schreibweise verwendet wird und vor allem welche Variante sie wählen.

[2] Beschluss. Einleitung des Stellungnahmeverfahrens – Nicht-invasive Pränataldiagnostik (NIPD) autosomaler Trisomien 13, 18 und 21 mittels eines molekulargenetischen Tests (NIPT) für die Anwendung bei Risikoschwangerschaften im Rahmen der

solidargemeinschaftliche Leistung in die vorgeburtliche Regelversorgung aufgenommen werden? Im April 2019 fand zu diesem Themenkomplex im Deutschen Bundestag eine »Orientierungsdebatte über vorgeburtliche genetische Bluttests« statt. Die Abgeordneten diskutierten vor allem die Frage, ob NIPTs Teil der Kassenleistung werden sollten.[3] Ein eindeutiges Votum für oder gegen die Aufnahme von NIPTs in den Leistungskatalog der Krankenkassen wurde von den Abgeordneten nicht formuliert. Eine klare Positionierung nahm der G-BA im September 2019 vor. Am 22. September veröffentlichte der G-BA das Ergebnis seiner Methodenbewertung.[4] Der G-BA kam zu dem Schluss, dass ein »NIPT in begründeten Einzelfällen und nach ärztlicher Beratung unter Verwendung einer Versicherteninformation eingesetzt werden kann.« Gleichzeitig wurde beschlossen, dass ein »NIPT zur Untersuchung auf Trisomien in den Leistungskatalog der gesetzlichen Krankenkassen aufzunehmen« sei. Zudem führte der G-BA aus, dass die Inanspruchnahme eines NIPT zulasten der Krankenkassen erst möglich sei, »wenn die verpflichtend vorgesehene Versicherteninformation entwickelt und vom G-BA beschlossen« wurde. Dieser Prozess sei voraussichtlich Ende 2020 abgeschlossen.

In Polen wurde im Herbst 2017 ein neuer Gesetzesentwurf in das Parlament eingebracht. Ziel des Gesetzentwurfs war die Verschärfung der geltenden gesetzlichen Regelungen zum legalen Schwangerschaftsabbruch. Künftig sollten alle Schwangerschaftsabbrüche verboten werden, die mit einem positiven Befund im Rahmen der Pränataldiagnistik begründet wurden. Über diesen Gesetzentwurf wurde von der regierenden konservativen Partei „Prawo i Sprawiedliwość" (PiS) nicht im Parlament entschieden. Vielmehr wurde dieser zunächst an das polnische Verfassungsgericht weitergeleitet. Dieses sollte prüfen, ob ein Schwangerschaftsabbruch nach Pränataldiagnostik mit der polnischen Verfassung vereinbar sei. Seit Weiterleitung des Gesetzesentwurfs traf das konservativ dominierte Verfassungsgericht keine Entscheidung. Nach den Parlamentswahlen im Oktober

---

Mutterschafts-Richtlinien. https://www.g-ba.de/beschluesse/3711/ (abgerufen am 17.12.2019).

[3] Orientierungsdebatte über vorgeburtliche genetische Bluttests. https://www.bundestag.de/dokumente/textarchiv/2019/kw15-de-genetische-bluttests-633704 (abgerufen am 17.12.2019).

[4] Methodenbewertung. Nicht-invasiver Test zum Vorliegen von Trisomien als mögliche Alternative zu invasivem Eingriff. https://www.g-ba.de/presse/pressemitteilungen/810/ (abgerufen am 17.12.2019).

2019, die erneut die konservative PiS gewann, forderten einige Abgeordnete und konservative Medien eine endgültige Entscheidung des Verfassungsgerichts und die Annahme des Gesetzentwurfs durch das polnische Parlament. Der polnische Präsident Andrzej Duda kündigte bereits an, dass er dieses Gesetz unterschreiben würde, wenn es vom Parlament angenommen werde. Damit signalisierte er seine Zustimmung und forderte zugleich die Abgeordneten zur Annahme des Gesetzes auf. Eine endgültige Entscheidung steht noch aus.

Die BMBF-Klausurwoche und die Publikation des Bandes wären ohne großzügige Unterstützung nicht möglich gewesen. Wir danken dem Bundesministerium für Bildung und Forschung für die Bewilligung und Förderung des Projekts. Unser Dank gilt den Mitarbeitern beim Projektträger im DLR, welche die Arbeit und damit die Durchführung der BMBF-Klausurwoche begleitet und jederzeit unterstützt haben. Für die Aufnahme unseres Bandes in die wissenschaftliche Reihe »Angewandte Ethik: Medizin« danken wir deren Herausgebern. Wir danken allen Teilnehmern und Experten der BMBF-Klausurwoche sowie den Autoren dieses Bandes für die Bereitstellung ihrer Beiträge. Für ihre tatkräftige Unterstützung bei diesem Projekt bedanken wir uns zudem bei Margit Nägele von der Villa Eberhardt und den Mitarbeitern des Ulmer GTE-Instituts Silvia Fischer, Christine Römer, Katharina Fürholzer, Jens Spannagel und Frank Ursin.

Ulm im Januar 2020

Florian Steger, Marcin Orzechowski und Maximilian Schochow

Florian Steger, Marcin Orzechowski und Maximilian Schochow

Einleitung

In der Pränataldiagnostik werden invasive von nicht-invasiven Untersuchungen unterschieden.[1] Bei invasiven Untersuchungen wird in den Körper der schwangeren Frau eingegriffen, um Proben der Plazenta (Chorionzottenbiopsie), der Amnionflüssigkeit (Amniozentese) oder des embryonalen Bluts (Chordozentese) zu entnehmen. Diese Proben werden anschließend auf Chromosomenstörungen oder schwerwiegende Erbkrankheiten untersucht. Die invasive Pränataldiagnostik ist mit Gefahren für die Schwangere und mit Verletzungsrisiken des Fetus verbunden.[2] Im Gegensatz dazu ist bei der nicht-invasiven Pränataldiagnostik das Risiko für die schwangere Frau und den Fetus geringer. Zu den nicht-invasiven Methoden gehören Ultraschalluntersuchungen, die Nackentransparenzmessung sowie molekulargenetische Bluttests, die sogenannten nicht-invasiven Pränataltests (NIPTs).[3] Im Rahmen der NIPTs werden der Schwangeren 10 ml Blut entnommen, das die Erbinformationen des Fetus in Form von zellfreien DNA-Chromosomenbruchstücken enthält. Anschließend werden fetale und mütterliche Bestandteile erkannt, zugeordnet und analysiert.[4]

2012 wurde in Deutschland mit dem PraenaTest® der erste nicht-invasive molekulargenetische Bluttest eingeführt.[5] Im Sommer 2016 waren in Deutschland bereits sechs NIPTs erhältlich, die zwischen

---

1 Adam Gasiorek-Wiens: Ultraschalldiagnostik, Pränataldiagnostik in der Praxis. In: Florian Steger, Simone Ehm, Michael Tchirikov (Hg.): Pränatale Diagnostik und Therapie in Ethik, Medizin und Recht. Berlin, Heidelberg 2014, S. 7–34, hier S. 10.

2 Gasiorek-Wiens: Ultraschalldiagnostik, Pränataldiagnostik in der Praxis (Anm. 1), S. 24.

3 Peter Kozlowski: Nichtinvasive pränatale Tests. Überblick über die Grundlagen und den Einsatz der Methoden. In: Der Gynäkologe 49 (2016), S. 415–421.

4 Kozlowski: Nichtinvasive pränatale Tests (Anm. 3).

5 Gisela Klinkhammer, Eva Richter-Kuhlmann: PraenaTest. Kleiner Test, große Wirkung. In: Deutsches Ärzteblatt 110 (2013), S. A 166–A 168.

200 bis 650 Euro kosteten – beispielsweise der Harmony® oder der Panorama® Test. Konnte mit dem PraenaTest® bei seiner Markteinführung eine Trisomie 21 nachgewiesen werden, so wird er gegenwärtig in unterschiedlichen Options-Modellen angeboten – Option 1: Testung auf Trisomie 21, Option 2: Testung auf Trisomie 21, 18 und 13 sowie Option 3: Testung auf Trisomie 21, 18 und 13 sowie auf das Klinefelter-, Turner-, Triple-X- und XYY-Syndrom. Auf Wunsch der Schwangeren ist bei allen drei Optionen auch die Bestimmung des Geschlechts des Fetus möglich.[6] Die weitere Entwicklung der NIPTs ist unter anderem auf den Nachweis sogenannter Mikrodeletionssyndrome ausgerichtet.[7] Diese Krankheiten entstehen durch den Verlust kleiner Chromosomenstücke und können beispielsweise zu Herzfehlern oder geistigen Entwicklungsstörungen führen.[8] War der PraenaTest® anfänglich in Europa nur in Deutschland, Liechtenstein, Österreich und der Schweiz erhältlich, so wird er gegenwärtig in ganz Europa angeboten.[9] In Polen sind NIPTs seit 2013 erhältlich – beispielsweise der PraenaTest®, der Nifty™ oder der Harmony® Test.

Ethische Aspekte in Deutschland und Polen

Kurz nach der Einführung der ersten molekulargenetischen Bluttests in Deutschland äußerte sich der Deutsche Ethikrat in seiner Stellungnahme »Die Zukunft der genetischen Diagnostik – von der Forschung in die klinische Anwendung« vom 30. April 2013 zu den NIPTs[10]. Es wurden hier erweiterte Anwendungsbereiche genetischer Diagnostik und der damit verbundene rasante Zuwachs an genetischen Informa-

---

[6] Marion Baldus: Dominanz des Marktes. In: Gen-ethischer Informationsdienst 237 (2016), S. 11–13, hier S. 11.

[7] Susanne Friese: Die nicht-invasiven Pränataltests unterwegs in der globalisierten Pränataldiagnostik: Ein herausforderndes Beispiel aus der Praxis. In: Marit Cremer, Christa Wewetzer (Hg.): Pränatale Diagnostik. Beratungspraxis aus medizinischer, psychosozialer und ethischer Sicht. Frankfurt am Main, New York 2017, S. 69–79, hier S. 73.

[8] Friese: Die nicht-invasiven Pränataltests (Anm. 7), S. 73.

[9] Dagmar Schmitz: Ethische Herausforderungen der neuen nichtinvasiven Pränataltestung. In: Der Gynäkologe 6 (2016), S. 442–447.

[10] Deutscher Ethikrat: Die Zukunft der genetischen Diagnostik – von der Forschung in die klinische Anwendung. Stellungnahme. Berlin 2013.

tionen als zentrale Herausforderungen diskutiert.[11] Die schnelle und kostengünstige Verfügbarkeit von NIPTs führe dazu, dass diese Tests immer mehr als Bestandteil der pränatalen Standarddiagnostik verstanden werden.[12] Dieses Argument taucht auch in den aktuellen Auseinandersetzungen um die NIPTs auf. Dabei warnen Kritiker vor einer Medikalisierung der Schwangerschaft und deren Folgen: Während der Nutzen einer Pränataldiagnostik für die gesundheitliche Versorgung der schwangeren Frau zweifelhaft ist, seien die Konsequenzen für den Fetus gravierend.[13] Die Etablierung pränataldiagnostischer Verfahren führe zu einer gezielten Suche nach einer Trisomie 13, 18 oder 21 und komme einem Screening auf Chromosomenabweichungen gleich. Dieses Vorgehen führe dazu, dass die Schwangerenversorgung zunehmend auf den Risikoaspekt und den Abbruch gewollter Schwangerschaften fokussiert ist.[14] Bei aller Kritik stellt der Einsatz der NIPTs für die schwangere Frau ein geringes Risiko dar, und die vorgeburtliche Erkennung von Trisomie 13, 18 und 21 wird verbessert. Dies führt zu einer Verringerung invasiver Untersuchungen und folglich auch zu einer Minimierung von Fehlgeburten.[15]

In der Auseinandersetzung um die NIPTs wird vor allem die routinemäßige Suche nach genetischen Erkrankungen des Fetus thematisiert. Bei einem entsprechenden Testergebnis stehe dann häufig die Entscheidung für einen Abbruch der Schwangerschaft.[16] Zudem wird

---

[11] Deutscher Ethikrat: Die Zukunft der genetischen Diagnostik (Anm. 10), S. 112 und S. 143.

[12] Deutscher Ethikrat: Die Zukunft der genetischen Diagnostik (Anm. 10), S. 170.

[13] Christa Wewetzer: Medizinethische Probleme durch Pränataldiagnostik: Beratung als Ausweg aus dem ethischen Dilemma. In: Marit Cremer, Christa Wewetzer (Hg.): Pränatale Diagnostik. Beratungspraxis aus medizinischer, psychosozialer und ethischer Sicht. Frankfurt am Main, New York 2017, S. 121–142.

[14] Offener Brief an den Gemeinsamen Bundesausschuss (G-BA) aus Anlass von Tagesordnungspunkt 8.2.1 der öffentlichen Sitzung des G-BA am 18. August 2016. Berlin 2016. https://www.gen-ethisches-netzwerk.de/files/16_08_12%20Offener%20Brief%20G-BA.pdf (abgerufen am 5.1.2018).

[15] Gisela Klinkhammer: Nichtinvasive Pränataldiagnostik: Nur ein Tropfen Blut. In: Deutsches Ärzteblatt 113 (2016), S. A 642–A 644.

[16] Wybo Dondorp, Guido de Wert, Yvonne Bombard, Diana W Bianchi, Carsten Bergmann, Pascal Borry, Lyn S Chitty, Florence Fellmann, Francesca Forzano, Alison Hall, Lidewij Henneman, Heidi C Howard, Anneke Lucassen, Kelly Ormond, Borut Peterlin, Dragica Radojkovic, Wolf Rogowski, Maria Soller, Aad Tibben, Lisbeth Tranebjærg, Carla G van El, Martina C Cornel, on behalf of the European Society of Human Genetics (ESHG) and the American Society of Human Genetics (ASHG): Non-inva-

betont, dass diese Tests zu einer routinemäßigen Prüfung von Eigenschaften des Fetus führen. Die pränatale Ermittlung des Geschlechts des Fetus könne zu einem Abbruch der Schwangerschaft führen, wenn ein bestimmtes Geschlecht weniger anerkannt werde als ein anderes.[17] Demgegenüber spricht für den Einsatz der NIPTs das Prinzip der Selbstbestimmung der schwangeren Frau, da diese Testergebnisse dazu beitragen können, eine informierte Entscheidung zu treffen. Gleichzeitig ist es möglich, durch den frühen Einsatz der NIPTs späte Schwangerschaftsabbrüche zu verhindern.[18]

Ein weiterer Einwand gegen die NIPTs wird mit dem möglichen gesellschaftlichen Druck begründet, dem sich Ärzte und die Reproduktionspartner ausgesetzt sehen, die NIPTs routinemäßig einsetzen zu müssen. Damit würde unter anderem das Recht auf Nichtwissen aufgehoben.[19] Gegen dieses Argument steht die Forderung nach einer umfassenden und patientengerechten Aufklärung über Wesen, Bedeutung und Tragweite der Verfahren durch den behandelnden Arzt.[20] Wichtig dafür ist, dass die Ärzte die Befunde einordnen und entsprechend beraten können.[21] Zudem ist die Qualitätssicherung der Aufklärung und Beratung notwendig.

In Polen sind die Auseinandersetzungen um ethische Fragen der NIPTs vor dem Hintergrund der sogenannten »Gewissensklausel« zu sehen.[22] Diese Klausel ist im Artikel 39 des »Arzt- und Zahnarzt-

---

sive prenatal testing for aneuploidy and beyond: challenges of responsible innovation in prenatal screening. In: European Journal of Human Genetics 23 (2015), S. 1438–1450.

[17] Rosemary E. Reiss, Marie Discenza, Judith Foster, Lori Dobson, Louise Wilkins-Haug: Sex chromosome aneuploidy detection by noninvasive prenatal testing: helpful or hazardous? In: Prenatal Diagnosis 37 (2017), S. 515–520.

[18] Josephine Johnston, Ruth M. Farrell, Erik Parens: Supporting Women's Autonomy in Prenatal Testing. In: The New England Journal of Medicine 377 (2017), S. 505–507.

[19] Anna Karolina Sierawska: Prenatal diagnosis: do prospective parents have the right not to know? In: Medicine, Health Care and Philosophy 18 (2015), S. 279–286.

[20] Florian Steger, Jan C. Joerden, Andrzej Kaniowski: Einleitung. In: Florian Steger, Jan C. Joerden, Andrzej Kaniowski (Hg.): Ethik in der Pränatalen Medizin. Frankfurt am Main u.a. 2016, S. 7–18.

[21] Marit Cremer, Christa Wewetzer: Vorwort. In: Marit Cremer, Christa Wewetzer (Hg.): Pränatale Diagnostik. Beratungspraxis aus medizinischer, psychosozialer und ethischer Sicht. Frankfurt am Main, New York 2017, S. 7–12, hier S. 9.

[22] Andrzej Kaniowski: Naturrecht oder Machtanspruch? Pränatalmedizin als Kampffeld. In: Florian Steger, Jan C. Joerden, Andrzej Kaniowski (Hg.): Ethik in der Pränatalen Medizin. Frankfurt am Main u.a. 2016, S. 85–96, hier S. 87.

gesetzes« vom 5. Dezember 1996 enthalten und besagt, dass ein Arzt die Ausübung jener Gesundheitsleistungen verweigern darf, »deren Ausübung sich nicht mit seinem Gewissen vereinbaren lässt«.[23] Unter Berufung auf die »Gewissensklausel« wurden in den vergangenen Jahren diverse pränatale Untersuchungen und Behandlungen verweigert.[24] Zusätzlich unterzeichneten im Jahr 2014 etwa 3.000 polnische Ärzte eine »Erklärung des Glaubens«.[25] Darin sprachen sie sich gegen jegliche Form des Schwangerschaftsabbruchs, der Geburtenkontrolle und der In-vitro-Fertilisation aus, da diese nicht dem Willen Gottes entsprächen.[26] Sowohl die Gewissensklausel als auch die Erklärung des Glaubens haben Konsequenzen für die Pränataldiagnostik: Ärzte informierten ihre Patientinnen nicht über die Möglichkeiten der Pränataldiagnostik und verweigerten entsprechende Untersuchungen oder die notwendige Überweisung für pränataldiagnostische Untersuchungen.[27] Das Vorenthalten von Diagnoseverfahren und Verschweigen von Behandlungsmethoden verhindert eine selbstbestimmte Entscheidung der Schwangeren. In der Folge kommt der Mehrheit der Frauen in Polen nur noch eine eingeschränkte Versorgung im Bereich der pränatalen Medizin zu.[28] Entsprechend ist die Möglichkeit für einen selbstbestimmten Umgang mit dem eigenen Körper limitiert.

---

[23] Ustawa o zawodzie lekarza i lekarza dentysty z dnia 5 grudnia 1996 r. Dziennik Ustaw Rzeczypospolitej Polskiej z 1996r, Nr 28, pozycja 152 [Gesetz über den Beruf des Arztes und Zahnarztes vom 5. Dezember 1996. In: Gesetzblatt der Republik Polen vom 1996, Nummer 28, Stelle 152].

[24] Piotr Żuk, Paweł Żuk: Women's health as an ideological and political issue. Restricting the right to abortion, access to in vitro fertilization procedures, and prenatal testing in Poland. In: Health Care for Women International 38 (2017), S. 689–704, hier S. 696.

[25] Agnieszka Graff: Report from the gender trenches: War against »genderism« in Poland. In: European Journal of Women's Studies 21 (2014), 431–435, hier S. 433.

[26] Graff: Report from the gender trenches (Anm. 25), S. 433.

[27] Maria Boratyńska: Wolny wybór. Gwarancje i granice prawa pacjenta do samodecydowania [Freie Wahl. Garantien und Grenzen des Rechts der Patienten auf Selbstbestimmung]. Warszawa 2012; Kaniowski: Naturrecht oder Machtanspruch (Anm. 22), S. 86.

[28] Żuk, Żuk: Women's health as an ideological and political issue (Anm. 24).

Rechtliche Aspekte in Deutschland und Polen

Darüber hinaus wurden neben ethischen auch rechtliche Fragen mit der Einführung der NIPTs aufgeworfen. In Deutschland ist der Umgang mit pränataler Gendiagnostik weitgehend durch das 2009 in Kraft getretene Gendiagnostikgesetz (GenDG) geregelt.[29] Doch hinsichtlich des 2012 eingeführten PraenaTests® standen Fragen zur verfassungsmäßigen Zulässigkeit an.[30] In der Anwendung des Tests wurde ein Widerspruch zwischen diagnostischer Zielstellung und dem Diskriminierungsverbot im Grundgesetz (GG) gesehen.[31] Dieser wurde mit dem Hinweis begründet, dass der PraenaTest® nicht auf therapeutische Maßnahmen, sondern auf die Entscheidung für oder gegen einen Schwangerschaftsabbruch ziele. Grundsätzlich sind im Rahmen der Pränataldiagnostik die Grundrechte des Fetus, der schwangeren Frau sowie des behandelnden Arztes zu berücksichtigen. Die aus dem Grundgesetz abgeleiteten Verfassungsrechte müssen in einen angemessenen Ausgleich gestellt werden. Beim Fetus sind vor allem die Artikel 1 und 2 des Grundgesetzes zu beachten, in denen der Staat verpflichtet wird, die Würde des Menschen sowie das Lebensrecht zu schützen.[32] Die schwangere Frau wiederum kann sich unter anderem auf ihr Allgemeines Persönlichkeitsrecht aus Artikel 1 Absatz 1 in Verbindung mit Artikel 2 Absatz 1 des Grundgesetzes berufen und ihr Recht auf Nichtwissen anführen.[33] Schließlich kann sich der behandelnde Arzt auf seine Berufsfreiheit aus Artikel 12 Absatz 1 Grundgesetz stützen und damit die Nutzung neuer Behandlungsmethoden begründen.[34] Diese drei verschiedenen Grundrechte müssen abgewogen werden. Dabei ist beispielsweise zu beachten, dass die nichtinvasiven Maßnahmen einerseits mit weniger Fehlgeburten, andererseits mit mehr Abbrüchen von Schwangerschaften verbunden sind.[35]

---

[29] Gesetz über genetische Untersuchungen bei Menschen (Gendiagnostikgesetz – GenDG) vom 31.7.2009. In: Bundesgesetzblatt. Teil I, S. 2529.

[30] Klaus Ferdinand Gärditz: Gutachtliche Stellungnahme zur Zulässigkeit des Diagnostikprodukts »PraenaTest«. 2012. http://www.cdl-online.de/uploads/pdf/praenatest.pdf (abgerufen am 5.1.2018).

[31] Gärditz: Gutachtliche Stellungnahme (Anm. 30), S. 5.

[32] Grundgesetz für die Bundesrepublik Deutschland vom 23.5.1949. In: Bundesgesetzblatt. Teil III, Gliederungsnummer 100–101.

[33] Kommentar von Udo Di Fabio zu Artikel 2 Grundgesetz. In: Theodor Maunz, Günter Dürig: Grundgesetz. 44. Ergänzungslieferung. München 2005, Randnummer 192.

[34] Grundgesetz für die Bundesrepublik Deutschland (Anm. 32).

[35] Vasilija Rolfes, Dagmar Schmitz: Unfair discrimination in prenatal aneuploidy

Neben den verfassungsrechtlichen Fragen wird seit Einführung der NIPTs diskutiert, ob diese Tests in den Anwendungsbereich des Gendiagnostikgesetzes fallen. Dabei steht vor allem §15 des Gesetzes im Mittelpunkt der Auseinandersetzung. Nach §15 Absatz 1 dürfen pränatale genetische Untersuchungen nur nach Aufklärung, Einwilligung und einer genetischen Beratung der schwangeren Frau beziehungsweise der Reproduktionspartner vorgenommen werden.[36] Zudem muss die entsprechende Untersuchung auf bestimmte genetische Eigenschaften des Fetus abzielen, die dessen Gesundheit während der Schwangerschaft oder nach der Geburt beeinträchtigen. Dahingehen ist in §15 Absatz 2 festgelegt, dass eine Untersuchung auf spätmanifestierende Erkrankungen, die erst nach Vollendung des 18. Lebensjahres ausbrechen, nicht vorgenommen werden darf.[37] Kritiker der aktuellen Gesetzeslage betonen, dass dem Wortlaut nach die NIPTs nicht unter §15 des Gendiagnostikgesetzes fallen. Zur Begründung wird angeführt, dass bei der Untersuchung mit den NIPTs nicht das Vorliegen einer bestimmten genetischen Eigenschaft des Fetus festgestellt, sondern die Wahrscheinlichkeit einer genetischen Disposition des Fetus getestet werde.[38] Darüber hinaus werde die pränatale molekulargenetische Untersuchung anhand des Blutes der Mutter durchgeführt. Insofern wurde die Berufung auf §15 des Gendiagnostikgesetzes als ein Auslegungsproblem in der Literatur beschrieben und eine Nachbesserung des Gesetzes empfohlen.[39]

Die Gendiagnostik-Kommission (GEKO) wiederum argumentierte, dass pränatale molekulargenetische Analysen zur Feststellung genetischer Eigenschaften durch genetische Analysen nach §3 des Gendiagnostikgesetzes erfolgen, die auf labortechnische Untersuchungsmethoden eingeschränkt werden (Zytogenetik, Molekulargenetik, Genproduktanalyse).[40] Kritiker dieser Auslegung weisen darauf hin, dass bei den NIPTs nicht etwa genetische Eigenschaften

---

screening using cell-free DNA? In: European Journal of Obstetrics and Gynecology and Reproductive Biology 198 (2016), S. 27–29, hier S. 29.

[36] Gesetz über genetische Untersuchungen bei Menschen (Anm. 29).

[37] Gesetz über genetische Untersuchungen bei Menschen (Anm. 29).

[38] Josef Franz Lindner: Fällt der »PraenaTest« in den Anwendungsbereich des §15 GenDG? In: Medizinrecht 31 (2013), S. 288–291.

[39] Joachim W. Dudenhausen: Non-invasive Genetische Pränatale Testung – ein ethischer Diskurs. In: Zeitschrift für Geburtsheilkunde und Neonatologie 218 (2014), S. 238–241.

[40] 8. Mitteilung der GEKO. Zur Einordnung der nicht-invasiven Pränataldiagnostik (NIPD) und der diesbezüglichen Beratungsqualifikation. http://www.rki.de/DE/

festgestellt, sondern Wahrscheinlichkeiten angegeben werden, die Aussagen über das Vorliegen bestimmter genetischer Eigenschaften ermöglichen.[41] Entsprechend läge keine genetische Analyse gemäß §3 des Gendiagnostikgesetzes vor. Auch in dieser Hinsicht ist eine Präzisierung im deutschen Gendiagnostikgesetz notwendig.

In Polen verläuft die Diskussion über die Vor- und Nachteile invasiver und nicht-invasiver Pränataldiagnostik auf Grundlage des »Gesetzes über Familienplanung, Schutz des menschlichen Fetus und die Bedingungen für erlaubte Abtreibung« vom 7. Januar 1993.[42] Mit diesem Gesetz wurden Fragen des legalen Schwangerschaftsabbruchs und der Anwendung der Pränataldiagnostik geregelt. Dieses Gesetz steht im Zeichen des sogenannten »Abtreibungskompromisses«, der 1993 von Gegnern und Befürwortern des legalen Schwangerschaftsabbruchs ausgehandelt und verabschiedet wurde. Seit einigen Jahren wird das »Gesetz über Familienplanung« von 1993 durch konservative Kräfte und die katholische Kirche in Frage gestellt.[43] Beispielsweise wurde im Jahr 2012 eine Gesetzesinitiative in das polnische Parlament eingebracht, mit der das Recht auf legalen Schwangerschaftsabbruch im Fall fetaler Fehlbildung abgeschafft werden sollte.[44] Obwohl diese Initiative keine parlamentarische Mehrheit hatte, steht sie exemplarisch für den Versuch, das Gesetz umfassend zu novellieren.[45] Mit dem Regierungsantritt der konservativ-nationalistischen Partei »Recht und Gerechtigkeit« im Herbst 2015 gewann die Auseinandersetzung um das »Gesetz über Familienplanung« erneut an Auftrieb. Mit ihrer absoluten Mehrheit im Parlament unterstützte die neue Regierungspartei Gesetzesinitiativen für ein voll-

---

Content/Kommissionen/GendiagnostikKommission/Mitteilungen/GEKO_Mitteilungen_08.html?nn=2386716 (abgerufen am 5.1.2018).

41 Lindner: Fällt der »PraenaTest« in den Anwendungsbereich (Anm. 38), S. 289.

42 Ustawa o planowaniu rodziny, ochronie płodu ludzkiego i warunkach dopuszczalności przerywania ciąży z dnia 7 stycznia 1993 r. Dziennik Ustaw Rzeczypospolitej Polskiej Nr. 17, pozycja 78 [Gesetz über Familienplanung, Schutz des menschlichen Fetus und die Bedingungen für eine erlaubte Abtreibung vom 7. Januar 1993. In: Gesetzblatt der Republik Polen vom 1993, Nummer 17, Stelle 78].

43 Grzegorz Mazur: Informed Consent, Proxy Consent, and Catholic Bioethics. Heidelberg, London New York 2012.

44 Gabriele Lesser: Regierung Tusk vor dem Abort. In: Tageszeitung (12.10.12). http://www.taz.de/Vertrauensfrage-wegen-Abtreibung/!103465/ (abgerufen am 5.1.2018).

45 Polen: Parlament lehnt Verschärfung des Abtreibungsrechts ab. In: Deutsches Ärzteblatt (25.10.2012). http://www.aerzteblatt.de/nachrichten/52161/Polen-Parlament-lehnt-Verschaerfung-des-Abtreibungsrechts-ab (abgerufen am 5.1.2018).

ständiges Verbot von Schwangerschaftsabbrüchen.[46] Sowohl die Auseinandersetzung um das »Gesetz über Familienplanung« von 1993 als auch um das »Arzt- und Zahnarztgesetz« von 1996 und die darin enthaltene »Gewissensklausel« bewirken einen zunehmenden Rückzug der Patientinnen aus der gynäkologischen Regelversorgung und der Pränatalmedizin, wie aktuelle Befragungen verdeutlichen.[47]

Gesellschaftliche Aspekte in Deutschland und Polen

In den gesellschaftlichen Debatten um die NIPTs und deren Folgen fand in Deutschland zunächst eine starke Polarisierung statt. Die Positionen reichten von »Alles, alles, alles testen«[48] bis hin zu »Im Zweifel töten«[49]. Sogar ein »Paradigmenwechsel in der Pränataldiagnostik« wurde befürchtet.[50] Diese Debatten verdeutlichen, dass mit dem PraenaTest® ein umstrittener Bluttest auf dem Markt gekommen war.[51] Im Mittelpunkt der aktuellen gesellschaftlichen Auseinandersetzungen steht die Frage, ob künftig die Kosten für die NIPTs durch die gesetzlichen Krankenkassen übernommen werden sollten. Die Kostenübernahme, so Kritiker, überführe die NIPTs in eine Regelleistung, welche das ohnehin engmaschige Netz der pränatalen Diagnostik weiter ergänze.[52] Da die NIPTs gezielt nach »Risiken« für bestimmte Fehlbildungen suchen, würde der routinemäßige Einsatz der NIPTs zu einer systematischen symbolischen Abwertung von Menschen mit Behinderungen führen. Somit stelle die Einführung der

---

46 Żuk, Żuk: Women's health as an ideological and political issue (Anm. 24), S. 696.

47 Żuk, Żuk: Women's health as an ideological and political issue (Anm. 24), S. 701.

48 Die Redaktion: »Alles, alles, alles testen«. Der niedergelassene Berliner Pränatalmediziner John Hartung, 45, über den neuen Trisomie-21-Test für Schwangere. In: Der Spiegel 35 (2012), S. 115.

49 Rafaela von Bredow, Veronika Hackenbroch: Genetik. »Im Zweifel töten«. In Zukunft können Ärzte das gesamte Erbgut des Fötus nach genetischen Defekten durchforsten. Wird die Schwangerschaft auf Probe zum Regelfall? In: Der Spiegel 24 (2012), S. 126–127.

50 Wolfram Henn, Dagmar Schmitz: Pränataldiagnostik. Paradigmenwechsel. Der Test auf Trisomie 21 aus dem Blut der Schwangeren »Praenatest« soll ab Sommer in Deutschland verfügbar sein. Ein Paradigmenwechsel, meinen die Autoren. In: Deutsches Ärzteblatt 109 (2012), S. A 1306–A 1308.

51 Eva Richter-Kuhlmann: Down-Syndrom. Umstrittener Bluttest auf dem Markt. In: Deutsches Ärzteblatt 109 (2012), S. A 1732.

52 Offener Brief an den Gemeinsamen Bundesausschuss (Anm. 14).

NIPTs die Trisomien 13, 18 und 21 als besonders vermeidenswert heraus.[53]

Ob NIPTs in Deutschland Teil der Regelversorgung werden sollen oder nicht, wird seit Sommer 2016 intensiv diskutiert. Anlass war der Beschluss des Gemeinsamen Bundesausschusses (G-BA) vom 18. August 2016 zur Einleitung eines Bewertungsverfahrens der nicht-invasiven Pränataldiagnostik bei Risikoschwangerschaften.[54] Bereits im Vorfeld hatten Mitglieder des Bundestages[55] sowie verschiedene Interessengruppen und Vereine in offenen Briefen die Einleitung des Bewertungsverfahrens kritisiert und eine zivilgesellschaftliche Debatte eingefordert.[56] Noch während des laufenden Bewertungsverfahrens zur nicht-invasiven Pränataldiagnostik entschied der Gemeinsame Bundesausschuss am 16. Februar 2017, eine Versicherteninformation über den NIPT in Auftrag zu geben.[57] Kritiker sahen darin einen weiteren Schritt hin zur Aufnahme der NIPTs in die Regelversorgung.[58] Dabei geht es diesen Kritikern im Kern darum, dass die NIPTs keine Verbesserung der medizinischen Versorgung der Schwangeren oder des werdenden Kindes bewirken würden, da sich aus den Testergebnissen keine Therapiemöglichkeit, sondern allenfalls der Abbruch der Schwangerschaft ergeben würde.[59]

---

[53] Offener Brief an den Gemeinsamen Bundesausschuss (Anm. 14).

[54] Pressemitteilung. Gemeinsamer Bundesausschuss. Nr. 32 / 2016. Methodenbewertung. Nicht-invasive Pränataldiagnostik bei Risikoschwangerschaften – G-BA beginnt Verfahren zur Methodenbewertung – Beratungen zur Erprobung ruhend gestellt. Berlin 2016. https://www.g-ba.de/downloads/34-215-635/32_2016-08-18_Methoden bewertung%20NIPD.pdf (abgerufen am 5.1.2018).

[55] Hubert Hüppe, Corinna Rüffer, Dagmar Schmidt, Kathrin Vogler: TOP 8.2.1 der 91. Öffentlichen G-BA Sitzung am 18. August 2016. Berlin 2016. http://www.corinna-rueffer.de/wp-content/uploads/2016/08/Brief_MdBs_zur_91_G-BA-Sitzung.pdf (abgerufen am 5.1.2018).

[56] Offener Brief an den Gemeinsamen Bundesausschuss (Anm. 14).

[57] Pressemitteilung. Gemeinsamer Bundesausschuss. Nr. 03 / 2017. Methodenbewertung. Möglichkeiten und Grenzen vorgeburtlicher genetischer Diagnostik: G-BA bringt Entscheidungshilfe für werdende Eltern auf den Weg. Berlin, 16. Februar 2017. https://www.g-ba.de/downloads/34–215–668/03_2017–02–16-Versicherteninfo_NIPD.pdf (abgerufen am 5.1.2018).

[58] Stellungnahme. Keine Aufnahme weiterer selektiver Untersuchungen in die Regelversorgung! (14. Februar 2017). http://www.gen-ethisches-netzwerk.de/files/Stellungnahme-GBA-2017_02_14.pdf (abgerufen am 5.1.2018).

[59] Stellungnahme. Keine Aufnahme weiterer selektiver Untersuchungen (Anm. 58), S. 1.

Auf der anderen Seite spricht eine Reihe von Argumenten für eine Aufnahme der NIPTs in die Regelversorgung. Ein frühzeitiger und risikofreier Zugang zu Informationen über den Fetus ist Bedingung für eine selbstbestimmte Entscheidung über die Schwangerschaft.[60] Voraussetzung dafür ist eine vollumfängliche ärztliche Aufklärung bei der auch die Erwartungen und Wünsche der Schwangeren ermittelt und die biomedizinischen Fakten kommuniziert werden sollten.[61] Zudem können die schwangere Frau beziehungsweise die Reproduktionspartner durch eine risikofreie pränatale Untersuchung bei einem unauffälligen Testergebnis bereits früh in der Schwangerschaft entlastet werden und die Schwangerschaft sorgenfreier gestalten. Andernfalls haben sie die Möglichkeit, ohne Zeitnot alle zusätzlichen Beratungsgespräche bei einem Kinderarzt oder mit Behindertenverbänden zu nutzen und in Austausch mit anderen Eltern oder der psychosozialen Beratung zu treten. Darüber hinaus werden schon heute invasive pränatale Untersuchungen in Deutschland von den Krankenkassen übernommen. Die Risiken für die Schwangere und den Fetus sind bei invasiven Untersuchungen größer als bei den NIPTs. Entsprechend müssten schwangere Frauen beziehungsweise Reproduktionspartner, die sich NIPTs finanziell nicht leisten können, auf die invasiven pränatalen Untersuchungen ausweichen und zugleich die höheren Schadensrisiken für Schwangere und Fetus tragen. Wenn die gesetzlichen Krankenkassen die Kosten für die NIPTs weiterhin nicht übernehmen, werden zugleich Fragen der Gerechtigkeit berührt, da der Zugang zu einer medizinischen Leistung in diesem Fall weiterhin vom finanziellen Status der Nachfragenden abhängig ist. Damit vergrößert sich wiederum die bereits bestehende Gerechtigkeitslücke zwischen jenen Schwangeren beziehungsweise Reproduktionspartnern, die sich die NIPTs finanziell leisten können und jenen, welche die Kosten für die NIPTs nicht übernehmen können.[62]

Auch in Polen wurde die Einführung der NIPTs in der öffentlichen Debatte aufgegriffen. In liberalen Tages- und Wochenzeitungen wie der »Gazeta Wyborcza« oder der »Newsweek Polska« wurde

---

[60] Steger, Joerden, Kaniowski: Einleitung (Anm. 20).

[61] Dagmar Schmitz, Wolfgang Henn, Vasilija Rolfes, Tim Ohnhäuser: Gut gerüstet? Ärztliche Beratung im Kontext genetischer Pränataldiagnostik in Deutschland. In: Geburtshilfe und Frauenheilkunde 77 (2017), S. 31–35.

[62] Rolfes, Schmitz: Unfair discrimination in prenatal aneuploidy screening (Anm. 35), S. 29.

vor allem auf die Chancen der Pränataldiagnostik im Allgemeinen und der NIPTs im Besonderen hingewiesen.[63] Auch die liberal-konservativen Tages- und Wochenzeitungen betonten die Vorteile der Pränataldiagnostik und die Selbstbestimmung der Schwangeren.[64] Konservative Tageszeitungen hingegen, wie die »Gazeta Polska Codziennie« oder das Wochenmagazin »Do Rzeczy«, sahen in der Pränataldiagnostik ein Instrument der Eugenik.[65] Obwohl in den öffentlichen Debatten eher die Chancen der Pränataldiagnostik und der NIPTs betont werden, zeigen aktuelle Umfragen, dass pränataldiagnostische Untersuchungen kaum genutzt werden.[66] Gründe für die geringe Inanspruchnahme der Pränataldiagnostik sind vielfältig. Dazu gehören zunächst die Auseinandersetzungen um die gesetzlichen Rahmenbedingungen. Hinzu kommt der finanzielle Aspekt. Zwar hat das Gesundheitsministerium die finanziellen Mittel von 2009 bis 2014 auf 10 Millionen Euro verdoppelt, dennoch konnte die Schließung medizinischer Einrichtungen mit pränataldiagnostischen Ange-

---

[63] Aleksandra Więcka: Badania prenatalne. Gdy pacjent jest w brzuchu [Pränataldiagnostik. Wenn der Patient im Bauch ist]. In: Gazeta Wyborcza Wysokie Obcasy (6.2.2013). http://www.wysokieobcasy.pl/wysokie-obcasy/1,100961,13290332,Badania_prenatalne__Gdy_pacjent_jest_w_brzuchu.html (abgerufen am 5.1.2018); Margit Kossobudzka: Co już zbadasz testem genetycznym: zdrowie płodu [Was kann man durch genetische Testung erkennen: Gesundheit des Fetus]. In: Gazeta Wyborcza (1.7.2015). http://wyborcza.pl/TylkoZdrowie/1,137474,18275345,Co_juz_zbadasz_testem_genetycznym__zdrowie_plodu_.html (abgerufen am 5.1.2018); Dorota Romanowska: Ciąża po czterdziestce? Kiedy nie jest za późno na dziecko? [Schwangerschaft nach 40? Wann ist es nicht zu spät für ein Kind?]. In: Newsweek Polska (10.7.2013). http://www.newsweek.pl/wiedza/nauka/ciaza-po-czterdziestce–kiedy-nie-jest-za-pozno-na-dziecko,106076,1,1.html (abgerufen am 5.1.2018).

[64] Piotr Kościelniak: Test krwi na zespół Downa [Bluttestung für Down-Syndrom]. In: Rzeczpospolita (4.4.2015). http://www.rp.pl/artykul/1191377-Test-krwi-na-zespol-Downa.html (abgerufen am 5.1.2018); Marta Bratkowska, Amelia Panuszko: Chcę mieć wybór [Ich will die Wahl haben]. In: Wprost (14.10.2012). https://www.wprost.pl/tygodnik/352540/Chce-miec-wybor.html (abgerufen am 5.1.2018).

[65] Aleksandra Rybińska: Systematyczna eliminacja dzieci z zespołem Downa? [Systematische Beseitigung der Kinder mit Down-Syndrom?]. In: Gazeta Polska Codziennie (31.7.2012). http://gpcodziennie.pl/11606-systematycznaeliminacjadzieciczzespolemdowna.html (abgerufen am 5.1.2018); Tomasz P. Terlikowski: Lewica nie rezygnuje z eugeniki [Die Linken verzichten nicht auf Eugenik]. In: Do Rzeczy (10.4.2014). https://dorzeczy.pl/2926/Lewica-nie-rezygnuje-z-eugeniki.html (abgerufen am 5.1.2018).

[66] Najwyższa Izba Kontroli: Badania Prenatalne w Polsce. Informacja o wynikach kontroli [Pränataldiagnostik in Polen. Information zu den Ergebnissen der Prüfung]. Warszawa 2016. https://www.nik.gov.pl/plik/id,10793,vp,13126.pdf (abgerufen am 5.1.2018).

boten nicht verhindert werden. Im Jahr 2015 waren in einigen Regionen Polens zwei medizinische Einrichtungen für die Pränataldiagnostik von über 9.000 schwangeren Frauen zuständig.[67] Entsprechend mussten diese Frauen auf medizinische Einrichtungen in anderen Regionen ausweichen oder auf diese medizinische Leistung vollständig verzichten.[68] Unter anderem vor diesem Hintergrund kam es in den vergangenen Jahren zu landesweiten Protesten. Unter dem Titel »Czarny Protest« (»Schwarzer Protest«) demonstrierten tausende Frauen und Männer in ganz Polen gegen die rechtliche Novellierung des bestehenden »Gesetzes über Familienplanung« von 1993. Aus den anfänglich vereinzelten Protesten ist inzwischen eine sich selbstorganisierende gesellschaftliche Bewegung entstanden, die zu nationalen Demonstrationen aufruft. Als Ziele werden unter anderem das Recht auf einen legalen Schwangerschaftsabbruch und den freien Zugang zur Pränataldiagnostik formuliert. Diese und weitere Aspekte werden in den Beiträgen des vorliegenden Bandes aufgegriffen und vertieft diskutiert.

Zu den einzelnen Beiträgen des Bandes

Der Band ist in drei Teile gegliedert, in denen sich die Autoren im Einzelnen mit ethischen, rechtlichen und gesellschaftlichen Aspekten der invasiven und nicht-invasiven Pränataldiagnostik beschäftigen. Der erste Teil des Bandes, der sich ethischen Aspekten der Pränataldiagnostik widmet, wird mit dem Beitrag »Nichtinvasive Pränataltests und genetische Beratung zwischen dem Recht auf reproduktive Autonomie und der Pflicht zur Gesundheit« von Nadia Primc (Heidelberg) eröffnet. Ausgangspunkt von Primc ist die Feststellung, dass durch die NIPTs in Kombination mit einer humangenetischen Beratung die Selbstbestimmung der Reproduktionspartner gestärkt werden soll. Die Beratung versucht, dieses Ziel mittels des Konzepts der nichtdirektiven Beratung zu realisieren. Dies sei zugleich mit einer zunehmenden Individualisierung von vorbeugenden Maßnahmen verbunden. Somit würden NIPTs und humangenetische Beratung

---

[67] Sprawozdanie Rady Ministrów z wykonwania ustawy o planowaniu rodziny [Bericht des Ministerrates über die Durchführung des Gesetzes über Familienplanung]. Warszawa 2014.

[68] Najwyższa Izba Kontroli: Badania Prenatalne w Polsce (Anm. 66).

nicht nur potentiell zu einer Stärkung des Rechts auf reproduktive Selbstbestimmung beitragen. Vielmehr wären die Individualisierung der Vorsorge mit der Pflicht und normativen Aufforderung an die Reproduktionspartner verbunden, eine verantwortungsvolle Entscheidung für sich selbst und das ungeborene Kind zu treffen.

Vasilija Rolfes (Düsseldorf) analysiert in ihrem Beitrag »Aspekte der Gerechtigkeit in der pränatalen Diagnostik am Beispiel der nicht invasiven pränatalen Tests« die finanziellen Folgen der NIPTs. In Deutschland variieren die Preise für die NIPTs je nach Anbieter und Untersuchungsspektrum. Aufgrund unterschiedlicher finanzieller Situationen können die Kosten nicht von allen Schwangeren beziehungsweise Reproduktionspartnern getragen werden. Wenn jedoch die reproduktive Autonomie eine wichtige ethische Rechtfertigung für pränatale (genetische) Tests sind und NIPTs ein sicheres und risikofreies Verfahren ist, so Rolfes, muss die folgende Frage geklärt werden: Sind die finanziellen Barrieren für NIPTs gerechtfertigt? Diese Frage wird im Beitrag mithilfe von Gerechtigkeitskonzepten analysiert, um einen Anspruch auf Zugang zu NIPTs zu klären. Abschließend wird der Zusammenhang zwischen reproduktiver Autonomie und Chancengleichheit in Bezug auf die NIPTs dargestellt.

Es folgt der Beitrag »Zum Begriff der Autonomie und Bedingungen autonomen Handelns im Kontext nichtinvasiver pränataler Gentests« von Manuel Willer (Halle/Saale). Ausgangspunkt ist die Feststellung, dass im Kontext von NIPTs häufig das Argument auftaucht, diese Tests könnten die reproduktive Autonomie von Frauen beziehungsweise Reproduktionspartnern stärken. Willer untersucht den Autonomiebegriff, den dieses Argument impliziert. Im Rückgriff auf Immanuel Kant (1724–1804) und Theodor W. Adornos (1903–1969) Überlegungen zur Kant'schen Moralphilosophie fragt er nach der normativen Tragfähigkeit dieses Autonomiebegriffes. Dabei vertritt Willer die These, dass ein reduktionistischer und rein deskriptiver Begriff von Autonomie dazu führe, die moralische Dimension im Kontext von NIPTs zu vernachlässigen. Vor allem bestehe die Gefahr, dass Frauen zunehmend unter Druck geraten, NIPTs in Anspruch zu nehmen.

Die Beiträge von Antoni Torzewski (Szkocja) und Giovanni Rubeis (Ulm) haben das Verhältnis von Eugenik und nicht-invasiven Pränataltests zum Gegenstand. Zunächst analysiert Antoni Torzewski in seinem Beitrag »An ethical evaluation of eugenic and noneugenic usage of prenatal diagnostics« moralische Dilemmata im

Kontext der Pränataldiagnostik. Pränatale Tests informieren nicht nur über den Gesundheitszustand des Fetus, sondern können auch für eugenische Zwecke verwendet werden. Im bioethischen Streit um NIPTs lassen sich in Polen zwei wesentliche Positionen unterscheiden. Einerseits hält es die utilitaristische Philosophie für moralisch akzeptabel, pränatale Diagnostik für eugenische Zwecke zu verwenden. Auf der anderen Seite lehnt die katholische Kirche die Pränataldiagnostik ab. Sie betont den Wert des menschlichen Lebens ab dem Zeitpunkt der Empfängnis und steht in starkem Maß gegen einen Schwangerschaftsabbruch nach pränataler Diagnostik. Beide Positionen werden vor dem Hintergrund von Francis Galtons (1822–1911) Ausführungen zur Eugenik diskutiert.

Giovanni Rubeis analysiert in seinem Beitrag »Das Konzept der Eugenik in der ethischen Debatte um nichtinvasive Pränataltests (NIPT)« die Grundlagen der Eugenik und widmet sich einem zentralen Argument in der ethischen Debatte um die NIPTs: Das Screening nach genetischen Merkmalen, die zu einer Behinderung führen können, sei eine gezielte, eugenisch motivierte Selektion. Dieser Selektion, so Rubeis, läge die Unterscheidung zwischen lebenswertem und lebensunwertem Leben zugrunde. Ein Leben mit Behinderung werde als nicht lebenswert eingestuft und daher als zu verhinderndes Übel angesehen. Rubeis stellt fest, dass bei der Verwendung dieses Arguments in den meisten Fällen nicht näher definiert werde, was mit Eugenik genau bezeichnet ist. Ziel des Beitrags ist es daher, anhand einer eingehenden ideengeschichtlichen Analyse Strukturmerkmale der Eugenik herauszuarbeiten. Diese Strukturmerkmale zieht er in einem weiteren Schritt als Kriterien heran, um die Frage zu klären, inwiefern NIPTs als eine eugenische Praxis zu verstehen seien.

Im zweiten Teil des Bandes stehen die rechtlichen Aspekte genetischer Pränataldiagnostik in Deutschland und Polen im Mittelpunkt. Dieser Teil wird mit dem Beitrag »Fortpflanzungsmedizin aus juristischer Sicht« von Josef Franz Lindner (Augsburg) eröffnet, der die juristische und ethische Perspektive der Fortpflanzungsmedizin diskutiert. Anschließend zeigt Lindner die geltende Rechtslage und ihre Konfliktfelder anhand von »Negativstrategien« des Gesetzgebers auf, die eine Neuregelung der Fortpflanzungsmedizin als dringend erforderlich erscheinen lassen. In der Folge erörtert er Ansätze eines modernen Fortpflanzungsmedizinrechts. Dreh- und Angelpunkt einer solchen Kodifikation müsse, so Lindner, das Grundrecht auf reproduktive Autonomie sein. Dieses Grundrecht garantiere, dass der Einzelne selbst darüber bestimmen könne, ob und welche fortpflanzungsmedizinischen Optionen er in Anspruch nimmt. Dabei wird die Bedeutung dieses Grundrechts als Basis für eine juristische Neuregelung der Fortpflanzungsmedizin herausgestellt.

Franziska Huber (Augsburg) greift in ihrem Beitrag »Rechtliche Aspekte der nicht-invasiven Pränataltests in Deutschland« die aktuellen rechtlichen Regelungen zur Pränataldiagnostik im Gendiagnostikgesetz auf. Seit dem Inkrafttreten des Gesetzes vor über sechs Jahren wird das geltende Recht, insbesondere durch neue nicht-invasive Maßnahmen der Pränataldiagnostik wie den sogenannten Praena-Test®, vor neue Herausforderungen gestellt. Huber diskutiert die Frage, ob und gegebenenfalls wie sich die Abwägung der durch Pränataldiagnostik betroffenen Grundrechte durch Einführung nicht-invasiver Maßnahmen ändert und was daraus für das einfache Medizinrecht folgt. Zum anderen klärt sie auf einfachgesetzlicher Ebene, ob der Gesetzgeber aufgerufen ist, die geltende Norm an nicht-invasive Maßnahmen anzupassen. Huber unterbreitet mit der verpflichtenden genetischen Beratung sowie der Einführung einer zwingendenden Bedenkzeit zwei Vorschläge zur Anpassung der geltenden Rechtslage.

Barbara Krzyżewska (Warschau) diskutiert in ihrem Beitrag »Prenatal diagnostics and the right to information. An analysis from the perspective of the Polish legal system« Fragen der polnischen Rechtsprechung und deren Umsetzung. Obwohl in Polen das Recht auf Pränataldiagnostik mehrfach rechtlich garantiert ist, stoßen Frauen auf Hindernisse, wenn sie diese medizinischen Verfahren nutzen wollen. Eine Analyse der aktuellen Rechtsprechung in diesem Bereich zeigt, dass medizinische Fachkräfte den Status der Pränataldiagnostik oft falsch verstehen. Pränataldiagnostik wird von vielen Ärzten als der erste Schritt auf dem Weg zu einem Schwangerschaftsabbruch gesehen. Daher weigern sich Ärzte in Polen, pränatale Tests durchzuführen oder die schwangeren Frauen an einen anderen Arzt zu überweisen. In solchen Fällen berufen sich die Ärzte auf die »Gewissensklausel« und das »therapeutische Privileg«, was jedoch im Zusammenhang mit der Pränataldiagnostik unzulässig sei.

Krisztina Vinter-Orzechowski und Marcin Orzechowski (Ulm) erweitern in ihrem Beitrag »Umstrittene Testung – die gesetzlichen Regelungen und politischen Debatten um die Pränataldiagnostik in Polen« die rechtliche Diskussion von Barbara Krzyżewska um die gesellschaftliche Dimension in Polen. Mehrere aktuelle Urteile internationaler und polnischer Gerichte hätten gezeigt, dass Pränataldiagnostik in Polen oft im Kontext eines möglichen Schwangerschaftsabbruchs gesehen wird. Das führe dazu, dass Patientenrechte begrenzt und das Recht auf Selbstbestimmung beschnitten werden. Der Druck von Seiten konservativer Kräfte und der katholischen Kirche auf Ärzte in Polen habe den Effekt, dass die sogenannte »Gewissensklausel« instrumentalisiert und der Zugang zur Pränataldiagnostik begrenzt werde. Aktuelle Vorschläge zur Verschärfung des in Polen geltenden Rechts zeigen deutlich, dass Fragen der Pränataldiagnostik weiterhin ein Gegenstand der gesetzgeberischen und politischen Auseinandersetzung bleiben.

Im anschließenden dritten Teil des Bandes werden gesellschaftliche Aspekte der Pränataldiagnostik in Deutschland und Polen diskutiert. Im Mittelpunkt des Beitrags »Ethische Bildungsprozesse in der professionalisierten pränataldiagnostischen Praxis« von Jasmin Dittmar (Kassel) stehen die Ergebnisse einer Akteur-Netzwerk-Analyse. Ausgangspunkt für den Beitrag ist die Feststellung, dass Pränataldiagnostiker häufig mit medizinethischen Problemen konfrontiert werden. Dittmar untersucht in ihrem Beitrag, wie eine professionsethische Haltung in der Praxis konkret entsteht. Auf Basis eines Experteninterviews mit einer Pränataldiagnostikerin wird diese Frage empirisch untersucht. Als Beispiel hat Dittmar einen typischen Fall professionalisierter Krisenbewältigung gewählt: Entscheidungsfragen zur Indikation eines Schwangerschaftsabbruchs. An diesem Beispiel rekonstruiert sie, wie fixe »moralische Grenzziehungen« im Zuge praktischer Erfahrungen einer »Ethik der Empathie« weichen.

Diana Schneider (Berlin) nähert sich in ihrem Beitrag »Nichtinvasiver Pränataltest und elterliche Entscheidungsfindung. Herausforderungen und Lösungsansatz« dem Thema NIPTs aus der Perspektive der Technikfolgenabschätzung. Hierfür hat sie zunächst Stellungnahmen, Positionspapiere und Pressemitteilungen analysiert und hypothetisch mit der elterlichen Entscheidungsfindung zur Inanspruchnahme der NIPTs in Beziehung gesetzt. Folgende Fragen werden untersucht: Mit welchen Themen werden Schwangere beziehungsweise Reproduktionspartner konfrontiert, wenn sie sich über die NIPTs informieren? Welche soziotechnischen Aussichten werden innerhalb der analysierten Dokumente gezeichnet? Gibt es einen gesellschaftlichen Druck zur Inanspruchnahme der NIPTs? Im letzten Schritt setzt sie sich mit der Kritik zum Methodenbewertungsverfahren über die Kostenübernahme der NIPTs im Fall einer Risikoschwangerschaft auseinander und geht dabei auch auf die Äußerungen des Gemeinsamen Bundesausschusses zum aktuellen Methodenbewertungsverfahren ein.

Der dritte Teil des Bandes wird schließlich mit dem Beitrag »Reproductive rights of Polish women in light of the evolution of the Polish abortion legislation« von Joanna Miksa (Łódź) abgeschlossen, welche die reproduktiven Rechte polnischer Frauen analysiert. Die Entwicklung der Gesetzgebung zum Schwangerschaftsabbruch in den letzten 25 Jahren hat gezeigt, dass der Aspekt der reproduktiven Autonomie in Polen aufgrund politischer Machtkonstellationen reguliert wurde. Eine prominente Rolle spielte dabei die moralische Position der katholischen Kirche. Sowohl durch ihren Einfluss auf politische als auch durch ihre Wirkung auf das Bildungswesen war die katholische Kirche in der Lage, die Gesetzgebung und die öffentliche Meinung zu Schwangerschaftsabbruch zu prägen. Aktuelle Gesetzesinitiativen der polnischen Frauenbewegung zeigen ein wachsendes öffentliches Bewusstsein für die reproduktive Autonomie der Frauen in Polen an.

Die Beiträge des Bandes verdeutlichen in ihrer Gesamtheit die Unterschiede in der Diskussion um die Pränataldiagnostik in Deutschland und Polen. So stehen im Vordergrund der Auseinandersetzungen in Deutschland Fragen zur Selbstbestimmung der schwangeren Frau, der Qualität von Patientenaufklärung und -beratung sowie zur Stellung des Gendiagnostikgesetzes und zur Kostenübernahme von NIPTs in den Leistungskatalog der gesetzlichen Krankenkassen. In Polen hingegen wird die kontrovers geführte Debatte um pränatale Diagnostik durch politische und gesellschaftliche Aspekte dominiert. Religiöse und säkulare Interessengruppen versuchen eine Änderung des Rechts auf Schwangerschaftsabbruch umzusetzen und verbinden dieses Anliegen mit Fragen zur Pränataldiagnostik. Die Verfügbarkeit von NIPTs stellt in beiden Ländern Herausforderungen im Bereich der Patientenaufklärung und -beratung dar. Gerade der ethischen Dimension kommt in diesem Wandel eine Schlüsselposition zu. Ziel der Beratung ist es, die werdenden Eltern vollumfänglich zu informieren, um Chancen und Risiken der invasiven und nicht-invasiven Pränataldiagnostik selbstbestimmt abwägen zu können.

I. Ethische Aspekte

Nadia Primc

Nicht-invasive Pränataltests und genetische Beratung zwischen dem Recht auf reproduktive Autonomie und der Pflicht zur Gesundheit

Abstract:
Non-invasive prenatal testing (NIPT) in combination with genetic counselling can be regarded as a possible means to strengthen people's negative right to autonomy and to promote their ability to decide in an autonomous and responsible way under which circumstances they wish to procreate or not. Genetic counselling aims to realise this goal through the concept of non-directiveness. At the same time, NIPT and the concept of non-directiveness contribute to an ongoing individualisation of the preventive techniques and to a consolidation of the concept of a preventive self. Hence, NIPT and genetic counselling not only strengthen the individual's right to reproductive autonomy, but the individualisation of the preventive techniques and the concept of non-directiveness are also conceptually linked to an increase in responsibility and to the duty of the patients to make the best responsible decision for themselves and their unborn child.

1. Nicht-invasive Pränataltests und reproduktive Autonomie

Die technologische Entwicklung innerhalb der Pränataldiagnostik ermöglicht seit einigen Jahren genetische Untersuchungen mittels zellfreier DNA der Plazenta, die sich im mütterlichen Blut befindet und somit auch Rückschlüsse auf die genetischen Eigenschaften des Fetus ermöglicht. Diese sogenannten nicht-invasiven Pränataltests (NIPT), welche seit 2012 auch in Deutschland angeboten werden,[1] sind in der Regel ab der neunten Schwangerschaftswoche anwendbar und werden zurzeit vornehmlich zur gezielten Detektion chromosomaler Aneuploidien eingesetzt, wie etwa Trisomie 21 oder das Klinfelter-Syndrom. Die Ausweitung dieser Testverfahren auf gesamtgenom-

[1] Peter Kozlowski: Nichtinvasive pränatale Tests. Überblick über die Grundlagen und den Einsatz der Methoden. In: Der Gynäkologe 6 (2016), S. 415–421, hier S. 415.

ische Analysen und den Nachweis von Mikrodeletionen wird innerhalb der einzelnen Laboratorien konstant vorangetrieben.[2] Eine neuere klinische Studie legt es zudem nahe, dass in Zukunft auch die Möglichkeit genetischer Untersuchungen an fetalen Trophoblastzellen zur Verfügung stehen wird, die auf nicht-invasivem Wege mittels eines Abstriches des Gebärmutterhalses gewonnen werden können. Im Gegensatz zu den bereits etablierten Bluttests basiert diese sich noch in der Entwicklung befindende Methode auf intakten Zellen, die zum Teil bereits in der fünften Schwangerschaftswoche in hinreichend großer Anzahl dem endozervikalem Abstrich entnommen werden konnten.[3] Im Folgenden werden unter dem Stichwort NIPT solche Testverfahren diskutiert, die auf nicht-invasivem Wege eine vorgeburtliche genetische Analyse der aus Plazenta- oder Trophoblastzellen stammenden DNA ermöglichen.

Die NIPTs stellen in der klinischen Praxis, wie viele andere Formen der Pränataldiagnostik auch, eine besondere ethische Herausforderung dar, da bei einem positiven oder auffälligen Befund zumeist keine entsprechenden therapeutischen Angebote zur Verfügung stehen, sondern den prospektiven Eltern häufig nur die Wahl zwischen einem Austragen oder einem Abbruch der Schwangerschaft eröffnet wird.[4] Das Fehlen einer therapeutischen Alternative führt dazu, dass die NIPTs in der medizinethischen Literatur vornehmlich im Kontext des Begriffs der reproduktiven Autonomie diskutiert werden.[5] Sinn und Zweck dieser neuen medizinischen Technik wird vornehmlich darin gesehen, der Schwangeren oder dem Paar eine im Idealfall informierte und selbstbestimmte Entscheidung für oder gegen das Fortführen der Schwangerschaft zu ermöglichen.

Eine derartige Sichtweise wird auch durch die gesetzlichen Rahmenbedingungen in Deutschland nahegelegt. Obwohl die NIPTs auf

---

[2] Markus Stumm: Nichtinvasive pränatale Tests aus Sicht des Humangenetikers. Möglichkeiten und Grenzen in der täglichen Routine. In: Der Gynäkologe 6 (2016), S. 429–436.

[3] Chandni V. Jain, Leena Kadam, Marie van Dijk, Hamid-Reza Kohan-Ghadr, Brian A. Kilburn, Craig Hartman, Vicki Mazzorana, Allerdien Visser, Michael Hertz, Alan D. Bolnick, Rani Fritz, D. Randall Armant, Sascha Drewlo: Fetal genome profiling at 5 weeks of gestation after noninvasive isolation of trophoblast cells from the endocervical canal. In: Science Translational Medicine 8 (2016), S. 363re4.

[4] Dagmar Schmitz: Terminating pregnancy after prenatal diagnosis with a little help of professional ethics? In: Journal of Medical Ethics 38 (2012), S. 399–402, hier S. 401.

[5] Dagmar Schmitz: Ethische Herausforderungen der neuen nichtinvasiven Pränataltestung. In: Der Gynäkologe 6 (2016), S. 442–447, hier S. 442.

Plazenta- und Trophoblastzellen basieren und also keine Analyse der im engeren Sinn vom Fetus selbst stammenden DNA vornehmen, hat die am Robert-Koch-Institut angesiedelte Gendiagnostik-Kommission (GEKO) deutlich gemacht, dass derartige Tests, ebenso wie die Amniozentese, unter die sogenannten vorgeburtlichen genetischen Untersuchungen zu rechnen sind, die eine Feststellung von genetischen Eigenschaften zum Ziele haben.[6] Gemäß §15 Abs. 3 des Gendiagnostikgesetzes ist die Schwangere vor der Durchführung eines derartigen Tests und nach Vorliegen des Untersuchungsergebnisses durch einen entsprechend qualifizierten Arzt zu beraten, so dass lege artis in Deutschland kein NIPT ohne das Angebot einer entsprechenden genetischen Beratung durchgeführt werden darf. Die Richtlinie der Gendiagnostik-Kommission zur Durchführung einer genetischen Beratung hebt insbesondere hervor, dass die genetische Beratung nichtdirektiv und ergebnissoffen zu erfolgen hat und vornehmlich auf die »Unterstützung einer bewussten Ausübung des Selbstbestimmungsrechtes« ausgerichtet sein sollte.[7]

Die Einordnung der NIPTs unter den Begriff der reproduktiven Autonomie beinhaltet zugleich implizit den Versuch einer Begründung der ethischen Zulässigkeit dieser Form der Pränataldiagnostik. Der Patientenautonomie, im Sinne des Rechts auf Selbstbestimmung der Patienten, wird seit der zweiten Hälfte des 20. Jahrhunderts ein zunehmend hoher Stellenwert innerhalb der Medizin und Medizinethik eingeräumt.[8] Medizinische Praxen und Technologien, die die Autonomie der Patienten zu stärken versprechen, werden tendenziell als positiv und wünschenswert angesehen. Technologien, die die Fä-

---

[6] Gendiagnostik-Kommission am Robert-Koch-Institut: 8. Mitteilung der GEKO. Zur Einordnung der nicht-invasiven Pränataldiagnostik (NIPD) und der diesbezüglichen Beratungsqualifikation. https://www.rki.de/DE/Content/Kommissionen/GendiagnostikKommission/Mitteilungen/GEKO_Mitteilungen_08.html (abgerufen am 8.1.2018).

[7] Gendiagnostik-Kommission am Robert-Koch-Institut: Richtlinie der Gendiagnostik-Kommission (GEKO) über die Anforderungen an die Qualifikation zur und Inhalte der genetischen Beratung gemäß §23, Absatz 2, Nummer 2a und §23, Absatz 2, Nummer 3 Gendiagnostikgesetz. In: Bundesgesundheitsblatt 54 (2011), S. 1248–1256, hier S. 1249.

[8] Monika Bobbert, Micha Werner: Selbstbestimmung/Autonomie. In: Christian Lenk, Gunnar Duttge, Heiner Fangerau (Hg.): Handbuch Ethik und Recht der Forschung am Menschen. Heidelberg u.a. 2014, S. 105–114, hier S. 109; Ruth R. Faden, Tom L. Beauchamp: A history of informed consent. New York, Oxford 1986.

higkeit zur Selbstbestimmung zu beeinträchtigen drohen, sind hingegen als bedenklich einzustufen.

Um beurteilen zu können, ob und unter welchen Umständen die NIPTs zur Stärkung des Rechts auf Autonomie der Patientinnen beitragen können, gilt es in einem ersten Schritt zu fragen, was genau in diesem Fall unter dem Recht auf reproduktive Autonomie zu verstehen ist. In einem weiteren Schritt soll sodann der Frage nachgegangen werden, inwiefern die NIPTs in Kombination mit einer genetischen Beratung tatsächlich als geeignetes Mittel zur Steigerung der reproduktiven Autonomie anzusehen sind.

2. Die ethischen Begriffe des Rechts und der Pflicht

Da im Folgenden die Frage behandelt wird, inwiefern durch den Einsatz von NIPTs das Recht auf reproduktive Autonomie gestärkt werden kann und sich hieraus eine Pflicht seitens der Gesellschaft oder Ärzteschaft ergibt, diese Form der Pränataldiagnostik einigen oder allen Schwangeren zur Verfügung zu stellen, soll vorab das hierbei zu Grund gelegte Verständnis der ethischen Begriffe des Rechts und der Pflicht näher umrissen werden. Die formale und inhaltliche Bestimmung dieser Begriffe ist selbst wiederum Gegenstand weitgehender moralphilosophischer Kontroversen und erfährt je nach ethischem Ansatz eine unterschiedliche Ausprägung. Für die vorliegende Untersuchung ist es hinreichend, zwischen einem eher restriktiven und einem weiten Gebrauch dieser Begrifflichkeiten zu unterscheiden. Ein eher restriktiver Gebrauch bindet beide Begrifflichkeiten eng an juristische Rechte zurück. Moralische Rechte und Pflichten sind diesem Verständnis zu Folge etwas, dessen Einhaltung von Seiten des Staates durch Gesetze geschützt werden sollte oder gar als strafbewehrt anzusehen ist. Moralische Rechte bezeichnen hier nichts anderes als »ein subjektives Recht auf Rechte überhaupt oder auf Eintritt in die staatliche Rechtsordnung«, mit ihnen geht eine kollektive moralische Pflicht einher, »einklagbare Rechte einzurichten«.[9] Als Beispiel hierfür lässt sich das moralische und juristische Recht auf körperliche Integrität anführen, welches zum Beispiel in Belangen der eigenen Reproduktion die Einzelpersonen vor sexuellen

[9] Norbert Brieskorn: Rechte. In: Marcus Düwell, Christoph Hübenthal, Micha H. Werner (Hg.): Handbuch Ethik. Stuttgart, Weimar 2002, S. 477–481, hier S. 479.

Übergriffen oder einer Zwangssterilisierung schützen soll. Beides stellt sodann auch einen wesentlichen Bestandteil des Rechts auf reproduktive Selbstbestimmung dar.

Ein etwas weiterer philosophischer Gebrauch zählt unter die moralischen Rechte hingegen auch solche, deren Nichtbeachtung oder Verletzung lediglich als tadelnswürdig anzusehen ist, nicht aber notwendigerweise als etwas, das jederzeit auch ein Handeln oder Eingreifen seitens des Staates mittels Gesetze oder gar Strafen als zulässig oder notwendig erscheinen lässt. Zu denken ist hierbei beispielsweise an die Pflicht des Einzelnen, die Wahrheit zu sagen, dem auf der anderen Seite das Recht, die Wahrheit zu erfahren und nicht belogen zu werden, entspricht. Auch wenn man dahingehend übereinstimmen mag, dass eine derartige Verpflichtung prima facie besteht, so würde wohl kaum jemand fordern, dass diese Pflicht jederzeit, also beispielsweise auch im privaten und häuslichen Kontext, mittels rechtlicher Mittel durchgesetzt oder geschützt werden sollte.

Im Folgenden wird von einem derartigen weiten Rechts- und Pflichtbegriff ausgegangen. Moralische Rechte und die dazugehörigen Pflichtverletzungen werden in einem engen Zusammenhang mit dem Begriff der Tadelnswürdigkeit gesehen, ohne dass hiermit notwendigerweise auch auf juristischem Weg einklagbare Rechte verbunden sein müssen. Letzteres trifft natürlich auch auf eine Reihe von moralischen Rechten und Pflichten zu, wie das oben genannte Recht auf körperliche Integrität veranschaulicht. Mit der Postulierung von moralischen Rechten, wie etwa dem Recht auf reproduktive Autonomie, ist also vornehmlich gemeint, dass eine Verletzung dieses Rechts als tadelnswürdig anzusehen ist und jeder Einzelne auch die Pflicht zur Achtung dieses individuellen Rechts seiner Mitmenschen hat. Inwiefern die Achtung dieses Rechts auch mittels Gesetze geschützt oder etwa durch staatliche Maßnahmen gefördert werden soll, ist eine hiervon unabhängige und in einem separaten Schritt zu beantwortende Fragestellung. Insofern der Schutz vor sexuellen Übergriffen und Zwangssterilisationen auch unter das Recht auf reproduktive Selbstbestimmung zu subsumieren ist, sind aber zumindest einige wesentliche Teilaspekte desselben als gesetzlich einklagbar und deren Missachtung als strafwürdig anzusehen.

Dass mit der Postulierung von moralischen Rechten und Pflichten nicht notwendigerweise die Forderung eines gesetzlich einklagbaren Erhalts von Leistungen oder Rechten verbunden ist, bedeutet allerdings nicht, dass diese sodann keinerlei Auswirkungen auf die klinische Praxis haben, sich ihre Relevanz demnach auf einen rein akademischen Fachdiskurs beschränken muss. Aus der Postulierung von moralischen Rechten und Pflichten lassen sich auch dann, wenn sie keinerlei direkten Niederschlag in der Gesetzgebung finden, eine Reihe von Folgerungen für die klinische Praxis ziehen. So sollten alle für die klinische Praxis ausschlaggebenden Rahmenbedingungen, wie etwa institutionelle Strukturen und Abläufe innerhalb des Krankenhauses, oder auch die relevanten Facharztausbildungen und ärztlichen Fortbildungen, dahingehend ausgerichtet sein, dass sie soweit wie möglich Anreize zur Achtung dieser Rechte setzen und dem Risiko einer Pflichtverletzung entgegenwirken.

Eine geläufige Unterscheidung, die auch im weiteren Verlauf dieser Untersuchung von Relevanz sein wird, ist diejenige zwischen negativen und positiven Rechten. Diese Unterscheidung wird häufig so gedeutet, dass sich aus den negativen Rechten für Dritte eine Verpflichtung zum Unterlassen von Handlungen und zum Nicht-Eingreifen ergibt, aus den positiven Rechten hingegen eine Aufforderung zum Handeln und zum Tätigwerden. Dieser Differenz wird dann bisweilen auch anhand der aus den Rechtswissenschaften entlehnten Unterscheidung zwischen Abwehr- und Anspruchsrechten Ausdruck verliehen. Die enge Rückbindung dieser Begrifflichkeiten an die Aufforderung zum Unterlassen oder Ausführen von Handlungen birgt die Schwierigkeit in sich, dass diese theoretische Unterscheidung sich in der Praxis kaum aufrechterhalten lässt. In der alltäglichen Interaktion mit Patienten haben es die Ärztinnen und Pfleger in den seltensten Fällen mit einem negativen oder positiven Recht des Patienten zu tun, dem jeweils ausschließlich eine Pflicht zur Unterlassung oder aber zur Ausführung von Handlungen entspricht. So beinhaltet beispielsweise das negative Recht auf Selbstbestimmung, dass Patienten im Normalfall Therapiemaßnahmen auch ablehnen dürfen. Es wäre aus medizinethischer Sicht aber zu kurz gegriffen, wenn man diesem negativen Recht des Patienten allein die Verpflichtung des Behandlungsteams zuordnen würde, jegliche Interventionen im Falle einer Ablehnung zu unterlassen. Gerade im Falle von besonders schweren Erkrankungen wäre aus ethischer Sicht zugleich zu erwarten, dass der Patient seitens des Behandlungsteams noch einmal eingehend über die Folgen eines Therapieverzichts und alternative Unterstützungsangebote aufgeklärt wird. Auch ist von dem Behandlungsteam bisweilen zu fordern, dass es noch auf andere Weise aktiv wird, um das Recht des Patienten auf Abwehr von Therapie- und Diagnosemaßnahmen zu stärken, zum Beispiel dann, wenn der Eindruck entsteht, dass der Patient angesichts der Situation und den ihm in einer genetischen Beratung zur Verfügung gestellten Informationen überfordert und verunsichert ist. Die Achtung des Rechts auf Ablehnung von Therapiemaßnahmen und auf Nicht-Wissen kann aus ethischer Sicht vom Behandlungsteam bisweilen auch die aktive Stärkung dieses negativen Rechts erfordern, um den Patienten innerhalb einer klinischen Situation die Möglichkeit zu eröffnen, sich auch gegen bestimmte, aus medizinischer Sicht favorisierte therapeutische oder diagnostische Maßnahmen, wie etwa NIPTs, auszusprechen.

Die genannten Schwierigkeiten lassen sich dadurch vermeiden, dass man zwischen der Definition und inhaltlichen Bestimmung des jeweiligen negativen oder positiven Rechts und dem dazugehörigen Prinzip des Respekts dieses Rechtes unterscheidet.[10] Ersteres umfasst eine inhaltliche Bestimmung dessen, was mit dem jeweiligen Recht, wie etwa einem negativen oder positiven Recht auf reproduktive Selbstbestimmung, gemeint sein soll. Letzteres umfasst hingegen die negativen und positiven Verpflichtungen, die sich aus dem jeweiligen Recht für Dritte ergeben. So kann also auch ein negatives Recht, wie etwa das Recht auf Abwehr von Therapiemaßnahmen, von Dritten eine positive Verpflichtung, das heißt, eine Aufforderung zum Handeln beinhalten und vice versa.[11]

3. Das Recht auf reproduktive Autonomie und die reproduktive Gesundheit

Die Begriffe der reproduktiven Selbstbestimmung und der reproduktiven Autonomie werden im Folgenden weitestgehend synonym verwendet. Das Recht auf reproduktive Selbstbestimmung kann, wie andere Rechte auch, sowohl in einem negativen als auch in einem positiven Sinn verstanden werden. Als negatives Recht meint reproduktive Autonomie vornehmlich das Recht, über die eigene Reproduktion selbst und frei bestimmen zu können und entsprechend Ein-

[10] Johann S. Ach, Bettina Schöne-Seifert: »Relationale Autonomie«. Eine kritische Analyse. In: Claudia Wiesemann, Alfred Simon (Hg.): Patientenautonomie. Theoretische Grundlagen. Praktische Anwendungen. Münster 2013, S. 42–60, hier S. 44–45.

[11] Ach, Schöne-Seifert: »Relationale Autonomie« (Anm. 10).

griffe von Dritten in diesen Bereich abzuwehren. Als negatives Recht zielt reproduktive Autonomie vornehmlich auf das Recht jedes Einzelnen, selbst zu entscheiden, ob, wann, wie oft und unter welchen Umständen man sich reproduzieren oder überhaupt an sexuellen Interaktionen beteiligen will.

In einem derartigen negativen Verständnis ist reproduktive Autonomie als ein grundlegendes Menschenrecht anzusehen, das heißt als ein universelles Recht, das jedem Menschen qua Mensch zukommt. Ein erster Ansatz zur Ausformulierung eines derartigen Rechts findet sich bereits in der Allgemeinen Erklärung der Menschenrechte, in welcher unter anderem ein besonderes Augenmerk auf das Recht von Frauen und Mädchen auf Kontrolle über die eigene Reproduktion gelegt wird. Genannt werden dort in Artikel 16 unter anderem das Recht zu heiraten und eine Familie zu gründen.[12] Der Begriff der reproduktiven Autonomie wurde aber erst im Jahre 1994, zusammen mit dem umfassenderen Begriff der reproduktiven Gesundheit, durch die International Conference on Population and Development in Kairo offiziell in den Menschenrechtsdiskurs eingeführt. Das auf dieser Weltbevölkerungskonferenz beschlossene Aktionsprogramm[13] hat sich erstmals an einer inhaltlichen Bestimmung dieser Konzepte versucht. Die International Conference on Population and Development definiert in Artikel 7.2 des Aktionsprogrammes die reproduktive Gesundheit als ein umfassendes Konzept, dessen Kern die reproduktive Autonomie in dem oben genannten negativen Verständnis darstellt:

> Reproductive health is a state of complete physical, mental and social well-being and not merely the absence of disease or infirmity, in all matters relating to the reproductive system and to its functions and processes. Reproductive health therefore implies that people are able to have a satisfying and safe sex life and that they have the capability to reproduce and the freedom to decide if, when and how often to do so.[14]

---

[12] United Nations: The Universal Declaration of Human Rights. http://www.ohchr.org/EN/UDHR/Documents/UDHR_Translations/eng.pdf (abgerufen am 8.1.2018).

[13] United Nations Population Fund: Programme of Action of the International Conference on Population Development. 20th anniversary edition. http://www.unfpa.org/publications/international-conference-population-and-development-programme-action (abgerufen am 8.1.2018).

[14] United Nations: Programme of Action (Anm. 13).

Diese Definition ist offenkundig dem sogenannten positiven Begriff der Gesundheit der Weltgesundheitsorganisation nachempfunden.[15] Beide Gesundheitsbegriffe sind vornehmlich als regulative und politische Ideale zu verstehen und daher auf den Bereich der Public Health und internationalen Entwicklungspolitik zugeschnitten. Aus diesem Grund lässt sich der Begriff der reproduktiven Gesundheit auch nicht eins zu eins auf das individuelle Arzt-Patienten-Verhältnis übertragen. Aber dennoch sollte die Postulierung von grundlegenden Rechten und allgemeinen Zielen auf der internationalen und nationalen politischen Ebene auch Auswirkungen auf das individuelle Arzt-Patienten-Verhältnis haben, da diese Ziele und Rechte unter anderem genau dort umgesetzt werden müssen, wenn es sich bei selbigen nicht um leere Versprechungen handeln soll. Die International Conference on Population and Development liefert eine umfassende und fruchtbare Definition der reproduktiven Gesundheit, die zur inhaltlichen Bestimmung des innerhalb der Arzt-Patienten-Interaktion relevanteren Begriffs der reproduktiven Autonomie genutzt werden kann. Wie oben gesehen, ist es aber nicht hinreichend, das jeweilige Recht inhaltlich näher auszudifferenzieren. Gleichermaßen bedarf es einer näheren Bestimmung der Verpflichtungen, die sich für Dritte aus der Postulierung eines derartigen Rechtes ergeben. Das von der International Conference on Population and Development formulierte Aktionsprogramm bietet gleichermaßen einen Überblick über die umfangreichen Verpflichtungen, die sich aus dem Prinzip des Respekts der reproduktiven Autonomie in einem negativen Verstande ergeben. Im Rückgriff auf den umfassenden Begriff der reproduktiven Gesundheit definiert die International Conference on Population and Development in ihrem Aktionsprogramm eine Reihe von Maßnahmen, die sowohl auf einer globalen, nationalen als auch individuellen Ebene umgesetzt werden müssen, um das individuelle Recht auf reproduktive Autonomie zu stärken und zu schützen. Im Folgenden werden nur die wichtigsten Verpflichtungen und Maßnahmen genannt, die einen direkten Einfluss auf die Arzt-Patienten-Interaktion im Kontext der NIPTs und der genetischen Beratung haben sollten.

In Artikel 7.2 des genannten Aktionsprogrammes erfährt der Begriff der reproduktiven Gesundheit und insbesondere derjenige Teil,

---

[15] World Health Organisation: Constitution of the World Health Organisation. In: World Health Organisation (Hg.), Basic documents. 48. Aufl. Genf 2014, S. 1–19, hier S. 1.

der weiter oben als vornehmlich dem negativen Recht auf reproduktive Selbstbestimmung zugehörig ausgewiesen wurde, eine genauere inhaltliche Bestimmung:

Implicit in this last condition [die Freiheit selbst entscheiden zu können, ob, wann und wie oft man sich reproduzieren möchte, Anm. N. P.] are the right of men and women to be informed and to have access to safe, effective, affordable and acceptable methods of family planning of their choice, as well as other methods of their choice for regulation of fertility which are not against the law, and the right of access to appropriate health-care services that will enable women to go safely through pregnancy and childbirth and provide couples with the best chance of having a healthy infant.[16]

Weiter heißt es in Artikel 7.3 des genannten Aktionsprogramms:

These rights rest on the recognition of the basic right of all couples and individuals to decide freely and responsibly the number, spacing and timing of their children and to have the information and means to do so, and the right to attain the highest standard of sexual and reproductive health. It also includes their right to make decisions concerning reproduction free of discrimination, coercion and violence, as expressed in human rights documents.[17]

Aus den aufgeführten Maßnahmen lässt sich unter anderem die Verpflichtung der Ärzte entnehmen, ihre Patientinnen und Patienten hinreichend über die ihnen zugänglichen Möglichkeiten der Kontrazeption und Familienplanung sowie die mit einer Schwangerschaft für die eigene und die Gesundheit des Fetus verbundenen inneren und äußeren Risikofaktoren zu informieren. Diese Informationen sollen vornehmlich dazu dienen, den Frauen und Paaren eine selbstbestimmte und vernünftige Entscheidung für oder gegen diese einzelnen Angebote im Lichte ihres jeweiligen eigenen Konzeptes der reproduktiven Gesundheit zu ermöglichen – wobei eine Entscheidung gegen einige oder alle diese Maßnahmen seitens der behandelnden Ärzte sodann auch jeweils zu respektieren ist. Diese negativen und positiven Verpflichtungen der Ärzte ergeben sich aus dem Prinzip der Achtung des negativen Rechts auf reproduktive Autonomie, das heißt dem Recht, selbst entscheiden zu können, ob, wie oft und unter welchen Umständen man sich reproduzieren möchte. Die enge Verknüpfung mit dem umfassenderen Begriff der reproduktiven Gesundheit, der zusätzlich zu den Elementen des negativen Rechts auf reproduktive

16 United Nations: Programme of Action (Anm. 13).
17 United Nations: Programme of Action (Anm. 13).

Autonomie beispielsweise auch den Zugang zu einer umfassenden medizinischen Versorgung der Schwangeren und der Neugeborenen umfasst, zeichnet die Reproduktion und Sexualität als einen wichtigen und integralen Bestandteil der menschlichen Natur und des menschlichen Wohlergehens und damit den Respekt der reproduktiven Selbstbestimmung als fundamentales ethisches Prinzip aus.

Zusammenfassend lässt sich sagen, dass streng zwischen dem negativen Recht auf reproduktive Selbstbestimmung und dem Prinzip des Respekts derselben unterschieden werden muss. Letzteres umfasst sowohl negative als auch positive Verpflichtungen seitens der Ärzte, die auf den Schutz und die Stärkung des Rechts des Einzelnen abzielen, selbst frei entscheiden zu können, ob, wann und wie oft sie sich reproduzieren oder überhaupt an sexuellen Interaktionen beteiligen möchten.

Was aber ist sodann inhaltlich unter dem positiven Recht auf reproduktive Selbstbestimmung zu verstehen? Hiermit kann sicherlich nicht ein Recht auf tatsächliche Reproduktion gemeint sein. Zum einen würden sich aus einer derartigen inhaltlichen Bestimmung bisweilen absurde Verpflichtungen für die Gesellschaft und Dritte ergeben, wie beispielsweise die Pflicht zur Bereitstellung eines geeigneten Reproduktionspartners. Zum anderen kann dem Wunsch nach einem eigenen Kind auch manchmal aus prinzipiellen Gründen nicht genüge getan werden, zum Beispiel im Falle einer nicht behandelbaren Infertilität.

Anders sieht es hingegen angesichts des Versuchs aus, das positive Recht auf reproduktive Selbstbestimmung inhaltlich durch das Recht auf Zugang zu einer angemessenen medizinischen Versorgung der Schwangeren und der Neugeborenen zu bestimmen. Zu diskutieren wäre gleichermaßen, unter welchen Umständen dies ein Recht auf Zugang zu einer den medizinischen Standards genügenden Praxis des Schwangerschaftsabbruchs enthält. Gleiches gilt für die gegenwärtig verfügbaren Formen der assistierten Reproduktion. Zwar herrscht innerhalb des ethischen Diskurses Uneinigkeit dahingehend, wie weit ein derartiges Recht zu fassen ist, ob selbiges zum Beispiel auch das Recht auf eine Präimplantationsdiagnostik, eine Eizell- und Samenspende oder gar eine Leihmutterschaft umfasst oder inwieweit einzelne Maßnahmen der assistierten Reproduktion im Rahmen des Solidarprinzips mitfinanziert werden sollten.[18] Weitgehende An-

[18] Katharina Beier, Claudia Wiesemann: Reproduktive Autonomie in der liberalen

erkennung als Teil eines derartigen positiven Rechts auf reproduktive Selbstbestimmung erhält aber zumindest die Inanspruchnahme einer In-vitro-Fertilisation zur Behandlung der Sub- und Infertilität, sofern dies ohne Rückgriff auf eine Samen- oder Eizellspende möglich ist.[19] Wie auch immer allerdings die Reichweite eines derartigen inhaltlich bestimmten positiven Rechts auf reproduktive Selbstbestimmung zu fassen ist, die NIPTs lassen sich jedenfalls nicht unter selbiges subsumieren und entsprechend legitimieren.

Mit Blick auf die NIPTs ließe sich aber fragen, ob ein derartiges positives Recht auf reproduktive Selbstbestimmung auch das Recht auf ein bestimmtes Kind beinhaltet, das heißt das Recht auf ein »Kind mit einer ganz bestimmten Ausstattung«.[20] Unter einem derartigen positiven Recht auf reproduktive Selbstbestimmung ließen sich so unterschiedliche Technologien wie die Präimplantationsdiagnostik, zukünftige Möglichkeiten der Genomeditierung oder das reproduktive Klonen fassen.[21] Im Falle der NIPTs und genetischen Beratung wäre dieses Recht sodann vornehmlich als ein Recht auf ein nicht behindertes Kind zu interpretieren.

Die Postulierung eines derartigen Rechts sieht sich allerdings vor die Schwierigkeit gestellt, dass zumindest bei dem gegenwärtigen Stand der biomedizinischen Forschung der weitere Verlauf und Ausgang einer Schwangerschaft zu einem großen Teil nicht vorherseh- oder kontrollierbar ist. Die NIPTs weisen für eine Reihe von Fallkonstellationen zwar eine hohe Spezifizität und Sensitivität sowie gute positive und negative Vorhersagewerte auf.[22] Als Screening- oder bestenfalls Diagnosemethode können selbige aber nur mehr oder weniger zuverlässige Informationen zur Abschätzung des Ausgangs einer Schwangerschaft und zu den voraussichtlichen geno- und phänotypischen Eigenschaften des prospektiven Kindes geben, die dann wiederum zur Grundlage der Entscheidung der Schwangeren oder des Paares für oder gegen die Fortführung einer Schwangerschaft dienen können.

Aus diesem Grund soll dahingehend argumentiert werden, dass

Demokratie. Eine ethische Analyse. In: Claudia Wiesemann, Alfred Simon (Hg.): Theoretische Grundlagen. Praktische Anwendungen. Münster 2013, S. 205–221, hier S. 209–211.

[19] Beier, Wiesemann: Reproduktive Autonomie (Anm. 18), S. 209.

[20] Beier, Wiesemann: Reproduktive Autonomie (Anm. 18), S. 211.

[21] Beier, Wiesemann: Reproduktive Autonomie (Anm. 18), S. 211–213.

[22] Kozlowski: Nichtinvasive pränatale Tests (Anm. 1), S. 418.

unabhängig von der Frage, ob dem Einzelnen überhaupt ein derartiges positives Recht auf ein bestimmtes Kind zugesprochen werden soll, die NIPTs nicht im Rekurs auf ein derartiges Recht zu begründen sind. Vielmehr besteht der vornehmliche Zweck der NIPTs darin, den Schwangeren und Paaren zusätzliche Informationen zu liefern, die es ihnen ermöglichen sollen, selbstbestimmt und verantwortungsvoll zu entscheiden, unter welchen Umständen sie sich fortpflanzen möchten oder nicht. Die NIPTs sind demnach zusammen mit der genetischen Beratung als Mittel zur Stärkung des negativen Rechts auf reproduktive Selbstbestimmung anzusehen. Beide stellen ein potentielles Mittel zur Förderung und Stärkung der Fähigkeit der Paare dar, frei und verantwortungsvoll zu entscheiden, unter welchen Umständen sie sich reproduzieren wollen oder auch nicht.

4. Das Konzept der Nichtdirektivität und das präventive Selbst

Dass die NIPTs und die genetische Beratung prinzipiell dazu geeignet sind, das negative Recht auf reproduktive Selbstbestimmung und damit zugleich auch die reproduktive Gesundheit der Frauen und Paare zu stärken, bedeutet natürlich nicht, dass selbige dies in der Praxis auch tatsächlich tun. Eine grundlegende Voraussetzung hierfür ist, dass die NIPTs jederzeit von dem Angebot einer genetischen Beratung begleitet werden, wovon im Folgenden immer ausgegangen wird. Die freie Verfügbarkeit derartiger Test auf dem privaten Gesundheitsmarkt würde eine Reihe von zusätzlichen ethischen Problemen aufwerfen, die an dieser Stelle nicht behandelt werden können. Im Rekurs auf das negative Recht auf reproduktive Selbstbestimmung lässt sich also keineswegs eine Pflicht seitens des Staates oder der Gesellschaft begründen, die NIPTs für jeden Interessenten auf dem privaten Gesundheitsmarkt frei verfügbar zu machen, da die Stärkung des negativen Rechts auf reproduktive Autonomie durch NIPTs nur durch eine entsprechende ärztliche Beratung hinreichend gewährleistet werden kann.[23]

---

[23] Tim Ohnhäuser, Dagmar Schmitz: Non-invasive Prenatal Testing (NIPT): Better Meet an Expert! The Case of a Late Detected Trisomy 13 Reveals Structural Problems in NIPT Counselling and Highlights Substantial Risks for the Reproductive Autonomy. In: Geburtshilfe und Frauenheilkunde 76 (2016), S. 277–279.

Wie auch in der Richtlinie der Gendiagnostik-Kommission zur Durchführung einer genetischen Beratung angedeutet, spielt das Konzept der Nichtdirektivität in derselben eine zentrale Rolle. Die historische Entwicklung der genetischen Beratung und der hiermit verbundenen Diagnose- und Screeningtechnologien wird im Allgemeinen so dargestellt, dass diese sich von der klassischen Eugenik, die vornehmlich auf die Verbesserung der genetischen Konstitution zukünftiger Generationen ausgerichtet war, hin zu dem Konzept und der Praxis des individuellen, nichtdirektiven Beratungsmodells entwickelt hat, dessen primäres Ziel darin besteht, den Schwangeren eine selbstbestimmte und verantwortliche Entscheidung für oder gegen die eigene Reproduktion zu ermöglichen. Der Entscheidungsprozess der Schwangeren und Paare soll lediglich informativ unterstützt werden, ohne ihn in eine bestimmte Richtung zu lenken.[24]

Das Konzept der Nichtdirektivität hat seinen Ursprung in der zweiten Hälfte des 20. Jahrhunderts und diente dem Felde der genetischen Beratung nach dem Ende des Zweiten Weltkrieges vornehmlich dazu, sich von der klassischen Eugenik und deren Missbrauch im Nationalsozialismus zu distanzieren.[25] Die Umstellung von einem vornehmlich auf die Gesundheit des Volkes gerichteten humangenetischen Blickes auf eine die individuelle reproduktive Autonomie und Gesundheit unterstützende Beratung vollzog sich allerdings nur in allmählichen Schritten.[26] Die institutionalisierte genetische Beratung erfuhr in den 1970ern in Deutschland ein exponentielles Wachstum,[27] das Hand in Hand mit der Entwicklung und Verbreitung von pränatalen genetischen Diagnosetechniken einherging. Zu nennen ist hier vor allem die Amniozentese, die 1971 von dem Ulmer Ärztepaar Karl Knörr und Henriette Knörr-Gärtner in Deutschland eingeführt wurde und die bereits vorhandenen nicht-invasiven Untersuchungsmethoden um eine neue, für die humangenetische Beratung zentrale

---

[24] Angus Clarke: The evolving concept of non-directiveness in genetic counselling. In: Heike I. Petermann, Peter S. Harper, Susanne Doetz (Hg.): History of Human Genetics. Aspects of Its Development and Global Perspectives. Cham 2017, S. 541–566, hier S. 543.

[25] Clarke: The evolving concept of non-directiveness (Anm. 24), S. 543.

[26] Birgit Nemec, Gabriele Moser: Counselling, Risk and Prevention in Human Genetic Early Diagnosis in the Federal Republic of Germany. In: Heike I. Petermann, Peter S. Harper, Susanne Doetz (Hg.): History of Human Genetics. Aspects of Its Development and Global Perspectives. Cham 2017, S. 367–392, hier S. 372.

[27] Nemec, Moser: Counselling, Risk and Prevention (Anm. 26), S. 373–374.

Diagnosetechnik ergänzte.[28] Bis in die 1970er Jahre hinein vermischten sich im Fachdiskurs allerdings populationsgenetische Überlegungen, insbesondere ökonomische Argumentationen hinsichtlich der durch Kinder mit Behinderung verursachten gesundheitlichen Kosten, mit individualmedizinischen Argumentationen, die das Individuum und vor allem dessen Recht auf Zugang zu diesen neueren, als präventiv ausgewiesenen Untersuchungsmethoden und zur genetischen Beratung in den Vordergrund stellten.[29] Der Begriff der Prävention diente hierbei als Klammer und Abgrenzung zur Eugenik.[30] Erst in den 1980er Jahren setzte sich in Deutschland ein vornehmlich am Individuum und dessen individuellen Vorstellung des eigenen Wohlergehens orientiertes Argumentationsmuster in der humangenetischen Beratung durch.[31]

Mit der Verfügbarkeit der Amniozentese veränderte sich aber auch die Wahrnehmung der Risikofaktoren innerhalb der Schwangerschaft. Während zuvor vor allem exogene Risikofaktoren wie Strahlung, Alkohol, Rauchen, Ernährung oder potenziell das Kindeswohl gefährdende medizinische Wirkstoffe – der Conterganskandal wurde 1961 publik – im Zentrum des Interesses standen, rückten mit der Amniozentese die genetischen Eigenschaften des Fetus selbst und damit endogene Faktoren ins Zentrum des präventivmedizinischen Interesses.[32] Dieser Wechsel im Fokus der Risikoprävention in der Schwangerschaft ist verbunden mit einer Verlagerung des entsprechenden Verantwortungsbereiches. Während die Kontrolle der exogenen Faktoren weitaus stärker, wenn auch nicht ausschließlich, der Verantwortlichkeit des Staates und der Public Health zuzuschlagen ist, fällt die Kontrolle der endogenen und genetischen Faktoren, die erst durch die Verfügbarkeit der neuen Diagnosetechnologien ermöglicht wurde, in den Verantwortungsbereich der klinischen Akteure, wie etwa Humangenetiker und Gynäkologen, und deren Interaktion mit den individuellen Patienten.

Ob die NIPTs zusammen mit der genetischen Beratung letztendlich zu einer Stärkung der reproduktiven Autonomie der Patienten beitragen, wirft neben diesen konzeptuellen Erwägungen zudem auch

[28] Nemec, Moser: Counselling, Risk and Prevention (Anm. 26), S. 378–379.
[29] Nemec, Moser: Counselling, Risk and Prevention (Anm. 26), S. 374–375.
[30] Nemec, Moser: Counselling, Risk and Prevention (Anm. 26), S. 383–384.
[31] Nemec, Moser: Counselling, Risk and Prevention (Anm. 26), S. 375.
[32] Nemec, Moser: Counselling, Risk and Prevention (Anm. 26), S. 376–377.

die empirische Frage auf, ob und wie das Prinzip der Nichtdirektivität letztendlich innerhalb der klinischen Praxis implementiert wird.

Bisher stehen nur wenige empirische Daten zur Implementierung der NIPTs in der klinischen Praxis zur Verfügung. Aufgrund ihrer einfachen Durchführbarkeit bergen die NIPTs die Gefahr in sich, dass selbige in der klinischen Praxis sowohl von den Ärzten als auch von den Patienten als zusätzliche, relativ risikofreie Screeningmethode wahrgenommen werden, welche die bestehenden Maßnahmen der Pränataldiagnostik im Wesentlichen nur ergänzen oder invasive Diagnosemethoden gar gänzlich ersetzen können. Diese Gefahr dürfte insbesondere deswegen gegeben sein, da aufgrund der zunehmenden Verbreitung von genetischen Tests innerhalb der klinischen Praxis die entsprechende genetische Beratung nicht immer von Humangenetikern, sondern zunehmend auch von anderen Fachärzten mit einer entsprechenden Fortbildung angeboten wird.[33] Der Blick auf die Praxis der Pränataldiagnostik und deren Einbettung in die allgemeine Schwangerschaftsvorsorge lässt es jedenfalls fraglich erscheinen, dass eine Integration der NIPTs in die bestehenden Strukturen der Pränataldiagnostik und Schwangerschaftsvorsorge tatsächlich zu einer Stärkung des negativen Rechts auf reproduktive Selbstbestimmung beitragen wird. Wie eine von der Bundeszentrale für gesundheitliche Aufklärung in Auftrag gegebenen Studie nahelegt, nimmt der weitaus größte Teil der Schwangeren in Deutschland pränataldiagnostische Maßnahmen in Anspruch. Von den im Rahmen dieser Studie befragten Frauen, die sich zwischen der 20. und 40. Schwangerschaftswoche (SSW) befanden oder ihr Kind nach der 13. Schwangerschaftswoche verloren hatten, haben rund 85 % mindestens eine pränataldiagnostische Maßnahme in Anspruch genommen und nur 15 % haben jegliche Form der Pränataldiagnostik im Rahmen der Schwangerschaftsvorsorge abgelehnt.[34] Für die zu verhandelnde Fragestellung von Relevanz ist hierbei, dass in den meisten Fällen offenbar nicht die Stärkung der reproduktiven Autonomie der Schwangeren im Fokus der Pränataldiagnostik stand. Zwar gaben 61 % dieser Frauen an, dass die Sicherstellung der Gesundheit ihres

---

[33] Dagmar Schmitz: Exceptional know how? Possible pitfalls of routinising genetic services. In: Journal of Medical Ethics 36 (2010), S. 529–533.

[34] Bundeszentrale für gesundheitliche Aufklärung (Hg.): Experience of Pregnancy and Prenatal Diagnosis. Representative survey of pregnant women on the subject of prenatal diagnosis. Köln 2006, vgl. insbesondere S. 24–32.

ungeborenen Kindes ein wesentlicher Grund für die Inanspruchnahme der Pränataldiagnostik war. Allerdings äußerten auch 25 % der Befragten, dass sie eine Pränataldiagnostik haben durchführen lassen, weil dies der Wunsch ihres Arztes gewesen war, 36 % sagten, sie seien im Wesentlichen davon ausgegangen, dass die Pränataldiagnostik ein regulärer Teil der Schwangerschaftsvorsorge wäre und 16 % gaben sogar an, dass sie ihre Zustimmung zur Durchführung von pränataldiagnostischen Maßnahmen nicht explizit gegeben hätten, beziehungsweise sich nicht daran erinnern könnten, dies getan zu haben.[35]

Diese empirischen Befunde legen es nahe, dass die Wahrnehmung der NIPTs als zusätzliche risikoarme Form der Pränataldiagnostik das Risiko in sich birgt, dass selbige die reproduktive Autonomie der Paare eher unterminieren als stärken. Insbesondere deswegen, weil durch die Wahrnehmung der NIPTs als risikoarme Screeningmethode »eine entscheidende Motivation für umfassende ärztliche Aufklärung und Beratung schon einmal von vorneherein weg fällt.«[36]

Natürlich lässt sich die empirische Implementierung des Konzeptes der Nichtdirektivität in der Praxis verbessern. Um dies zu tun, ist eine eingehende Analyse der klinischen Strukturen und Prozesse notwendig, in welche die NIPTs und genetische Beratung eingebettet sind. Diese sind so zu gestalten, dass sie das negative Recht der Patienten auf reproduktive Autonomie auf bestmögliche Weise stärken. Eine Möglichkeit hierfür wäre zum Beispiel, innerhalb der Schwangerschaftsvorsorge und Pränataldiagnostik jene Beratungssituationen, in denen die Screening- und Diagnosetechniken therapeutische Optionen für das Ungeborene oder das spätere Kind eröffnen, ganz klar von solchen Situationen zu trennen, in denen keinerlei therapeutische Maßnahmen offeriert werden können.[37] Auch sollte eine gewisse Bedenkzeit zwischen der Aufklärung und ersten genetischen Beratung der Schwangeren oder Paare und der Durchführung des Testes eingeplant werden.

Schon die bisher implementierten Verfahren der genetischen Pränataldiagnostik und des Pränatalscreenings standen wegen vieler Defizite im Bereich Aufklärung und Beratung immer wieder in der Kritik. Es wurde bemängelt, dass Schwangere zu wenig an Informationen in zu kurzer Zeit und unter zu

---

[35] Renner: Experience of Pregnancy (Anm. 34), S. 30–31.
[36] Schmitz: Ethische Herausforderungen (Anm. 5), S. 443.
[37] Schmitz: Ethische Herausforderungen (Anm. 5), S. 446.

starker ärztlicher Beeinflussung erhalten, sodass eine informierte, wohlüberlegte Entscheidung für oder gegen pränataldiagnostische Maßnahmen nicht möglich sei.[38]

Ungeachtet dieser empirischen Verbesserungsmöglichkeiten sieht man sich, wie bereits angedeutet, mit einer Reihe von konzeptuellen und prinzipiellen Schwierigkeiten konfrontiert. Das Konzept der Nichtdirektivität verlagert die Entscheidung für oder gegen einen Schwangerschaftsabbruch von dem klinischen Setting der genetischen Beratung in die Privatsphäre der Schwangeren oder des Paares.[39] Das Konzept der Nichtdirektivität und die hierin eingebettete Praxis der NIPTs stellen nicht nur eine Stärkung der Autonomie der Schwangeren dar, da entsprechende Informationen ohne größeren Eingriff und bereits früher in der Schwangerschaft zur Verfügung gestellt werden können. Sondern hiermit ist zugleich eine Zunahme an Verantwortung und an Verpflichtungen verbunden. Die Patientinnen und Paare werden durch das Angebot der NIPTs mit der Aufforderung und Verpflichtung konfrontiert, eine verantwortliche Entscheidung für oder gegen diese neuen Technologien und im Falle eines positiven oder auffälligen Ergebnisses eine Entscheidung für oder gegen den Abbruch der Schwangerschaft zu fällen. In beiden Fällen bedeutet keine Entscheidung zu treffen zugleich, dass dennoch eine Entscheidung getroffen wird. In diesem Sinn stärken NIPTs und genetische Beratung nicht nur die reproduktive Autonomie, sondern enthalten zugleich die Verpflichtung, nicht irgendeine, sondern eine verantwortungsvolle Entscheidung im Sinne der eigenen reproduktiven Gesundheit zu treffen. Hierbei kann es natürlich individuelle Unterschiede hinsichtlich der Vorstellung der eigenen reproduktiven Gesundheit geben, die gemäß dem Ideal der Nichtdirektivität dann jeweils auch zu respektieren sind.

Der Aspekt der Verpflichtung zu einem verantwortungsvollen Umgang mit der eigenen reproduktiven Gesundheit spielt aber noch in anderer Weise eine Rolle. Wie bereits dargelegt, sind das Konzept der Nichtdirektivität und die zunehmende Individualisierung der Präventionstechniken implizit verbunden mit dem Ideal eines prä-

---

38 Schmitz: Ethische Herausforderungen (Anm. 5), S. 443.

39 Anne Waldschmidt: Die Versöhnung von Eugenik und Nichtdirektivität: Eine Kritik des humangenetischen Beratungsmodells. In: Günter Dörr, Rüdiger Grimm, Therese Neuer-Miebach (Hg.): Aneignung und Enteignung. Der Zugriff der Bioethik auf Leben und Menschenwürde. Düsseldorf 2000, S. 73–90, hier S. 83–84.

ventiven Selbst, »einem rationalen Subjekt, das sich kontinuierlich beobachtet und sein Verhalten nach gesundheitlichen Kriterien selbst diszipliniert«.[40] Das Ideal eines präventiven Selbst und die zunehmende Individualisierung der Präventionstechniken beschränken sich nicht auf den Bereich der Schwangerschaftsvorsorge, sondern finden auch in anderen medizinischen und lebensweltlichen Bereichen eine zunehmende Verbreitung. Zu denken ist hierbei etwa an die sogenannten »self-tracking devices« oder die Vermarktung von Nahrungsergänzungsmittel wie etwa Folsäure und weitere Vitaminpräparate, die während der Schwangerschaft zur Unterstützung der Gesundheit des heranwachsenden Kindes und damit auch der eigenen reproduktiven Gesundheit eingenommen werden sollen und mit Verweis auf die Fürsorgepflicht und Verantwortung der Mutter angepriesen werden. Konzeptuell verbunden mit dem Ideal eines präventiven Selbst ist die normative Aufforderung, sich in einer vernünftigen, präventiven Weise zu verhalten und risikobehaftetes Verhalten zu vermeiden. Hierbei handelt es sich nicht nur um eine kulturelle Konstruktion, sondern diese normative Aufforderung ist dem Angebot der NIPTs und der genetischen Beratung inhärent. Dadurch, dass dieses Angebot in einem klinischen Setting gemacht wird, wird, wenn auch ungewollt, die Geburt von Kindern mit Behinderungen als mögliche Beeinträchtigung der eigenen reproduktiven Gesundheit und die Inanspruchnahme eines derartigen Angebots als vernünftiges präventives Verhalten dargestellt.

> The idea of counselling itself conveys a message since offering information about the foetus' defects and disability in a medical setting, with abortion offered as an alternative, places women on a course that may end in pregnancy termination due to suspected abnormality.[41]

Eine besondere Schwierigkeit stellt dies insofern dar, da mit dem Modell der Nichtdirektivität, wie bereits erläutert, die Entscheidung der Schwangeren oder des Paares dem Anspruch nach aus dem klinischen Setting in die Privatsphäre und das lebensweltliche Umfeld derselben hinaus verlagert werden soll, wo die Betroffenen sich »allgemeinen

---

[40] Martin Lengwiler, Jeanette Madarász: Präventionsgeschichte als Kulturgeschichte der Gesundheitspolitik. In: Martin Lengwiler, Jeanette Madarász (Hg.): Das präventive Selbst. Eine Kulturgeschichte moderner Gesundheitspolitik. Bielefeld 2010, S. 11–28, hier S. 24.

[41] Clarke: The evolving concept of non-directiveness (Anm. 24), S. 532.

Lebensbedingungen« ausgesetzt sehen können, »in denen Gesundheit und Normalität zur Pflicht geworden sind«.[42]

5. Ausblick

Die NIPTs und die genetische Beratung stellen, wie gesehen, prinzipiell ein Mittel zur Stärkung des negativen Rechts auf reproduktive Autonomie der Schwangeren und der Paare dar. Neben den bereits angeführten Einschränkungen gilt es zudem zu bedenken, dass wenn in Zukunft in der Mehrzahl der Schwangerschaften ein Screening auf genetische Dispositionen für körperliche und geistige Beeinträchtigungen durchgeführt werden, diese Praktiken innerhalb des klinischen Kontextes und der Schwangerschaftsvorsorge implizit als vernünftige Präventionsstrategien zur Sicherung der eigenen reproduktiven Gesundheit dargestellt werden. Das mit einem derartigen Angebot implizit verbundene Ideal eines präventiven Selbst ist zugleich als ein normatives Leitbild zu verstehen.

Durch die Verbreitung, Weiterentwicklung und Ausweitung derartiger Screeningmethoden werden die entsprechenden genetischen Anomalien als mögliche Beeinträchtigung der reproduktiven Gesundheit der Schwangeren oder des Paares konstruiert, deren Vermeidung durchaus als berechtigte und vernünftige präventive Maßnahme anzusehen ist. Dies stellt zwar keine direkte Diskriminierung von Personen mit entsprechenden körperlichen und geistigen Beeinträchtigungen dar, dennoch ist das Angebot derartiger Screeningmethoden im Rahmen der Pränataldiagnostik und der allgemeinen Schwangerschaftsvorsorge konzeptuell mit einem normativen Urteil bezüglich der Vermeidbarkeit von derartigen geistigen und körperlichen Beeinträchtigungen verbunden.[43]

Da diese Bedenken eine potentielle Beeinträchtigung der negativen reproduktiven Autonomie der Schwangeren und der Paare darstellen, gilt es in der klinischen Praxis diese den NIPTs und der genetischen Beratung inhärenten Spannungen explizit zu machen und in der genetischen Beratung Strukturen zu implementieren, die selbi-

[42] Waldschmidt: Die Versöhnung von Eugenik und Nichtdirektivität (Anm. 39), S. 84.

[43] Jan Gerdts: Bedeutung von pränataler Diagnostik für Menschen mit Behinderungen. Eine qualitative Studie. Bochum, Freiburg 2009, S. 359–370.

gen, wenn schon nicht auflösen, so dennoch entgegenwirken. Insofern seitens des Staates und der Ärzteschaft eine Pflicht zur Stärkung des negativen Rechts auf reproduktive Autonomie besteht, ist hierin auch die Aufforderung zur Implementierung und Verbesserung der notwendigen Strukturen enthalten.

Vasilija Rolfes

Aspekte der Gerechtigkeit in der pränatalen Diagnostik am Beispiel der nicht-invasiven pränatalen Tests

Abstract:
NIPT is available almost anywhere in the world, but only in some countries the costs are covered by health insurance. In Germany, the test was introduced in 2012 as individual health service. The costs range between 250 Euro and 530 Euro. The prices vary according to provider and according to investigation spectrum. Due to different financial situations, the costs cannot be covered by all pregnant woman or couples. However, if reproductive autonomy is the most important ethical justification for the prenatal (genetic) testing and NIPT is a safe and risk-free procedure, there is a need to clarify following question: Are the financial barriers to NIPT justified? On the one hand, this question has to be investigated by using the liberal meanings of reproductive autonomy. On the other hand, justice concepts should be examined to clarify a possible claim for access to NIPT. In summary, the connection between the reproductive autonomy and the fair equality of individual chances derived from the aspects of justice will be presented in relation to NIPT.

1. Einleitung

Die Pränataldiagnostik ist mittlerweile ein breit akzeptierter und inhärenter Teil der medizinischen Betreuung von Frauen während ihrer Schwangerschaft.[1] Die repräsentative Studie der Bundeszentrale für gesundheitliche Aufklärung aus dem Jahre 2006 hat gezeigt, dass die meisten schwangeren Frauen mit der Pränataldiagnostik die Hoff-

[1] Das Thema des vorliegenden Beitrags wurde in dem vom Bundesministerium für Bildung und Forschung (BMBF) geförderten Projekt »Indikation oder Information? Die Rolle des Arztes im Umgang mit nicht-invasiver Pränataltestung« in ähnlicher Weise von mir bearbeitet, woraus das folgende Kurzpaper entstanden ist: Vasilija Rolfes, Dagmar Schmitz: Unfair discrimination in prenatal aneuploidy screening using cell-free DNA? In: European Journal of Obstetrics and Gynecology and Reproductive Biology 198 (2016), S. 27–29.

nung verbinden, ein gesundes Kind zu bekommen, beziehungsweise, sie unterziehen sich pränataldiagnostischen Verfahren, um dafür eine Bestätigung zu bekommen.[2] Hier muss angemerkt werden, dass die Pränataldiagnostik auch genetische und morphologische Ergebnisse liefert, die nicht nur die Gesundheit der Feten oder der Embryonen bestätigt, sondern auf pathologische Aspekte oder Krankheiten hinweisen können. Nichtsdestotrotz haben sich insbesondere die nicht-invasiven Risikoscreening-Methoden wie Ultraschall und Serumtests mittlerweile gut in das Spektrum pränataldiagnostischer Maßnahmen etabliert und werden von vielen schwangeren Frauen in Anspruch genommen. Die Gründe sind vor allem in den fehlenden prozessbedingten Risiken zu finden, welche bei invasiven Methoden, wie der Amniozentese (Fruchtwasseruntersuchung) vorhanden sind.[3] Die Kosten für die nicht-invasiven Verfahren zu Abklärung einer Trisomie beim Fetus werden in der Regel nicht von den Krankenkassen übernommen. Im Vergleich zu den invasiven Methoden lassen sich durch die Amniozentese zum Beispiel die Trisomien 13, 18 und 21 mit einer nahezu 100 prozentigen Sicherheit diagnostizieren, jedoch besteht ein Risiko für die schwangere Frau, nachdem das Fruchtwasser zu diagnostischen Zwecken entnommen wurde, eine Fehlgeburt zu erleiden. Das Risiko für eine Fehlgeburt variiert, wie die Fachliteratur zeigt, zwischen 0,5 % bis 1,5 %.[4]

Vor diesem Hintergrund wurde der Einführung des nicht-invasiven pränatalen Tests (NIPT), der es durch einen einfachen Bluttest möglich macht, mit einer hohen Sensibilität genetische Variationen beim Fetus festzustellen, sogleich eine hohe Akzeptanz bei schwangeren Frauen prognostiziert. So wird NIPT in einem Artikel als eine Art Revolution auf dem Feld der Pränataldiagnostik bezeichnet und spricht der Einführung von NIPT im pränataldiagnostischen Feld gleich zu Anfang eine positive Zukunft zu:

> […] has the potential to eliminate many of the existing obstacles to diagnostic reproductive genetic testing and in doing so dramatically expand the volume of pregnant women receiving prenatal diagnosis and increase the

---

[2] Bundeszentrale für gesundheitliche Aufklärung (Hg.): Schwangerschaftserleben und Pränataldiagnostik. Repräsentative Umfrage. Köln 2006.

[3] Bundeszentrale: Schwangerschaftserleben (Anm. 2).

[4] Peter Kozlowski, Alexander Johannes Knippel, Rüdiger Stressig: Individual risk of fetal loss following routine second trimester amniocentesis: A controlled study of 20.460 cases. In: Ultraschall in der Medizin 29 (2007), S. 165–172.

scope of genetic information for which they are willing to test. And that would be revolutionary.[5]

Die Einführung des (neuen) NIPT ist eine weitere Methode in Pränataldiagnostik und ist zugleich eine zusätzliche Option für die schwangere Frau oder das Paar, während der Schwangerschaft etwas über die genetische Konstitution des Fetus zu erfahren. Allerdings ist es so, dass NIPT sowohl in vielen Ländern als auch in Deutschland als eine individuelle Gesundheitsleistung eingeführt wurde. Das bedeutet, dass schwangere Frauen, wenn sie sich einem NIPT unterziehen möchten, für die Kosten dieser Leistung aufkommen müssen. Ausgehend von der Annahme, die Pränataldiagnostik befördere die »reproduktive Autonomie« der Frau oder des Paares und NIPT ist eine geeignete oder gar die bessere Maßnahme als andere nicht-invasive Verfahren, bestimmte Informationen über den genetischen Status des Fetus zu erfahren, ist das Ziel des Beitrags aufzuzeigen, dass die schwangere Frau oder das Paar NIPT in Anspruch nehmen können, wenn sie NIPT für sich als die geeignete Methode betrachten, um Entscheidungen über die Schwangerschaft zu treffen. Dafür wird im Beitrag zunächst erörtert, inwiefern NIPT eine geeignete Maßnahme im Feld der Pränataldiagnostik ist und inwiefern NIPT anderen Verfahren in diesem Feld zu bevorzugen sei. Des Weiteren wird im Beitrag dargestellt, wie reproduktive Autonomie in liberalen Gesellschaften verstanden wird und wie diese durch Pränataldiagnostik beziehungsweise NIPT gefördert werden kann. Daraufhin wird der Zusammenhang von reproduktiver Autonomie der Frau oder des Paares und Aspekten der Gerechtigkeit hergestellt. Gefolgert wird daraus, dass der eingeschränkte Zugang zu NIPT eine Einschränkung der reproduktiven Autonomie sein kann und Aspekte der Gerechtigkeit zu berücksichtigen sind.

2. Ist NIPT geeignet, Frauen bei Entscheidungen bezüglich ihrer Schwangerschaft zu unterstützen?

In den Richtlinien zur pränatalen Diagnostik von Krankheiten und Krankheitsdispositionen der Deutschen Ärztekammer sind die Ziele der pränatalen Diagnostik festgehalten. Als erstes sollen durch die

---

[5] Jaime S. King: And Genetic Testing for All … The Coming Revolution in Prenatal Genetic Testing. In: Rutgers Law Journal 42 (2011), S. 599–658, hier S. 612.

pränataldiagnostischen Maßnahmen sowohl Störungen der embryonalen als auch fetalen Entwicklung identifiziert werden. Zweitens soll durch Früherkennung von Fehlentwicklungen eine optimale Behandlung der Schwangeren und der Feten ermöglichen werden. Drittens soll die Pränataldiagnostik dazu dienen, die Befürchtungen und Sorgen der Schwangeren zu objektivieren und abzubauen und zuletzt sollen die Maßnahmen der Schwangeren dabei helfen, eine Entscheidung über die Fortsetzung oder den Abbruch der Schwangerschaft zu treffen.[6]

Vor dem Hintergrund einer großen Anzahl der wissenschaftlichen Artikel, welche seit der Entdeckung der zellfreien plazentalen DNA im mütterlichem Blut publiziert wurden, scheint der Einsatz von NIPT als eine zusätzliche Option in der pränatalen Diagnostik, all diesen Zielen nachzukommen. Diese Methode der nicht-invasiven pränatalen Untersuchung ist zurückzuführen auf Dennis Lo und seine Forschungsgruppe, die im Jahre 1997 das Vorkommen zellfreier plazentarer DNA im mütterlichen Blut nachgewiesen haben und somit die Möglichkeit geschaffen haben, diese für nicht-invasive pränatale Tests im Bereich der pränatalen Untersuchungen zu verwenden.[7] Die Forschung ist sehr schnell vorangeschritten, so dass die Anwendung in der Praxis ebenfalls sehr schnell angekommen ist. Derzeit lassen sich auf der Basis der im mütterlichen Plasma befindlichen freien plazentalen DNA sowohl numerische chromosomale Aberrationen wie Down-Syndrom, Trisomie 13 und Trisomie 18[8] als auch die Monosomie X bei weiblichen Feten, das sogenannte Turner-Syndrom nachweisen.[9] Möglich ist auch via NIPT, das Geschlecht des Fetus zu bestimmen. Diese Möglichkeit kann Aufschluss geben über

---

[6] Bundesärztekammer: Richtlinien zur pränatalen Diagnostik von Krankheiten und Krankheitsdispositionen. In: Deutsches Ärzteblatt 95 (1998), S. A 3236–A 3242.

[7] Yuk Ming Dennis Lo, Noemi Corbetta, Paul F. Chamberlain, Vik Rai, Ian L. Sargent, Christopher W. G. Redman, James S. Wainscoat: Presence of fetal DNA in maternal plasma and serum. In: Lancet 350 (1997), S. 485–487; Yuk Ming Dennis Lo: Noninvasive prenatal diagnosis by massively parallel sequencing of maternal plasma DNA. In: Open Biology 2 (2012), DOI: 10.1098/rsob.120086.

[8] Steven L. Warsof, Sebastian Larion, Alfred Z. Abuhamad: Overview of the impact of non-invasive prenatal testing on diagnostic procedures. In: Prenatal Diagnosis 35 (2015), S. 972–979.

[9] Amin R. Mazloom, Zeljko Dzakula, Paul Oeth, Huiquan Wang, Taylor Jensen, John Tynan, Ron McCullough, Juan-Sebastian Saldivar, Mathias Ehrich, Dirk van den Boom, Allan T. Bombard, Margo Maeder, Graham McLennan, Wendy Meschino, Glenn E. Palomaki, Jacob A. Canick, Cosmin Deciu: Noninvasive prenatal detection

eine geschlechtsbedingte Krankheit.[10] Zu dem Spektrum des Bluttestes hat mittlerweile auch international die Feststellung von Mikrodeletionen (beispielsweise DiGeorge, Klinefelter) Eingang gefunden.[11] Zahlreiche Studien haben gezeigt, dass NIPT bei Risikoschwangeren (schwangere Frauen, die 35 Jahre oder älter sind) eine hohe Sensibilität für den Nachweis von Trisomie 21, etwa 98,9 % bis 100 % mit einer falsch positiven Rate unter 1 % hat.[12] Im Vergleich zu dem First-Trimester Test, welcher aus einer Kombination mütterlicher Serumtests und einer frühen Ultraschalluntersuchung, insbesondere der Nackentransparenzmessung beim Fetus, besteht, mit einer Detek-

---

of sex chromosomal aneuploidies by sequencing circulating cell-free DNA from maternal plasma. In: Prenatal Diagnosis 33 (2013), S. 591–597.

10 Caroline F. Wright, Lyn S. Chitty: Cell-free fetal DNA and RNA in maternal blood: implications for safer antenatal testing. In: British Medical Journal 339 (2009), S. 161–164.

11 Susan J. Gross, Melissa Stosic, Donna M. McDonald-McGinn, Anne S. Bassett, Anna Norvez, Rupin Dhamankar, Katie Kobara, Eser Kirkizlar, Bernhard G. Zimmermann, Nicholas Wayham, Joshua E. Babiarz, Allison Ryan, Kristine N. Jinnett, Kachary Demko, Peter Benn: Clinical experience with single-nucleotide polymorphism-based non-invasive prenatal screening for 22q11.2 deletion syndrome. In: Ultrasound in Obstetics and Gynecology 47 (2016), S. 177–183.

12 Glenn E. Palomaki, Edward M. Kloza, Geralyn M. Lambert-Messerlian, James E. Haddow, Louis M. Neveux, Mathias Ehrich, Dirk van den Boom, Allan T. Bombard, Cosmin Deciu, Wayne W. Grody, Stanley F. Nelson, Jacob A. Canick: DNA sequencing of maternal plasma to detect Down syndrome: an international clinical validation study. In: Genetic in Medicine 13 (2011), S. 913–920; Glenn E. Palomaki, Cosmin Deciu, Edward M. Kloza, Geralyn M. Lambert-Messerlian, James E. Haddow, Louis M. Neveux, Mathias Ehrich, Dirk van den Boom, Allan T. Bombard, Wayne W. Grody, Stanley F. Nelson, Jacob A. Canick: DNA sequencing of maternal plasma reliably identifies trisomy 18 and trisomy 13 as well as Down syndrome: an international collaborative study. In: Genetics in Medicine 13 (2012), S. 296–305; Diana W. Bianchi, Lawrence D. Platt, James D. Goldberg, Alfred Z. Abuhamad, Amy J. Sehnert, Richard P. Rava: Genome-Wide Fetal Aneuploidy Detection by Maternal Plasma DNA Sequencing. In: Obstetrics and Gynecology 119 (2012), S. 890–901; Mary E. Norton, Herb Brar, Jonathan Weiss, Ardeshir Karimi, Louise C. Laurent, Aaron B. Caughey, M. Hellen Rodriguez, John Williams III, Michael E. Mitchell, Charles D. Adair, Hanmin Lee, Bo Jacobsson, Mark W. Tomlinson, Dick Oepkes, Desiree Hollemon, Andrew B. Sparks, Arnold Oliphant, Ken Song: Non-invasive chromosomal evaluation (NICE) study: results of a multicenter prospective cohort study for detection of fetal trisomy 21 and trisomy 18. In: American Journal of Obstetrics and Gynecology 207 (2012), S. 137.e1–137.e8; Bernhard Zimmermann, Matthew Hill, George Gemelos, Zachary Demko, Milena Banjevic, Johan Baner, Allison Ryan, Styrmir Sigurjonsson, Nikhil Chopra, Michael Dodd, Brynn Levy, Matthew Rabinowitz: Non-invasive prenatal aneuploidy testing of chromosomes 13, 18, 21, X, and Y, using targeted sequencing of polymorphic loci. In: Prenatal Diagnosis 32 (2012), S. 1233–1241.

tionsrate von 90 % und einer falsch-positiv Rate von ca. 5 %[13] ist NIPT fast ein sicherer Test. Die Genauigkeit für andere Trisomien und Sex-Chromosomen-Aneuploidien ist ebenfalls sehr hoch, mit hohen Nachweisraten und niedrigen falsch-positiven Raten.[14]

Die Forschung mit NIPT und dessen klinische Implementierung scheinen von der Mehrheit der Autorinnen und Autoren in der wissenschaftlichen Literatur als positiv bewertet zu werden, und der Test wird sogar begrüßt. Mit der Weiterentwicklung des Tests scheinen sich bestimmte Risiken zu minimieren. Erstens wird die falsch-positiv Rate im Vergleich zu anderen nicht-invasiven Tests als geringer eingeschätzt, zweitens hat der Test höhere Spezifitäts- und Sensitivitätsraten bei Trisomien als andere Tests und drittens besteht kein Risiko einer Fehlgeburt, wenn der Test durchgeführt wird.[15] Das Zusammenspiel dieser Aspekte ist offenbar ausreichend, um NIPT in der klinischen Anwendung als eine Verbesserung im Bereich der nicht-invasiven Testung einzustufen und sogar als »revolutionär« zu feiern.[16]

Nichtdestotrotz sind in der Fachliteratur auch weitere Aspekte, die mit NIPT verbunden werden, benannt, die als Vorteile aber auch Nachteile gegenüber konventionellen invasiven pränatalen Methoden und anderen nicht-invasiven Test gesehen werden. Einerseits könnte NIPT die Anzahl der schwangeren Frauen, bei welchen eine invasive Diagnostik indiziert wäre, reduzieren, denn nur schwangere Frauen mit einem positiven Ergebnis nach NIPT müssten sich einer invasiven Untersuchung unterziehen, um das Ergebnis zu sichern.[17]

---

[13] Kypros H. Nicolaides: First-trimester screening for chromosomal abnormalities. In: Seminars in Perinatology 29 (2005), S. 190–194.

[14] Mazloom, Dzakula, Oeth, Wang, Jensen, Tynan, McCullough, Saldivar, Ehrich, van den Boom, Bombard, Maeder, McLennan, Meschino, Palomaki, Canick, Deciu: Non-invasive prenatal detection (Anm. 9); Kypros H. Nicolaides, Argyro Syngelaki, Maria A. Gil, Velina S. Atanasova, Daniela Markova: Validation of targeted sequencing of single-nucleotide polymorphisms for non-invasive prenatal detection of aneuploidy of chromosomes 13, 18, 21, X, and Y. In: Prenatal Diagnosis 33 (2013), S. 575–579.

[15] Mary E. Norton, Bo Jacobsson, Geeta K. Swamy, Louise C. Laurent, Angela C. Ranzini, Herb Brar, Mark W. Tomlinson, Leonardo Pereira, Jean L. Spitz, Desiree Hollemon, Howard Cuckle, Thomas J. Musci, Ronald J. Wapner: Cell-free DNA Analysis for Non-invasive Examination of Trisomy. In: The New England Journal of Medicine 372 (2015), S. 1589–1597.

[16] King: And Genetic Testing for All (Anm. 5).

[17] Peter Benn, Howard Cuckle, Eugene Pergament: Non-invasive prenatal testing for aneuploidy: current status and future prospects. In: Ultrasound in Obstetrics and Gynecology 42 (2013), S. 15–33.

Dies hätte den positiven Effekt, dass auch die Anzahl der Fehlgeburten sinken würde. Andererseits könnte der NIPT dazu führen, einen Schwangerschaftsabbruch durchführen zu lassen aufgrund eines positiven Ergebnisses nach NIPT. Da es bei der zellfreien DNA, welche sich im mütterlichem Blut befindet, um die plazentale und nicht fetale DNA handelt, welche untersucht wird, muss ein positives Ergebnis durch eine invasive Diagnostik gesichert werden.[18] Dieser Umstand könnte zu einem Anstieg von Schwangerschaftsabbrüchen führen, insbesondere in Deutschland. Der sogenannte Bluttest kann bereits um die 10. Schwangerschaftswoche[19] vorgenommen werden, was bedeutet, eine schwangere Frau könnte aufgrund eines positiven Ergebnisses einen Schwangerschaftsabbruch durchführen lassen, innerhalb der Fristenregelung, das heißt, ohne dass eine medizinische Indikation notwendig wäre. Demgegenüber stehen die Vorteile, die frühe Ergebnisse mit sich bringen würden. Die Zeichen der Schwangerschaft zu diesem Zeitpunkt sind in der Regel nicht offensichtlich für andere, so dass die Frau nicht als werdende Mutter identifiziert wird. Der Embryo ist nicht vollständig entwickelt und sehr klein, und seine Bewegungen sind für die schwangere Frau nicht wahrnehmbar. Demnach kann die Beendigung der Schwangerschaft, wenn eine Frau sich dafür entscheidet, in einem früheren Stadium für die Frau weniger körperlich und psychologisch belastend sein.[20] Ein weiterer Vorteil wäre, wie eine Interviewstudie mit 40 schwangeren Frauen aus Großbritannien ergab, dass die Mehrheit der Frauen NIPT als eine positive Weiterentwicklung in der Schwangerschaftsvorsorge. Insbesondere wurden die vielen psychologischen und praktischen Vorteile des sicheren Tests mit einer hohen Aussagekraft durch die befragten Frau-

---

[18] Maximilian Schmid, Philipp Klaritsch, Wolfgang Arzt, Tilo Burkhardt, Hans-Christoph Duba, Martin Häusler, Erich Hafner, Uwe Lang, Barbara Pertl, Michael Speicher, Horst Steiner, Sevgi Tercanli, Eberhard Merz, Kai-Sven Heling, Bernd Eiben: Cell-Free DNA Testing for Fetal Chromosomal Anomalies in clinical practice: Austrian-German-Swiss Recommendations for non-invasive prenatal tests (NIPT). In: Ultraschall in der Medizin 36 (2015), S. 507–510.

[19] Olivia Miu Yung Ngan, Huso Yi, Samuel Yeung Shan Wong, Daljit Sahota, Ahmed Shenaz: Obstetric professionals' perceptions of non-invasive prenatal testing for Down syndrome: clinical usefulness compared with existing tests and ethical implications. In: BioMed Central Pregnancy and Childbirth 17 (2017), S. 285.

[20] Bert Heinrichs, Tade Matthias Spranger, Lisa Tambornino: Ethische und rechtliche Aspekte der Pränataldiagnostik: Herausforderungen angesichts neuer nicht-invasiver Testverfahren. In: Medizinrecht 30 (2012), S. 625–630.

en hervorgehoben. Die meisten der Frauen würden den Test wieder durchführen lassen wollen.[21] Der Aspekt der »Beruhigung«, die durch den Test erreicht werden kann, wird in einer von Lewis et al. durchgeführten Studie als die maßgebliche Motivation für die Frauen, den Test machen zu lassen, angegeben.[22] Aber auch einige kritische Punkte werden von den Autoren und Autorinnen mit der Einführung des NIPT verbunden. Insbesondere wird befürchtet, die reproduktive Autonomie der Frau könne durch die Einführung des NIPT unterwandert werden. Zum einen, da der Test keine Risiken für die schwangere Frau oder den Fetus beinhaltet, wird befürchtet, dass schwangere Frauen vor dem Test weniger gut informiert werden durch das medizinische Personal.[23] Zum anderen kann NIPT sehr viele Informationen zu dem genetischen Status der Feten liefern, so wird in der Fachliteratur von einer Unmöglichkeit gesprochen, der schwangeren Frau detaillierte und auf die einzelne Frau zugeschnittene Informationen vor dem Test seitens des medizinischen Personals zu geben. Dies könnte zu einem »information overload« bei der schwangeren Frau oder dem Paar führen und eine selbstbestimmte Entscheidung im Vorfeld von NIPT wäre nicht gegeben.[24] Seitens der werdenden Eltern könnte Druck auf das medizinische Personal aufgebaut werden, den Fetus genetisch zu testen. Der Grund hierfür wird durch das folgende Zitat illustriert:

Given the reduced risk of fetal miscarriage associated with NIPD, physicians may feel obligated to offer prospective parents NIPD for a wide range of

---

[21] Celine Lewis, Caroline Silcock, Lyn S. Chitty: Non-Invasive Prenatal Testing for Down's Syndrome: Pregnant Women's Views and Likely Uptake. In: Public Health Genomics 16 (2013), S. 223–232.

[22] Celine Lewis, Melissa Hill, Lyn S. Chitty: Women's Experiences and Preferences for Service Delivery of Non-Invasive Prenatal Testing for Aneuploidy in a Public Health Setting: A Mixed Methods Study. In: Public Library of Science One 11 (2016), S. 1–16, hier S. 2.

[23] Ananda van den Heuvel, Lyn Chitty, Elisabeth Dormandy, Ainsley Newson, Zuzana Deans, Sophie Attwood, Shelley Haynes, Theresa M. Marteau: Will the introduction of non-invasive prenatal diagnostic testing erode informed choices? An experimental study of health care professionals. In: Patient Education and Counsuling 78 (2010), S. 24–28; Zuzana Deans, Ainsley Newson: Should Non-Invasiveness Change Informed Consent Procedures for Prenatal Diagnosis? In: Health Care Analysis 19 (2011), S. 122–132.

[24] Antina de Jong, Wybo J. Dondorp, Suzanna G. M. Frints, Christine E. M. de Die-Smulders, Guido M. W. R. de Wert: Advances in prenatal screening: the ethical dimension. In: Nature Reviews Genetic 12 (2011), S. 657–663, hier S. 661.

genetic disorders and conditions not currently part of the prenatal screening protocol to avoid a potential suit for wrongful birth.[25]

Bedenken werden geäußert, dass es zu einer verstärkten Selektion von Feten mit bestimmten genetischen Variationen kommen könnte, die zu einer negativen Veränderung der öffentlichen Einstellungen gegenüber Individuen führen könnte mit eben diesen genetischen Variationen.[26] Außerdem wurde durch Studien festgestellt, dass Defizite im Wissen zu Genetik und genetischer Beratung von schwangeren Frauen im Bereich der pränatalen Diagnostik und insbesondere bei NIPT beim medizinischen Personal zu finden sind.[27]

Nichtdestotrotz scheinen die Vorteile zu überwiegen, und die Befürchtungen und Herausforderungen, die mit der Einführung des NIPT verbunden werden, scheinen auf Dauer lösbar. Zusammenfassend kann NIPT mit folgenden Sätzen beschrieben werden:

In conclusion, the performance of cfDNA testing was superior to that of traditional first-trimester screening for the detection of trisomy 21 in a routine prenatal population […]. As emphasized by professional societies, the use of cfDNA testing and other genetic tests requires an explanation of the limitations and benefits of prenatal test choices to the patient.[28]

3. Verständnis der reproduktiven Autonomie in liberalen Gesellschaften

In dem klinischen Behandlungspfad finden sich in der Regel der behandelnde Arzt und der Patient gegenüber, und in dieser Konstellation werden Entscheidungen über Diagnostik und Therapie getroffen. In dem Feld der Pränataldiagnostik gibt es eine Besonderheit:

Bei den Entscheidungsprozessen im Vorfeld von pränataler Diagnostik (Pränataldiagnostik) gibt es primär drei ethisch relevante Parteien – den Arzt, die schwangere Frau (bzw. das Paar) und den Fetus –, wobei typischer-

---

[25] King: And Genetic Testing for All (Anm. 5).

[26] Peter A. Benn, ßB2ßAudrey R Chapman:ßB2ß Ethical challenges in providing non-invasive prenatal diagnosis. In: Current Opinion in Obstetrics and Gynecology 22 (2010), S. 128–134.

[27] Dagmar Schmitz, Wolfram Henn, Vasilija Rolfes, Tim Ohnhäuser: Gut gerüstet? Ärztliche Beratung im Kontext genetischer Pränataldiagnostik in Deutschland. In: Geburtshilfe und Frauenheilkunde 77 (2017), S. 31–35.

[28] Norton, Jacobsson, Swamy, Laurent, Ranzini, Brar, Tomlinson, Pereira, Spitz, Hollemon, Cuckle, Musci, Wapner: Cell-free DNA Analysis (Anm. 15), S. 1596.

weise die Rechte und die Schutzansprüche der Feten mit den Rechten und Schutzansprüchen der schwangeren Frau kollidieren können.[29]

Jedoch haben Entscheidungen der schwangeren Frau, wenn es um ihre Schwangerschaft geht, Priorität. Der Arzt ist in der Arzt-Schwangeren Beziehung der, welcher im Idealfall die schwangere Frau so aufklärt und berät, dass diese eine informierte Zustimmung geben kann bezüglich der medizinischen Betreuung und somit auch zu allen pränatalen Untersuchungen. Sie ist auch diejenige, welche bestimmt, ob und welche genetischen oder morphologischen Informationen sie über den Fetus erhalten möchte, die durch pränatale Untersuchungen herausgefunden werden können und dürfen und durch den Arzt der Frau vermittelt werden. Die Frau kann bei einem positiven Ergebnis entscheiden, ob sie ihre Schwangerschaft fortführen oder abbrechen möchte. Der Schwangerschaftsabbruch muss auf der Grundlage der Ergebnisse indiziert sein. Zwar besitzt der Fetus auch bestimmte Schutzrechte, wie dass das Geschlecht nicht vor der 12. Schwangerschaftswoche bekannt gegeben werden darf, so dass Schwangerschaftsabbrüche aufgrund der Geschlechterwahl nicht möglich sind, jedoch nicht im gleichen Maße wie die schwangere Frau.

Die reproduktive Autonomie der schwangeren Frau leitet sich in den liberalen Gesellschaften daraus ab, dass akzeptiert wird, dass eine Person am besten weiß, was für sie ein gutes Leben ist und auch entsprechend dafür Entscheidungen treffen soll und kann. Der reproduktiven Autonomie, die in der bioethischen Debatte dem dominierenden Prinzip der Autonomie bzw. Selbstbestimmung des Patienten ähnlich ist, kommt eine hohe normative Bedeutung zu. Das Prinzip der Autonomie in der Medizin,

> [...] gesteht jeder Person das Recht zu, seine eigenen Ansichten zu haben, seine eigenen Entscheidungen zu fällen und Handlungen zu vollziehen, die den eigenen Wertvorstellungen entsprechen. Dies beinhaltet nicht nur negative Freiheitsrechte (Freiheit von äußerem Zwang und manipulativer Einflußnahme), sondern auch ein positives Recht auf Förderungen der Entscheidungsfähigkeit. Folglich hat der Arzt nicht nur die (negative) Verpflichtung, die Entscheidungen des Patienten zu respektieren, sondern auch

[29] Vasilija Rolfes: Abwägungsprozesse im Vorfeld der (neuen) nicht-invasiven Pränataltestung (NIPT). In: Oliver Rauprich, Ralf Jox, Georg Marckmann (Hg.): Vom Konflikt zur Lösung. Ethische Entscheidungswege in der Biomedizin. Münster 2016, S. 315–324, hier S. 315.

die (positive) Verpflichtung, den Entscheidungsprozeß selbst z.B. durch eine sorgfältige, auf die Bedürfnisse des Patienten zugeschnittene Aufklärung zu unterstützen.[30]

Analog dazu wird die menschliche Fortpflanzung als eine äußerst private Angelegenheit angesehen, in welche der Staat sich weitgehend nicht einmischt. Sie äußert sich darin, dass Personen frei wählen, mit wem sie sich reproduzieren wollen und mit wem sie eine Familie gründen wollen. Auch keine Kinder zu bekommen, gehört zu diesem Selbstbestimmungsrecht und kann durch moderne Verhütungsmittel, welche eine hohe Akzeptanz genießen, erreicht werden.[31] Der amerikanische Jurist und Medizinethiker John A. Robertson spricht der reproduktiven Autonomie von ihm auch genannt »procreative liberty« eine Vorrangigkeit zu:

> Procreative liberty should enjoy presumptive primacy when conflicts about its exercise arise because control over whether one reproduces or not is central to personal identity, to dignity, and to the meaning of one's life. Decisions to have or avoid having children are thus personal decisions of great import that determine the shape and meaning of one's life.[32]

Über die eigene Fortpflanzung beziehungsweise Nichtfortpflanzung verfügen zu können, hat nach Robertson eine zentrale Bedeutung für die Identität einer Person, und er folgert daraus, dass alle Versuche unternommen werden müssten, um dieser »presumptive primacy« gerecht zu werden. Dies schließt beispielweise ein, dass der Zugang zu und die Nutzung von Fortpflanzungstechnologien uneingeschränkt Menschen mit Kinderwunsch zugestanden werden soll. Auch sieht Robertson es als notwendig, dass eine schwangere Frau die Möglichkeit hat, sich gegen ein zukünftiges Kind zu entscheiden. Wenn sie nicht diese Möglichkeit hat, so kann das nach Robertson gravierende negative Konsequenzen für das psychische und physische Befinden der Frau haben und auch für ihre sozialen Bindungen.[33]

---

[30] Georg Marckmann: Was ist eigentlich prinzipienorientierte Medizinethik? In: Ärzteblatt Baden-Württemberg 56 (2000), S. 499–502, hier S. 499.

[31] Katharina Beier, Claudia Wiesemann: Reproduktive Autonomie in der liberalen Demokratie – eine ethische Analyse. In: Claudia Wiesemann, Alfred Simon (Hg.): Patientenautonomie. Theoretische Grundlagen, praktische Anwendungen. Münster 2014, S. 199–215.

[32] John A. Robertson: Children of Choice. Freedom and the New Reproductive Technologies. Princeton 1994, S. 24.

[33] Robertson: Children of Choice (Anm. 32); Andreas Kuhlmann: Reproduktive

Die Anerkennung der »procreative liberty« bedeutet für Robertson auch, dass entsprechende Technologien genutzt werden sollten, welche Aufschluss über die genetische und physische Konstitution des zu erwartenden Nachwuchses geben:

> [...] persons have a right not to procreate because of the physical, psychological, and social burdens that reproduction entails, with the person directly affected the best judge of when reproduction is too burdensome. If a person has the right generally to avoid procreation, then she should be free to reject reproduction because of the burdens that particular reproductive outcomes impose. The right to use carrier or prenatal screening techniques to determine whether those burdens exist thus follows.[34]

Dieser zusammenfassende Satz von Robertson hebt deutlich hervor, dass die schwangere Frau oder auch das Paar so breit wie möglich die Bedingungen haben sollen, um entsprechende Entscheidungen über ihre Reproduktion zu treffen.

4. Reproduktive Autonomie braucht Gerechtigkeit?

Die Autonomie, beziehungsweise reproduktive Autonomie erfährt viel Aufmerksamkeit in der bioethischen Debatte. Einigkeit scheint darüber zu herrschen, dass alle Frauen gleichermaßen diese verwirklichen können und ebenfalls, dass die Bedingungen gegeben werden sollten, so dass ihre reproduktive Autonomie nicht unterwandert werden sollte und die Frauen in die Lage versetzt werden sollten, ihre reproduktive Autonomie ausleben zu können. Aus der ethischen Perspektive wird meistens über die Herausforderungen der Frau, adäquate und ausreichende Informationen im Kontext von Reproduktion und Pränataldiagnostik zu geben, diskutiert, damit sie informierte Entscheidungen treffen kann. Mit der Einführung von NIPT wird der Aspekt der Erreichung der informierten Zustimmung der schwangeren Frau als eines der problematischsten aber auch wichtigsten gesehen, wie das folgende Zitat dies demonstriert:

> Data from experiences with serum screening, a »standard« blood draw, indicate poor levels of informed consent prior to undergoing screening, with

Autonomie? Zur Denaturierung der menschlichen Fortpflanzung. In: Deutsche Zeitschrift für Philosophie 46 (1998), S. 917–933.

[34] Robertson: Children of Choice (Anm. 32), S. 152.

many women indicating that they did not intend to receive testing or that they declined it without realizing its function.[35]

Kaum wird die reproduktive Autonomie in Verbindung mit Aspekten um das Prinzip der Gerechtigkeit gesetzt. Dabei scheint die Einführung des NIPT in die Praxis der Pränataldiagnostik den Zusammenhang zwischen der reproduktiven Autonomie und Gerechtigkeit zu evozieren, wie im Folgenden gezeigt wird.

NIPT ist weltweit fast überall kommerziell verfügbar, aber nur in einigen Ländern sind die Kosten für NIPT durch die Krankenversicherungen gedeckt. Derzeit liegen die Kosten des Tests in den USA bei $ 795 bis $ 3000 und in anderen Ländern bei $ 500 bis $ 1500.[36] Auch in Deutschland ist der Test 2012 eingeführt worden, hier wird er als individuelle Gesundheitsleistung angeboten. In Deutschland liegen die Kosten zwischen ca. 250 Euro und 530 Euro. Die Preise variieren je nach Anbieter und nach Untersuchungsspektrum, zum Beispiel nach der Frage, ob eine Expressversion gewünscht wird und welche Trisomien oder auch Aberrationen der Geschlechtschromosomen untersucht werden sollen.[37] In der Praxis können diese Kosten eine Barriere für eine bestimmte Gruppe von schwangeren Frauen oder Paaren bedeuten. Ausgeschlossen von der Inanspruchnahme von NIPT sind schwangere Frauen oder Paare, die nicht über ausreichende finanzielle Mittel für diesen Test verfügen. Die Auslegungen der reproduktiven Autonomie in liberalen Gesellschaften und der »procreative liberty« nach Robertson legen aber nahe, dass der Zugang zu NIPT möglichst allen offen stehen sollte. Denn nicht nur, dass der Staat sich in die Vorstellungen von Reproduktion bzw. Nicht-Reproduktion einmischen soll, sondern es wird -nach Robertson- jedem das Recht zugesprochen, Zugang zu Technologien und Mitteln zu haben, die eine Reproduktion verhindern oder befördern können und solchen, welche dabei helfen können, Entscheidungen

---

[35] Megan Allyse, Mollie A Minear, Elisa Berson, Shilpa Sridhar, Margaret Rote, Anthony Hung, Subhashini Chandrasekharan: Non-invasive prenatal testing: a review of international implementation and challenges. In: International Journal of Women's Health 7 (2015). S. 113–126, hier S. 117.

[36] Ashwin Agarwal, Lauren C. Sayres, Mildred K. Cho, Robert Cook-Deegan, Subhashini Chandrasekharan: Commercial landscape of non-invasive prenatal testing in the United States. In: Prenatal Diagnosis 33 (2013), S. 521–53; Benn, Cuckle, Pergament: Non-invasive prenatal testing (Anm. 17).

[37] https://lifecodexx.com/fuer-schwangere/kosten; http://www.labor-enders.de/712.html; http://www.prenatalis.de/de/fuer-aerzte/kosten (abgerufen am 8.1.2018).

über eine bereits vorhandene Schwangerschaft zu treffen. Die Begründungen hierfür finden sich in dem hohen normativen Stellenwert der Selbstentfaltung und der individuellen Gestaltung des eigenen Lebens und der eigenen Zukunft. Dabei spielt für die reproduktive Autonomie einer schwangeren Frau oder des Paares der Zugang zu Pränataldiagnostik eine wesentliche Rolle. Denn wird davon ausgegangen, dass die Informationen, welche die schwangere Frau oder das Paar durch Pränataldiagnostik erhalten kann, ihnen die Möglichkeit geben, ihre Lebenssituation und ihre Zukunft nach ihren Vorstellungen zu gestalten, ist der Zugang zu Pränataldiagnostik, also auch zu NIPT, gegeben. Zugangsbarrieren wie beispielsweise die Kosten für NIPT bedeuten eine Einschränkung der reproduktiven Autonomie der schwangeren Frau oder des Paares sowie der Möglichkeit gleicher Lebenschancen in einer gegebenen Gesellschaft, infolge sich diese auch negativ auf das physische als auch psychische Wohlbefinden der Frau oder des Paares auswirken kann.[38] Durch NIPT hat eine schwangere Frau oder das Paar die Möglichkeit, sehr früh in der Schwangerschaft genetische Informationen über den Fetus zu erhalten, so dass sie zu einem frühen Zeitpunkt Entscheidungen über die Schwangerschaft treffen können, ohne das Risiko einer Fehlgeburt einzugehen. Zudem kann die Durchführung des Tests, wie Studien dies belegt haben, beruhigend wirken und den Frauen oder dem Paar Befürchtungen und Ängste wegnehmen. Das Prinzip der Gerechtigkeit betont die Chancengleichheit aller Individuen in einer Gesellschaft. Die Chancengleichheit in Bezug auf das Spektrum von Lebensplänen- und Vorstellungen, die in einer Gesellschaft möglich sind, sind eben dadurch erfüllbar, wenn der Zugang zu bestimmten Ressourcen gleich verteilt wird bzw. der Zugang zu diesen für alle gleich ist.[39] Auch vor dem Hintergrund, dass der ungleiche Zugang zu NIPT für eine bestimmte Gruppe von Frauen Nachteile bezüglich ihrer psychischen als auch physischen Gesundheit bringen könnte, wäre dieser Nachteil laut Norman Daniels, der das Gerechtigkeitsprinzip auf die Gesundheitsfürsorge anwendet, kritisch zu betrachten. Denn:

---

[38] Vasilija Rolfes, Dagmar Schmitz: Unfair discrimination in prenatal aneuploidy screening using cell-free DNA? In: European Journal of Obstetrics and Gynecology and Reproductive Biology 198 (2016), S. 27–29.

[39] John Rawls: A theory of justice. Oxford 1972.

Eine Beeinträchtigung der normalen Funktionsfähigkeit und Behinderung beschränkt die Chancen eines Individuums im Verhältnis zu dem Anteil am normalen Umfang (an Chancen), der im aufgrund seiner Fähigkeiten und Begabungen bei Gesundheit zur Verfügung gestanden hätte.[40]

NIPT wäre demnach ein mögliches Mittel im Feld der Pränataldiagnostik und der medizinischen Betreuung von schwangeren Frauen, die psychische als auch physische Gesundheit dieser Frauen zu bewahren. Das bedeutet, die Frauen hätten die Möglichkeit, sich nicht einem Risiko einer potenziellen Beeinträchtigung ihrer »normalen« Funktionsfähigkeit auszusetzen.

5. Fazit

Obwohl die Einführung von NIPT in die Praxis einige aus ethischer Sicht kritische Aspekte mit sich bringt, insbesondere bezüglich der adäquaten Beratung vor und nach dem Test, scheint der Test gegenüber allen anderen nicht-invasiven Tests eine Verbesserung zu sein und Vorteile für die schwangere Frau oder das Paar zu bringen. Insbesondere ist die Sensitivität des Tests hervorzuheben, aber auch, dass keine verfahrensbedingten Risiken für den Fetus und die schwangere Frau bestehen. Vor dem Hintergrund der reproduktiven Autonomie, wie sie in den liberalen Gesellschaften und bei Robertson verstanden wird und vor dem Hintergrund, dass NIPT als eine geeignete Methode betrachtet werden kann, die reproduktive Autonomie zu befördern, ist die Frage nach einem fairen Zugang zu diesem Test zu klären. Zumindest in Bezug auf die schwangeren Frauen oder Paare, welche über unzureichende finanziellen Mittel verfügen, NIPT als eine geeignete Möglichkeit für sich zu betrachten, und sich gegebenenfalls diesem Test zu unterziehen.[41] Die Aspekte der Gerechtigkeit bezogen auf die Kosten für NIPT, also die Fragen nach dem barrierefreien Zugang zu diesem Test, können in diesem Kontext als eine der Bedingung für die Erfüllung oder Erreichung der reproduktiven Autonomie von schwangeren Frauen beziehungsweise des Paares fungieren. Zusammenfassend betrachtet, liegen gute Gründe vor, den Zugang, zumindest für die Gruppe von schwangeren Frauen oder

[40] Norman Daniels: Gerechte Gesundheitsversorgung. In: Urban Wiesing (Hg.): Ethik in der Medizin. Ein Reader. Stuttgart 2000, S. 263–268, hier S. 264.
[41] Rolfes, Schmitz: Unfair discrimination (Anm. 38).

Paaren ohne suffiziente finanzielle Mittel, durch Erstattung der Kosten, zu gewährleisten. Als erstes ist die »Überlegenheit« des Tests in seiner Anwendung gegenüber anderen pränataldiagnostischen Tests zu nennen, zweitens das Zusprechen der reproduktiven Autonomie jeder schwangeren Frau oder dem Paar, in der sich die individuellen Lebensvorstellungen- und Pläne wiederfinden und drittens die Aspekte der Gerechtigkeit, die nicht zuletzt auf die Bedingungen der Möglichkeit einer Chancengleichheit der Teilhabe an Spektrum von Lebensplänen- und Vorstellungen in einer Gesellschaft abzielen. Werden diese Aspekte berücksichtigt, kann eine Diskriminierung aus ökonomischen Gründen verhindert werden.

Manuel Willer

Zum Begriff der Autonomie und zu den Bedingungen autonomen Handelns im Kontext nicht-invasiver pränataler Gentests (NIPT)

Abstract:
When it comes to non-invasive prenatal testing, often the argument occurs, an increase of informations strengthens the reproductive autonomy of women. That argument implicates a specific concept of autonomy, which is questioned in the following. It is argued, that the commonly-received concept of autonomy is hardly a normative one and that it might involve the danger of desisting questions of morals. Furthermore, it might pile the pressure to use the new technique of prenatal diagnostics. In recourse to the more broad and basic concept of autonomy by Immanuel Kant (1724–1804) and some remarks on this by Theodore W. Adorno (1903–1969) it is argued, that patients should be strengthened to act autonomous by adressing moral questions in the process of counseling. Also a normative understanding of autonomy might be a possibility to reflect on the social conditions of medical practice, a more and more urgent matter, especially regarding growing technical possibilities.

1. Einleitung

Es ist kaum verwunderlich, dass die Einführung des PraenaTests® der Firma LifeCodexx in Deutschland im Jahr 2012 nicht nur zu fachwissenschaftlichen, sondern auch zu breiten öffentlichen Diskussionen geführt hat. Mit der Erweiterung der vorgeburtlichen diagnostischen Mittel geht die Hoffnung einher, schwere Erkrankungen und Missbildungen frühzeitig zu erkennen. Dabei ist noch offen, ob der Test die medizinischen Vorteile mit sich bringt, die ihm zugeschrieben werden. So wenden Kritikerinnen* ein, es gäbe zu wenige verlässliche Studien zu Genauigkeit und Sicherheit des Testes[1] und die aktuelle Form der Anwendung des Testes zur Abklärung auffälliger Be-

* Aus Gründen der Lesbarkeit wurde im Text die weibliche Form gewählt, nichtsdestoweniger beziehen sich die Angaben auf alle Geschlechter.

[1] Monica A. Lutgendorf, Katie A. Stoll, Dana M. Knutzen, Lisa M. Foglia: Noninva-

funde im Trimesterscreening vor invasiven Diagnosemitteln wie einer Amniozentese würde mögliche Vorteile für die Patientinnen ohnehin aufheben.[2] Daneben stehen Fragen nach einer möglichen Diskriminierung von Merkmalsträgerinnen und dem Lebensrecht des Embryonen im Zentrum der ethischen und auch theologischen Auseinandersetzung mit NIPT.[3]

Befürworterinnen einer möglichst breiten Anwendung des Testes heben häufig hervor, mit dem Test ließen sich risikoarm und zu einem früheren Zeitpunkt als bei invasiven Techniken Informationen gewinnen. So betont beispielsweise die Deutsche Gesellschaft für Humangenetik (GFH), insbesondere der Wegfall eingriffsbedingter Risiken sei ein Argument dafür, dass der Test »allen Schwangeren verfügbar gemacht werden sollte.«[4] Zudem betont die Deutsche Gesellschaft für Humangenetik, dass »in absehbarer Zukunft eine sehr große Anzahl genetisch bedingter Krankheiten/gesundheitlicher Störungen aus dem mütterlichen Blut identifiziert werden kann«[5]. NIPT als Möglichkeit einer risikoarmen, potentiell genaueren und frühzeitigen Diagnostik sei daher positiv zu bewerten.[6] Ähnlich wirbt auch der einzige Anbieter von pränatalen Gentests mit Laboren in Deutschland, die Firma LifeCodexx, um potentielle Kundinnen. Die Firma führt zum Beispiel an, der PraenaTest® schaffe mit einer zuverlässigen und sicheren Methode »Wissen«.[7] Mit dem Begriff »Wissen« sind genetische Informationen über das mögliche Vorliegen

---

sive prenatal testing: limitations and unanswered questions. In: Genetics in Medicine 16 (2014), S. 281–285.

[2] ProFamilia Nordrhein-Westfalen: Der neue PraenaTest® – die vorgeburtliche Bestimmung der Trisomie 21 aus mütterlichem Blut. Stellungnahme Juni 2012, S. 3. https://www.profamilia.de/fileadmin/landesverband/lv_nordrhein-westfalen/Stellungnahme_PraenaTest_Trisomie21.pdf (abgerufen am 8.1.2018).

[3] Ethik-Kommission der cusanus trägergesellschaft trier mbH: Diagnostik einer Chromosomenverteilungsstörung beim Kind aus dem mütterlichen Blut. Trägerinterne ethische Empfehlungen für die ctt. 2014. http://www.ethikkomitee.de/downloads/stellungnahme-zum-praenatest-der-ethikkommissi.pdf (abgerufen am 8.1.2018).

[4] Deutsche Gesellschaft für Humangenetik e.V.: Stellungnahme der Deutschen Gesellschaft für Humangenetik (GfH) zur Analyse fetaler DNA aus dem mütterlichen Blut (12.11.2012), S. 3. http://www.gfhev.de/de/leitlinien/LL_und_Stellungnahmen/2012_11_12_GfH_Stellungnahme_Analyse_fetale_DNA.pdf (abgerufen am 8.1.2018).

[5] Deutsche Gesellschaft: Stellungnahme (Anm. 4).

[6] Suzanne Drury, Melissa Hill, Lyn S. Chitty: Cell-Free Fetal DNA Testing for Prenatal Diagnosis. In: Advances in clinical chemistry 76 (2016), S. 1–35.

[7] http://lifecodexx.com/fuer-schwangere (abgerufen am 8.1.2018).

einer Chromosomenstörung (Trisomien 21, 18 und 13; Klinefelter-Syndrom; Turner-Syndrom; Triple-X-Syndrom und XXY-Syndrom) gemeint, wobei der Hersteller auch explizit auf die Möglichkeit, das Geschlecht des Kindes im Rahmen des Testes zu bestimmen, verweist. Wenngleich der Test zunächst einmal eine Aussage über Wahrscheinlichkeiten ermöglicht und daher nur bedingt verlässliches »Wissen« produziert, heben auch andere Firmen den Gewinn von Informationen als zentrales Argument für ihre Tests hervor. Sie betonen die Förderung einer informierten Entscheidung werdender Eltern durch ein Mehr an Informationen.[8] Die durch die NIPT gewonnenen Informationen sollen werdenden Eltern helfen, informierte Entscheidungen zu treffen und die eigene, intentionale Handlungsmacht zu stärken. Es wird eine »promotion of reproductive autonomy and informed decision-making by pregnant women«[9] forciert. Damit erscheint der Informationsgewinn im Sinne des Prinzips des »Respect for Autonomy« geboten zu sein.

Im vorliegenden Beitrag wird nach dem dieser Argumentation impliziten Begriff von Autonomie und dessen normativem Gehalt gefragt. Was sind die Bedingungen autonomen Handelns und welche Rolle spielen Informationen und Aufklärungspraxis für autonome Entscheidungen? Hierzu wird der Autonomiebegriff Immanuel Kants (1724–1804) jenem bei Tom L. Beauchamp (* 1939) und James F. Childress (* 1940) gegenübergestellt werden.

2. Kants Autonomiebegriff: erste Annäherung

Der Begriff der Autonomie ist seit den Schriften Jean-Jaques Rousseaus (1712–1778) und insbesondere Immanuel Kants ohne Zweifel das Zentrum des durch die Aufklärung geprägten Menschenbildes.[10] »Da die säkulare Moral über keine allgemeinverbindliche und gehalt-

---

[8] https://www.sequenom.com/tests/reproductive-health/maternit21-plus#patient-test-details; https://www.illumina.com/clinical/reproductive-genetic-health/nipt.html (abgerufen am 8. 1. 2018)

[9] Jean Gekas, Sylvie Langlois, Vardit Ravitsky, François Audibert, David Gradus van den Berg, Hazar Haidar, François Rousseau: Non-invasive prenatal testing for fetal chromosome abnormalities: review of clinical and ethical issues. In: The Application of Clinical Genetics 9 (2016), S. 15–26, hier S. 16.

[10] Heiner F. Klemme: Kants »Grundlegung zur Metaphysik der Sitten«. Ditzingen 2017.

volle Vorstellung des Guten oder des richtigen Handelns verfügt, stellt das Prinzip der individuellen Freiheit die wichtigste Quelle moralischer Verpflichtungen dar.«[11] In einem grundsätzlichen Wertepluralismus rückt die Autonomie der Einzelnen ins Zentrum, die für das gesellschaftliche Miteinander verschiedener Wertevorstellungen eine normative Grundlage bilden soll. Der autonome Mensch ist das humanistische Leitbild ethischen Handelns. Als Prinzips des Respekts vor der Patientinnenautonomie kann die Autonomie auch oder gerade im Bereich der postpaternalistischen Medizin als zentrales Prinzip gelten. Dies gilt in besonderem Maß für die Pränataldiagnostik.[12]

Im Allgemeinen wird der Begriff der Autonomie als Bedingung der Möglichkeit, moralisch zu handeln, auf Kant zurückgeführt. Kants systematische Ausarbeitung des Autonomiebegriffes, den er vor allem in der *Kritik der praktischen Vernunft* und in der *Grundlegung zur Metaphysik der Sitten* entwickelt hat,[13] fußt auf dessen Bestimmung des freien Willens als Quelle von Sittlichkeit. Der freie Wille kann in negativem Sinne als frei gelten, insofern er frei von materialen Interessen oder Zwängen, also nicht heteronom ist.[14] Wesentlich relevanter ist für Kant aber die Frage, inwiefern Freiheit nicht auch positiv zu bestimmen ist, das heißt als Freiheit »zu etwas«. Diese Freiheit »zu etwas« kann nicht als Willkür bestimmt werden, da sonst keinerlei moralische Ordnung möglich wäre, vielmehr benötigt es zur Freiheit des Willens Autonomie. Autonomie, nach Kant die »Eigenschaft des Willens, sich selbst ein Gesetz zu sein«[15], ist die Bedingung für den kategorischen Imperativ, des formalen Prinzips der Selbstgesetzgebung. In Form der Selbstzweckformel des kategorischen Imperativs tritt bei Kant das Prinzip des Respekts vor Autonomie und damit die Normativität des Autonomie-Begriffes zutage, nach der jedes vernünftige Wesen autonom ist und daher nicht zu einem bloßen Mittel gemacht werden darf. Autonomie bezeichnet

---

[11] Hugo Tristam Engelhardt: Freies und informiertes Einverständnis. Therapieverweigerung und das Behandlungsteam: die zahlreichen Facetten der Freiheit. In: Urban Wiesing, Johann S. Ach (Hg.): Ethik in der Medizin: ein Reader. Stuttgart 2000, S. 91–93.

[12] Dagmar Schmitz: Ethische Herausforderungen der neuen nichtinvasiven Pränataltestung. In: Der Gynäkologe 49 (2016), S. 442–447.

[13] Immanuel Kant: Kritik der praktischen Vernunft. Frankfurt am Main 1977, hier §§ 2–8; Immanuel Kant: Grundlegung zur Metaphysik der Sitten. Frankfurt am Main 1977.

[14] Kant: Grundlegung zur Metaphysik der Sitten (Anm. 13), S. 81.

[15] Kant: Grundlegung zur Metaphysik der Sitten (Anm. 13).

bei Kant damit das Vermögen des Willens, sich selbst Gesetzen zu unterwerfen, die ihren Ursprung in der reinen Vernunft haben. Kants Begriff der Autonomie ist als Bedingung einer Möglichkeit zu verstehen, welche unabhängig der Realisierung oder auch von den jeweiligen Möglichkeiten seiner Realisierung als Norm Gültigkeit besitzt. Nur auf Basis eines autonomen, das heißt sich selbst als frei zu einer Entscheidung erkennenden Willens, ist moralisches Handeln denkbar. Die konkreten psychologischen, kognitiven oder biographischen Voraussetzungen spielen für Kant ebenso wenig eine Rolle wie die situativen Handlungsbedingungen. Vielmehr ist der freie Wille gerade deshalb frei, weil er sich unabhängig von empirischer Umsetzung und konkreten Interessen als frei erkennt. Auch in Situationen, in denen wir also wenig empirische Erkenntnisse oder in pragmatischer Hinsicht positiv erscheinende Handlungsoptionen haben, bleiben wir als Vernunftwesen frei zu moralischen Entscheidungen. Kants Autonomiebegriff stellt damit eine Befreiung des Menschen vom Sachzwang dar. Autonomie ist unbedingt und nicht abstufbar. Autonom zu entscheiden bedeutet für Kant geradezu notwendigerweise, von den jeweiligen konkreten Handlungsbedingungen zu abstrahieren und sich dem formalen Prinzip des kategorischen Imperativs zu unterwerfen.

3. Autonomie bei Beauchamp und Childress

Genau diesen Punkt kritisieren Beauchamp und Childress: »No theory of autonomy is acceptable if it presents an ideal beyond the reach of normal agents and choosers.«[16] Der für die Autoren feststehende Kern des Autonomiebegriffes und des darauf aufbauenden Prinzips des »Respect for Autonomy« umfasst neben »self-rule that is free from […] controlling interference by others«[17] auch die Bedingungen, intentional und informiert zu handeln. Ohne Zweifel hat sich dieses auf einem »spärliche(n) theoretische(n) Fundament«[18] be-

[16] Tom L. Beauchamp, James F. Childress: Principles of Biomedical Ethics. 6. Aufl. New York, Oxford 2009, S. 101.

[17] Beauchamp, Childress: Principles of Biomedical Ethics (Anm. 16), S. 99.

[18] Oliver Rauprich: Prinzipienethik in der Biomedizin – Zur Einführung. In: Oliver Rauprich, Florian Steger (Hg.): Prinzipienethik in der Biomedizin. Moralphilosophische und medizinische Praxis. Frankfurt am Main, New York 2005, S. 11–45, hier S. 19.

ruhende Verständnis von Autonomie in der Medizinethik weitgehend durchgesetzt: »Es genügt, wenn er intentional handelt, ausreichend informiert ist und keiner Manipulation von außen unterliegt, damit von einer autonomen Entscheidung gesprochen werden kann.«[19] Beauchamp und Childress erarbeiten ein Konzept von Autonomie, welches sich an alltäglichen Entscheidungssituationen und einer »common morality«[20] ausrichtet und auf das Prinzip des Respekts vor Autonomie abzielt.[21] In diesem als liberale Standardauffassung bezeichneten Verständnis von Autonomie,[22] welches Autonomie auf eine empirisch eruierbare Entscheidungskompetenz von Personen reduziert, müssen Entscheidungen Kriterien erfüllen, um als autonom zu gelten: Sie müssen intentional, von einer alle relevanten Informationen verstehenden Person (also informiert) und freiwillig getroffen werden. Diese Kriterien sind durchaus kontrovers und Gegenstand zahlreicher Diskussionen, sie ermöglichen allerdings eine an Person und Situation orientierte Einschätzung der Autonomiefähigkeit und eine möglichst niedrigschwellige Bestimmung der Entscheidungsfähigkeit von Patientinnen mit dem Ziel, nur in sehr seltenen Fällen das Prinzip des Respekts vor der Autonomie verletzen zu müssen. Während das erste Kriterium, die Intentionalität, nicht abstufbar ist, kann für die beiden weiteren Kriterien durchaus eine situative Abstufung vorgenommen werden, wodurch auch Handlungen in verschiedenen Graden autonom sein können. Damit tragen Beauchamp und Childress ihrem Anliegen Rechnung, ein aus der Erfahrung heraus, also empirisches, und von möglichst vielen Menschen geteiltes Moralempfinden zur Grundlage ihrer Prinzipienethik zu machen. So lassen sich beispielsweise in Bezug auf besonders schwere oder folgenreiche medizinische Eingriffe höhere Hürden einer gültigen Zustimmung formulieren, als es dies beispielsweise

---

[19] Sabine Salloch: Patientenautonomie und Indikation – über den normativen Gehalt zweier medizinethischer Grundbegriffe. In: Christof Breitsameter (Hg.): Autonomie und Stellvertretung in der Medizin. Stuttgart 2011, S. 97–111, hier S. 99.

[20] Beauchamp, Childress: Principles of Biomedical Ethics (Anm. 16), S. 12.

[21] Michael Steinmann: Ein Prinzip für die Prinzipien. Kantische Einwände gegen den Ansatz von Beauchamp und Childress. In: Oliver Rauprich, Florian Steger (Hg.): Prinzipienethik in der Biomedizin. Moralphilosophie und medizinische Praxis. Frankfurt am Main, New York 2005, S. 120–144, hier S. 123.

[22] Holmer Steinfath, Anne-Marie Pindur: Patientenautonomie im Spannungsfeld philosophischer Konzeptionen. In: Claudia Wiesemann, Alfred Simon (Hg.): Patientenautonomie. Theoretische Grundlagen – Praktische Anwendungen. Münster 2013, S. 27–41, hier S. 27.

für die Entnahme einer Blutprobe der Fall ist. Freiwilligkeit wird von Beauchamp und Childress als Abwesenheit von einer Entscheidung erzwingenden Einflüssen verstanden. Damit kann eine Entscheidung zwar durchaus von anderen Personen oder Umständen beeinflusst sein, dennoch kann sie als autonome Entscheidung angesehen werden. Beauchamp und Childress nutzen hier den Begriff der »voluntariness« (Freiwilligkeit) und meinen damit etwas völlig anderes als den Begriff der Freiheit (des Willens) bei Kant. Denn während Kant mit »freiem Willen« die Einsicht verbindet, auch gegen Widerstände dem moralischen Gesetz verpflichtet zu handeln, bleibt die Freiwilligkeit bei Beauchamp und Childress auf die Abwesenheit von Zwang reduziert.

Bis zu welchem Grad Informiertheit notwendig ist bzw. welche und wie viele Informationen für eine autonome Entscheidung notwendig sind, hängt wiederum von der Situation und der Einschätzung der an der Handlung beteiligten Personen ab. Sowohl Freiwilligkeit als auch Informiertheit sind damit Kriterien, die je nach situativem Kontext abgewogen und konkret bestimmt werden müssen, diese Abwägung wiederum dient, ebenso wie die Abwägung der in einer Entscheidungssituation relevanten Prinzipien, einer begründeten Entscheidungsfindung. Der prinzipienethische Ansatz ist damit an seine empirische Relevanz und seine Praxistauglichkeit gebunden. Es ist aber nicht nur fraglich, ob ein empirischer Ansatz einer theoretisch-systematischen Begriffsbildung tatsächlich hinsichtlich der Praktikabilität überlegen ist,[23] wenn zunächst situativ bestimmt werden muss, was im konkreten Fall unter der Autonomie der Patientin verstanden werden soll.

4. Gleichsetzung pragmatischer und moralischer Entscheidungen

Beauchamp und Childress gehen in der Bestimmung des Autonomiebegriffes von einem »normal chooser«[24] aus, dessen Entscheidung für die Eröffnung eines Bankkontos oder zur Reparatur eines Autos nach den oben genannten Kriterien im Allgemeinen als autonom bewertet werde. Die gleichen Kriterien (intentional, ohne Zwang, informiert)

---

[23] Steinmann: Ein Prinzip für die Prinzipien (Anm. 21), S. 130.
[24] Beauchamp, Childress: Principles of Biomedical Ethics (Anm. 16), S. 101–102.

besäßen auch für moralische Entscheidungen Gültigkeit. Die Gültigkeit von Normen bei Beauchamp und Childress erweist sich in ihrer praktischen Anwendung (dann, wenn sie allgemein akzeptiert werden). Ob eine Handlung auf einer freien, also autonomen Entscheidung basiert, muss im jeweiligen Kontext der Situation entschieden werden. Dabei können bestimmte Faktoren, wie beispielsweise die Pflicht zur Fürsorge der Patientin oder anderen Dritten gegenüber diese Freiheit auch gerechtfertigt begrenzen. Wie oben gezeigt, ergibt sich aber die Verbindlichkeit der Autonomie als normatives Prinzip erst aus der konkreten Situation heraus, sodass eben diese Verbindlichkeit bis zur Abwägung der Gesamtsituation nicht gegeben ist beziehungsweise sich erst in der Abwägung erweisen muss.[25] Dies erfordert die Formulierung von Kriterien, unter denen Menschen frei entscheiden können sollen. Diese Kriterien wiederum sind empirischer Natur, da Freiheit und damit Autonomie eben nicht als apriorische Prinzipien gedacht werden. Damit aber besteht die Gefahr, dass eine Trennung von tatsächlich moralischen und rein pragmatischen Entscheidungen nicht möglich ist, da die formulierten Kriterien für beide Situationen Gültigkeit besitzen.

Problematisch und symptomatisch an der von Beauchamp und Childress aufgestellten Analogie ist, dass die genannten Entscheidungssituationen (Kontoeröffnung, Autoreparatur) in der Regel keine moralischen Entscheidungen darstellen. Die Gleichsetzung der Entscheidungssituation bei der Eröffnung eines Kontos und der Frage nach der genetischen Testung eines ungeborenen Kindes erscheint absurd. Ersteres ist eine pragmatische Entscheidung, das heißt bestimmte Handlungen werden bestimmten Zielen zugeordnet. Je sicherer der Entscheidende über den Handlungsausgang und -verlauf informiert ist, umso besser kann er entscheiden, welche Entscheidung ihn seinem Ziel näherbringt. Bei moralischen Fragen allerdings verhält es sich offensichtlich anders. Die Reduktion der zu einer Entscheidung notwendigen Unterstützung auf eine basale Fakten umfassende, »neutrale und sachliche Aufklärung«[26] geht am eigentlichen Kern moralischer Entscheidung vorbei. So mag für eine rein pragmatische Entscheidung eine Kenntnis der Faktenlage beispielsweise in

[25] Steinmann: Ein Prinzip für die Prinzipien (Anm. 21), S. 128–129.

[26] Klaus Zerres: Nicht-invasive genetische Pränataldiagnostik – eine gesamtgesellschaftliche Herausforderung. In: Zeitschrift für Geburtshilfe und Neonatologie 219 (2015), S. 69–72, hier S. 71.

Bezug auf die Wahrscheinlichkeit des Vorliegens einer Trisomie 21 ausreichen. Für eine moralische Entscheidung, beispielsweise in Bezug auf einen möglichen Abbruch einer Schwangerschaft nach einem auffälligen Testergebnis, sind andere Überlegungen entscheidend. An Stelle der Abwägung von Fakten geht es hier um die Abwägung von (individuellen) Wertvorstellungen, die durch eine Aufklärung über neutrale Fakten nicht notwendig unterstützt wird. In der Annahme aber, eine Handlung sei als autonom anzusehen, wenn sie intentional, informiert und freiwillig ist, ist nicht nur eine fehlende Trennung von moralischen und pragmatischen Entscheidungen angelegt. Diese Kriterien implizieren, dass Patientinnen, bewusst oder nicht, gar keine notwendig moralisch begründete Entscheidung treffen (müssen), sondern in Kenntnis der Faktenlage schlicht pragmatisch entscheiden beziehungsweise sich gedrängt sehen, den Fakten entsprechend die richtige Entscheidung zu treffen. Letztlich besteht die Gefahr, dass aus dem Argument, der Test befördere die Autonomie, der mehr oder weniger subtile Zwang entsteht, diesen Test zu nutzen. Dem inne wohnt eine Vorstellung von Kausalität ohne tatsächliche Freiheit: es bleibt auf der Ebene der subjektiv-instrumentellen Vernunft, die Max Horkheimer (1895–1973) als »Fähigkeit, Wahrscheinlichkeiten zu berechnen und dadurch einem gegebenen Zweck die richtigen Mittel zuzuordnen«[27] bestimmt. Eine hohe Wahrscheinlichkeit beispielsweise einer Trisomie 21 tritt dann als naturhafte, schicksalshafte Gewalt auf, die scheinbar keinen Entscheidungsspielraum zulässt. Dies hat weitreichende Folgen: auf Seiten der Schwangeren kann hier das Gefühl entstehen, keine Wahl mehr zu haben, weder bezüglich der Durchführung von Tests und Diagnostik noch bezüglich der Entscheidung nach einer erfolgten Diagnostik mit auffälligem Befund. Auf Seiten der beratenden Ärztinnen wiederum könnte der Eindruck entstehen, dass die Diagnostik unabdingbar für eine autonome Entscheidung der Patientinnen ist und daher forciert werden sollte. Wenn ein mehr an Informationen mit einer Steigerung der Autonomie von Patientinnen einhergeht, könnte der Verzicht auf weitere Informationen (beispielsweise durch NIPT) als moralisch falsch wahrgenommen werden.

Letzten Endes erweist sich der Begriff von Autonomie bei Beauchamp und Childress nicht nur als Autonomie mit einem anderen

[27] Max Horkheimer: Zur Kritik der instrumentellen Vernunft. Frankfurt am Main 1985, S. 17.

Freiheitsbegriff, sondern birgt die Gefahr einer (Schein)Autonomie ohne Freiheit.

5. Primat der Praxis

Die fehlende Anbindung von normativen Begriffen und empirischer Rekonstruktion bedingt auch eine weitere Kritik am Ansatz von Beauchamp und Childress. Es geht hier um die Frage nach der Aufgabe von ethischer Theorie. Die Reflexion moralischen Handelns zielt letztlich auf die Frage nach der Möglichkeit des richtigen Lebens. Genau diesen Punkt aber verfehlen die Autoren der *Principles of Biomedical Ethics*, da, wie die folgende Analyse zeigt, ihr Ansatz die Frage nach einem guten Leben überhaupt nicht in den Fokus nehmen kann. Wie oben bereits ausgeführt, fragen Beauchamp und Childress danach, welche Entscheidungen und Handlungen generell als autonom angesehen werden könnten. Sie argumentieren, Kants Formulierung des Kategorischen Imperativs in der Form der Universalisierungsformel sei zu eng und seine Begrenzung von Autonomie auf moralische Selbstbestimmung verfehle wichtige Aspekte des menschlichen Zusammenlebens, beispielsweise die Rolle von Emotionen und Neigungen oder das Eingebunden-Sein des Menschen in Beziehungsgeflechte.[28]

5.1. Zwangscharakter des kategorischen Imperativs

Auch Theodor W. Adorno (1903–1969) kritisiert in Anlehnung an Ludwig Andreas Feuerbach (1804–1872) Kants Primat der Vernunft, die Unterordnung von »Neigungen und Gefühlen gegenüber dem Pflichtbewusstsein«[29], durch die nicht der »Ausgang aus der selbstverschuldeten Unmündigkeit«[30] erreicht wird. Vielmehr führe diese

---

[28] Beauchamp, Childress: Principles of Biomedical Ethics (Anm. 16), S. 348.

[29] Ursula Reitemeyer: Das Verhältnis der kritischen Theorie zur Philosophie Kants, S. 3. https://www.uni-muenster.de/imperia/md/content/ew/forschung/feuerbach/das_verh__ltnis_der_kritischen_theorie_zur_philosophie_kants.pdf (abgerufen am 8.1.2018).

[30] Immanuel Kant: Beantwortung der Frage: Was ist Aufklärung? In: Immanuel Kant: Was ist Aufklärung? Ausgewählte kleine Schriften. Hamburg 1999, S. 20–22.

»Formalisierung der Vernunft«[31] zu einer Perpetuierung von Herrschaft: »Herrschaft überlebt als Selbstzweck.«[32] Adorno unterstellt dem kantischen Freiheitsbegriff ein repressives »Strafbedürfnis«.[33] Aber er belässt es nicht bei dieser zunächst vernichtend scheinenden Kritik, seine Auseinandersetzung mit Kant ist wesentlich vielschichtiger und zielt letztlich auf die Rettung ihres zentralen Motivs, dem der Freiheit. Adornos Ausgangspunkt in der Diskussion zu Kants Freiheitsbegriff ist die dritte Antinomie in der *Kritik der reinen Vernunft*. Mit dieser sei der Freiheitsbegriff zwar als notwendig gedacht, das Grundproblem der neuzeitlichen Philosophie aber noch nicht berührt: wie kann die Vernunft praktisch werden und Freiheit in der Verwirklichung von Moralität positiv begründet werden? Kants Antwort auf diese Frage ist das auf dem freien Willen beruhende Sittengesetz:

> Nur ein vernünftiges Wesen hat das Vermögen, nach der Vorstellung der Gesetze, d.i. nach Prinzipien, zu handeln, oder einen Willen. Da zur Ableitung der Handlungen von Gesetzen Vernunft erfordert wird, so ist der Wille nichts anderes als praktische Vernunft.[34]

Adorno kritisiert, dass Kant eine faktische Existenz des Sittengesetzes vortäuscht, anstatt es zu begründen.

> Auf ihrer äußersten Spitze hat die Kantische Moralphilosophie einen prägnanten Widerspruch erreicht: Kant sucht auf der einen Seite nach der Begründung des Sittengesetzes und seinen notwendigen Bedingungen, und nachdem er alle heteronome, kausale Abhängigkeit ausgeschlossen hat, ist die Begründung des Sittengesetzes die Freiheit. Aber man kann diese Freiheit ihrerseits nirgends vorfinden. Wenn es sie aber nicht gäbe, gäbe es auch kein Sittengesetz. Der Denkfehler ist leicht nachzuweisen. Aber wenn man sich damit begnügen würde, würde man das Großartigste an Kants Philosophie versäumen.[35]

Wenn Kant, so Adorno, einen universalen Freiheitsbegriff zur Grundlegung des Sittengesetzes und der Autonomie macht, dann impliziert

---

[31] Max Horkheimer, Theodor W. Adorno: Dialektik der Aufklärung. In: Gunzelin Schmid Noerr (Hg.): Max Horkheimer. Gesammelte Schriften. Bd. 5: »Dialektik der Aufklärung« und Schriften 1940–1950. 3. Aufl. Frankfurt am Main 2003, S. 11–290, hier S. 127.

[32] Horkheimer, Adorno: Dialektik der Aufklärung (Anm. 31).

[33] Theodor W. Adorno: Negative Dialektik. Frankfurt am Main 1973, S. 257.

[34] Kant: Grundlegung zur Metaphysik der Sitten (Anm. 13), S. 40.

[35] Gerhard Schweppenhäuser: Ethik nach Auschwitz: Adornos negative Moralphilosophie. 2. Aufl. Wiesbaden 2016, S. 105.

er damit die Aufforderung zur Verwirklichung der Freiheit. Den Menschen als freies und damit autonomes Wesen zu setzen, bedeutet die Umstände, die Heteronomie erzwingen, zu kritisieren. Gemeint sind damit nicht alle Formen von Unfreiheit, sondern jene Formen von Zwang, deren Zweck eben nicht Freiheit ist. Zugleich aber trägt Kants Moralphilosophie in Gestalt des vernünftigen Sittengesetzes, wie oben bereits angesprochen, repressive Züge. Diese Verbindung von Freiheit und Pflicht stellt bei Kant das Movens der Verwirklichung von Freiheit dar, weshalb Adorno Kant attestiert, Freiheit sei in der Form des kategorischen Imperatives immer schon mit Zwang verbunden, eben aufgrund des Anspruches ihrer vernünftigen Umsetzung. In den konkreten Situationen ist die moralische Handlung bei Kant eben nicht mehr Ergebnis von Freiheit, sondern eine »moralische Nötigung«[36]. Das rein rationale und formale Sittengesetz Kants blendet nämlich die gesellschaftlichen Bedingungen nicht nur seiner Umsetzung, sondern auch seiner Postulierung völlig aus. Die Stärke der kantischen Philosophie besteht nach Adorno wiederum darin, eben jenen »gesellschaftlich vermittelten Charakter«[37] der inneren Widersprüche seiner Begriffe ans Licht zu fördern und damit implizit zum Thema zu machen. Der enge Zusammenhang von Freiheit und Zwang ist also nicht als Antinomie im Sinne eines Fehlschlusses begründet, sondern Ausdruck eines realen Widerspruchs. Dass Kants Autonomiebegriff nur aus der Sphäre der Vernunft heraus entwickelt wird und in seinem praktisch werden repressiv sein muss, liegt nach Adorno gerade daran, dass die realen gesellschaftlichen Umstände keine Verwirklichung von Freiheit darstellen. Auch hier zeigt sich, dass Beauchamp und Childress letztlich die Ethik ihrer Normativität entledigen. Das Ziel von Ethik ist nicht mehr die Möglichkeit des richtigen Lebens, sondern eine möglichst widerspruchsfreie theoretische Beschreibung der Alltagsmoral, vergleichbar mit dem Vorgehen der Naturwissenschaften.[38] Damit fällt jedoch auch die kritische Reflexion von Ethik selbst aus, die sich nur noch am pragmatischen Erfolg einer widerspruchsfreien Deskription und Strukturierung von moralischen Problemen misst.

Der pragmatische Ansatz nicht nur in Bezug auf die Begründung von Autonomie in einer Alltagsmoral, sondern auch in der Zielset-

---

[36] Kant: Kritik der praktischen Vernunft (Anm. 13), S. 203.
[37] Schweppenhäuser: Ethik nach Auschwitz (Anm. 34), S. 109.
[38] Steinmann: Ein Prinzip für die Prinzipien (Anm. 21), S. 127.

zung der Prinzipienethik nach Beauchamp und Childress im erfolgreichen Lösen von praktischen Konfliktsituationen bedingt einen Primat der Praxis vor der Theorie. Dabei besteht jedoch die Gefahr, die Normativität zugunsten der Praktikabilität zu opfern.

5.2. Adornos Einwand gegen einen »Kurzschluss zur Praxis«

Adorno widmete die erste seiner Vorlesungen *Probleme der Moralphilosophie* genau dieser Frage. Die berechtigte Erwartung der Studierenden in der Auseinandersetzung mit Moralphilosophie »etwas über das richtige Leben zu erfahren«[39], weist er zurück. Vielmehr versteht er Moralphilosophie als eine theoretische Wissenschaft. Er weist damit auf eine Gefahr hin, die er als »Kurzschluss zur Praxis«[40] charakterisiert. Selbstverständlich habe Moralphilosophie etwas mit Praxis zu tun, nicht zuletzt Kant habe die Frage »Was soll ich tun?« als die entscheidende Frage von Philosophie überhaupt betrachtet. Der benannte Kurzschluss bestehe jedoch darin, die Theorie im Sinne der Praxis zu beschneiden. Die Frage, was denn nun zu tun sei, würde oft nicht als Forderung verstanden, dass die Moralphilosophie die moralische Einrichtung des Lebens zu ihrem Gegenstand habe, sondern dass sich die Moralphilosophie an die gegenwärtige Praxis anzupassen habe und pragmatische Lösungen auf die in der gesellschaftlichen Praxis sich ergebenden Probleme liefern soll. Adorno begründet diesen Einwand gegen die Forderung, Moralphilosophie habe konkrete Ergebnisse im Sinne einer richtigen Praxis zu liefern damit, »daß heute die Praxis […] in einem weiten Maß in die Theorie, also in die Sphäre des neuen Durchdenkens der Möglichkeit eines richtigen Verhaltens, hineingeschlüpft ist.«[41] Der Autonomiebegriff bei Beauchamp und Childress krankt vor dem Hintergrund dieses Einwandes vor allem daran, dass die Autoren versuchen, ihn in der gegenwärtigen gesellschaftlichen Praxis zu begründen, anstatt ihn systematisch zu entwickeln. Adorno kritisiert bereits den Begriff der Ethik, den er mit dem Verweis ablehnt, er sei

[39] Theodor W. Adorno: Probleme der Moralphilosophie. 2. Aufl. Frankfurt am Main 2015, S. 10.
[40] Adorno: Probleme der Moralphilosophie (Anm. 39), S. 20.
[41] Adorno: Probleme der Moralphilosophie (Anm. 39), S. 13.

der Versuch, über Gewissen zu reden, ohne an dessen Zwang zu appellieren. Ethik ist aufgeweicht, unverbindlich. […] Daraus, wie wir nun einmal beschaffen sind, soll abgeleitet werden, wie wir uns zu verhalten haben. […] Die moralische Ordnung ist keine natürliche, sondern hängt mit der Vernunft zusammen, damit, wodurch wir über die Natur hinausragen.[42]

Adorno hält also mit Kant dagegen, dass der Ort des richtigen Handelns, die moralische Praxis, ohne das in der Vernunft begründete Moment der Freiheit des Willens gar nicht denkbar ist. Demnach dürfe nicht angenommen werden, dass in der Praxis bereits Autonomie vorhanden sei, die lediglich expliziert und bewusst gemacht werden müsse, sondern dass vielmehr Moralphilosophie die Praxis selbst zum Gegenstand ihrer Reflexion machen müsse. Die Frage, wie wir im alltäglichen Miteinander Autonomie bestimmen, blendet die Frage, ob unsere Bestimmung von Autonomie nicht auf einer falschen Praxis beruht, aus. Ein empirischer Begriff von Autonomie wie der von Beauchamp und Childress entwickelte, verhält sich demnach affirmativ zur gesellschaftlichen Praxis und verbleibt auf einer rein deskriptiven Ebene, anstatt aus einer normativen Theorie heraus den Anspruch an ein *richtiges Leben* einzuklagen.

6. Aufklärung und Information im Kontext von NIPT jenseits eines reduktionistischen Konzeptes von Autonomie

Die Firma Sequenom, die bereits seit 2011 eng mit LifeCodexx kooperiert und daher auch auf dem europäischen Markt vertreten ist, stellt interessierten Patientinnen einen Leitfaden für das Aufklärungsgespräch mit Ärztinnen zur Verfügung und formuliert Fragen, die Patientinnen im Arztgespräch stellen sollten, um umfassend aufgeklärt zu werden. Keine dieser Fragen zielt auf eine ethische Dimension ab. Dies ist aus Sicht des derzeit vorherrschenden Autonomieverständnisses und der Anforderung an einen Informed Consent aber auch gar nicht nötig. Stellen wir uns vor, das Aufklärungsgespräch vor dem Test verläuft tatsächlich nur entlang dieser Fragen: »When can I have the test?«, »How much is it?«, »Is it covered?«, »What can I learn from NIPT?«, »Will I need amniocentesis, too?«[43] Diese Fragen

[42] Zitiert nach Schweppenhäuser: Ethik nach Auschwitz (Anm. 35), S. 13.
[43] https://www.sequenom.com/uploads/collateral/Discussion-Guide_NIPT-And-Carrier-Screen-FAQ.pdf (abgerufen am 1.8.2018).

zielen auf die möglichst vollständige Wiedergabe der zur Entscheidung vermeintlich notwendigen Fakten. Heraus fällt jedoch die zentrale ethische Perspektive, die gänzlich andere Fragen beinhaltet. Eine solche ethisch orientierte Aufklärung über Test- und Diagnoseverfahren sowie deren Ergebnisse würde aber bedeuten, Handlungsoptionen offenzulegen und abstrakte Verfahren und Ergebnisse in den individuellen biographischen Raum zurückzuspiegeln. Aufklärung muss dann heißen, Patientinnen nicht nur darüber aufzuklären, was ein Test oder eine Diagnostik bzw. deren Ergebnisse nun faktisch bedeuten bzw. aussagen, sondern den Patientinnen zu ermöglichen, sich die Frage zu stellen, welche Bedeutung diese Ergebnisse für sie konkret haben: Welche Entscheidung ist für mich die richtige? Habe ich das Recht, mein Kind nicht zu bekommen? Kann ich mit einer Behinderung meines Kindes umgehen? Letztlich zielen diese Fragen auf den Grundstein moralischen Fragens: Wie kann ich unter den gegebenen Bedingungen ein gutes (im Sinne von moralisch richtiges) Leben führen? Der Irrtum, der sowohl der Autonomiekonzeption nach Beauchamp und Childress als auch der verbreiteten Aufklärungspraxis, die Autonomie auf Informed Consent reduziert, innewohnt, liegt in einer scheinbaren Wertfreiheit der im Rahmen der Aufklärung vermittelten Inhalte. Auch die Ergebnisse eines genetischen Testes sind nicht wertfrei oder objektiv, da sie in ihrer konkreten Bedeutung nicht nur an die Interpretation und Wertevorstellungen der Frauen und Paare, sondern auch an die Form ihrer Übermittlung gebunden sind. Eine Aufklärungspraxis, die den normativen Gehalt ihrer Inhalte nicht reflektiert, täuscht womöglich über die moralische Dimension der zu fällenden Entscheidung hinweg. Damit stärkt sie Automatismen in der Entscheidungsfindung, die die fundamentale Erfahrung der Paare, vor eine sehr schwierige Entscheidung gestellt zu sein, die eine moralische Abwägung nötig macht, unterlaufen. Die oft geteilte Erfahrung, dass die Möglichkeiten der Pränataldiagnostik Frauen unter Druck setzen, bringt genau dies zum Ausdruck. Die Entscheidungssituationen im Kontext der NIPT machen eine moralische Abwägung notwendig, der zugrunde gelegte Autonomiebegriff abstrahiert aber von dieser Notwendigkeit, indem er Autonomie auf ihre empirische Dimension reduziert. Der Begriff der Autonomie selbst wird damit dem Bedürfnis nach Autonomie nicht mehr gerecht.

An einem weiteren Beispiel lässt sich zeigen, dass gerade im Kontext von NIPT der oben beschriebene Begriff von Autonomie virulent ist. Die Firma Sequenom beantwortet auf ihrer Homepage die Frage »Is my pregnancy at risk of a chromosomal abnormality?« fachlich zutreffend, wenn auch recht lapidar, mit »Anyone can have a pregnancy with a chromosomal abnormality—healthy women, mothers of all ages and all ethnicities can be at risk.«[44] Die dahinter stehende Frage nach einer Abschätzung des Risikos einer Chromosomenstörung, die durchaus differenzierter beantwortet werden sollte, zielt letztlich darauf zu entscheiden, ob werdende Eltern diese Form der Diagnostik überhaupt in Anspruch nehmen wollen, beziehungsweise in welchen Situationen der Test für Frauen und Paare sinnvoll erscheint. Die präsentierte Antwort auf die Frage delegitimiert bereits die Entscheidung, den Test aus dieser Überlegung heraus nicht in Anspruch nehmen zu wollen und begrenzt damit deutlich die Autonomie von Paaren. Dies liegt nicht daran, dass die gegebene Information falsch wäre und damit eine Täuschung darstellt. Vielmehr verzichtet die Auskunft auf die Adressierung von Wertevorstellungen und damit auf eine normative Ebene. Dies ist im Sinne des kritisierten Verständnisses von Autonomie auch folgerichtig, da dieser ja Autonomie an das ausreichende Vorliegen von Informationen und die Abwesenheit von Zwang bindet. Damit ist jedoch in keiner Weise impliziert, ob Eltern im Beratungsprozess Unterstützung bei ihrer Entscheidung im moralischen Sinne erhalten haben. So erscheint das Versprechen von Sequenom, mit ihrem MaterniT 21 Plus-Test »Highly accurate answers to important questions«[45] geben zu können, als Farce. Ohne Frage liefert die Pränataldiagnostik wichtige und zunehmend genauere Informationen. Diese Informationen klären über den empirischen Handlungsrahmen auf, sind aber keine Antworten auf die im Bereich der NIPT relevanten, moralischen Fragen.

Auch der Anbieter des PraenaTests® in Deutschland betont gerne, dass bereits die Sorge, »dass ihr Kind von einer Chromosomenstörung betroffen sein könnte«[46] viele Frauen zu einem Test veranlasst. Auch hier wird, wenngleich deutlich schwächer, darauf hingewiesen, dass der Test möglichst vielen Frauen auch ohne eine

---

[44] https://www.sequenom.com/tests/reproductive-health/maternit21-plus#patient-test-details (abgerufen am 8.1.2018).

[45] https://www.sequenom.com/tests/reproductive-health/maternit21-plus (abgerufen am 8.1.2018).

[46] http://www.praenabayern.de/faq.html (abgerufen am 8.1.2018).

Indikation gleichwelcher Art zur Verfügung steht und in Anspruch genommen werden kann, wenn nicht gar sollte. Die hier und zu Beginn dieses Textes angeführten Äußerungen der Anbieter von NIPT können natürlich mit dem Argument zurückgewiesen werden, es handele sich hier eben um eine ethisch nicht reflektierte Ebene des Marketings, die tatsächliche Beratungspraxis sei wesentlich stärker ethisch reflektiert. Dieses Argument kann in einigen Fällen durchaus triftig sein, verfehlt aber eine Eigenart der Implementierung der NIPT. Diese wurde nämlich im Wesentlichen durch kommerzielle Anbieter entwickelt und am Standardverfahren der Implementierung von neuen Techniken in der Medizin vorbei in die Praxis gebracht.[47] Nicht nur stehen bisher größere Studien zur Sicherheit der Tests bei verschiedenen Patientinnengruppen aus,[48] es ist zudem noch nicht abschließend geklärt, wie der Test in der Struktur der vorgeburtlichen Versorgung implementiert werden soll.[49] Die Implementierung des Testes trifft also auf eine unzureichende Regelungssituation, die auch auf Seiten der anbietenden und beratenden Ärztinnen zu Unsicherheit und Fehlern in der Beratung führen kann.[50] Grundlage einer gelingenden Aufklärung und der Förderung von Autonomie kann nur durch eine professionelle Expertise in Verbindung mit einer ethisch reflektierten Beratung geleistet werden. Hierzu jedoch muss Autonomie als normativer Begriff zugrunde gelegt werden. Indem ausschließlich scheinbar wertfreie Daten die Grundlage einer Entscheidung bilden sollen, wird, wie bereits im vorgehenden argumentiert, die normative Dimension der Entscheidung in Frage gestellt. Damit erleben Patientinnen im äußersten Fall eine Überwältigung durch

---

[47] Sabine Könninger, Kathrin Braun: Unternehmensfreundliche Regelung. In: taz.de (24. 2. 2017). http://www.taz.de/!5383714 (abgerufen am 8. 1. 2018).

[48] Isabelle Bartram: Keine absolute Sicherheit. http://www.gwi-boell.de/de/2017/02/17/keine-absolute-sicherheit#_ftn7 (abgerufen am 8. 1. 2018).

[49] Deutsche Gesellschaft für Gynäkologie und Geburtshilfe e. V.: Beratungsverfahren zu Richtlinien zur Erprobung gemäß § 137e SGB V. 196. Stellungnahme der DGGG zur Nichtinvasiven Pränataldiagnostik zur Bestimmung des Risikos von fetaler Trisomie 21 mittels molekulargenetischer Tests (26. 8. 2014). https://www.dggg.de/fileadmin/documents/stellungnahmen/aktuell/2017/196._Stellungnahme_zur_Nichtinvasiven_Praenataldiagonstik_zur_Bestimmung_des_Risikos_von_fetaler_Trisomie_21_mittels_molekulargenetische_Tests.pdf (abgerufen am 8. 1. 2018).

[50] Tim Ohnhaeuser, Dagmar Schmitz: Non-invasive Prenatal Testing (NIPT): Better Meet an Expert! The Case of a Late Detected Trisomy 13 Reveals Structural Problems in NIPT Counselling and Highlights Substantial Risks for the Reproductive Autonomy. In: Geburtshilfe und Frauenheilkunde 76 (2016), S. 277–279.

Fakten. Die Erfahrung von Patientinnen, angesichts der dargestellten Fakten gar keine eigene Entscheidung mehr treffen zu können, resultiert aus genau diesem falschen Verständnis von Autonomie. Hannah Arendt hat angesichts der drohenden Überforderung des Subjektes durch gesellschaftliche Ansprüche und eine wachsende Komplexität ihrer Lebenswelt formuliert:

> Wir wissen […] nicht, aber wir können es ahnen, wie viele Menschen sich in Erkenntnis ihrer wachsenden Unfähigkeit, die Last des Lebens unter modernen Verhältnisses zu ertragen, sich willig einem System unterwerfen würden, das ihnen mit der Selbstbestimmung auch die Verantwortung für das eigene Leben abnimmt.[51]

Hier kommt ein weiterer wichtiger Aspekt zum Tragen, der bisher im Hintergrund geblieben ist: wenn wie erläutert, der Autonomiebegriff in seiner derzeit dominanten Form und die darauf folgende Praxis die Subjekte einer Handlung von moralischen Entscheidungen gleichsam freistellt, muss dies nicht zu Unbehagen führen. Die Intention einer Handlung kann durchaus sein, Daten zu bekommen, die einem die Entscheidung selbst bereits abnehmen. Eine solche Handlung kann die Definition von Autonomie bei Beauchamp und Childress erfüllen, zugleich aber darauf gerichtet sein, auf einer höheren, moralischen Entscheidungsebene unfrei, also nicht autonom, zu handeln. Die Reaktion auf eine Praxis, die dem Menschen keine moralischen Entscheidungen abverlangt, kann die freiwillige Selbstsuspendierung aus dem moralischen Handeln sein. NIPT erfüllt dann die Rolle, Daten zu liefern, die unmittelbar eine Entscheidung mit sich bringen.

7. Zum Verhältnis von Medizin und Philosophie

So berechtigt der Anspruch der Prinzipienethik nach Beauchamp und Childress zu sein scheint, eine möglichst praxistaugliche Ethik zu vorzulegen, birgt dieser Ansatz wie oben gezeigt große Probleme. Der durchaus nachvollziehbare Anspruch, »Reflexion und Urteilsbildung zurück an die Ärzte und Wissenschaftler zu überweisen«[52] stößt beispielsweise bei Fragen der vorgeburtlichen Diagnostik an seine Grenzen. Dies liegt einerseits daran, dass im Sinne einer ganz allgemeinen

[51] Hannah Arendt: Elemente und Ursprünge totaler Herrschaft. München 1986, S. 675–676.
[52] Rauprich: Prinzipienethik in der Biomedizin (Anm. 18), S. 16.

Verselbstständigung der Anwendung der Prinzipien in der Praxis diese zunehmend ihres theoretischen Gehaltes entkleidet werden und als »Worthülsen« fungieren, der eigentliche normative Anspruch, Praxis zu gestalten, also einer Praxistauglichkeit geopfert wird.[53] Zudem bedarf die Anwendbarkeit der Prinzipien im konkreten Fall einer reflektierenden Interpretationsleistung. Neben verschiedenen theoretischen Versuchen, die ethische Reflexion medizinischer Praxis auf ein stärkeres theoretisches Fundament zu stellen, gibt es ganz praktisch-institutionelle Rahmen einer professionellen und interdisziplinären Reflektion, beispielsweise in Klinischen Ethikkomitees. Angesichts der Komplexität der Fragen in Bezug auf die NIPT ist für eine verpflichtende interdisziplinäre Beratung (beispielsweise in Form einer die professionelle Beratung durch Humangenetiker ergänzenden psychosozialen Beratung, wie sie bei Schwangerschaftsabbrüchen bereits praktiziert wird) vor der Durchführung des Testes zu plädieren, nicht zuletzt um drohende Interessenkonflikte, wie sie beispielsweise auch der Deutsche Ethikrat befürchtet,[54] zu verhindern. Aber auch die seit einiger Zeit erhobene Forderung, der medizinisch-fachlichen wie ethischen Komplexität des Themas strukturell durch die Behandlung der pränatalen Diagnostik als einer eigenständigen Disziplin[55] gerecht zu werden, verdeutlicht die fachliche wie ethische Komplexität des Themas.

8. Resümee

Ausgehend von der Beobachtung, dass die Patientinnenautonomie und deren Förderung durch einen Informationszuwachs in der Diskussion um NIPT eine große Rolle spielt, konnte gezeigt werden, dass der diesem Argument zugrundeliegende Autonomiebegriff kritisch zu hinterfragen ist. In der Bestimmung von Autonomie als mit empirischen Kriterien beschreibbare Fähigkeit liegt die Gefahr, pragmatische und moralische Entscheidungen nicht mehr zu trennen. Dadurch aber tritt der genuin moralische Gehalt von Fragen in der

---

[53] Rauprich: Prinzipienethik in der Biomedizin (Anm. 18), S. 17.

[54] Deutscher Ethikrat: Die Zukunft der genetischen Diagnostik – von der Forschung in die klinische Anwendung. Stellungnahme. Berlin 2013, S. 151.

[55] Andreas Schröer: Nichtinvasive genetische Tests in der pränatalen Diagnostik. Dammbruch – Fluch – Segen – Zukunft? In: Der Gynäkologe 49 (2016), S. 412–414.

vorgeburtlichen Medizin und zu NIPT im Besonderen zurück. Dies kann schwerwiegende Konsequenzen für Patientinnen haben: nicht nur scheint eine werteorientierte Beratung hinter die Aufklärung über (scheinbar) neutrale und wertfreie Fakten zurückzutreten, auch besteht die Gefahr, dass die technischen Möglichkeiten vorgeburtlicher Diagnostik nicht mehr als eine mögliche Unterstützung für eine moralische Entscheidung gesehen werden, sondern als deren notwendige Voraussetzung. Dadurch wird die Anwendung der zur Verfügung stehenden diagnostischen Mittel zu einem Zwang, hinter dem Begriff der Autonomie versteckt sich eine Logik des Sachzwanges. Ein kritischer Blick auf eine solche Entwicklung benötigt einen normativen und nicht deskriptiven Begriff von Autonomie, wie er hier durch die Diskussion des Autonomiebegriffes Kants angeführt wurde. Mit einem solchen Verständnis nicht nur des Begriffes Autonomie, sondern auch der Konzeption einer normativen Ethik an sich gewänne die ethische Reflexion auf Medizin als Teil sozialer Praxis zudem die Möglichkeit, aus dem eigenen Erfahrungshorizont heraus eine kritische Haltung zu ihren eigenen gesellschaftlichen Bedingungen zu entwickeln.

Antoni Torzewski

An ethical evaluation of eugenic and non-eugenic usage of prenatal diagnostics

Abstract:
Over the last 70 years the methods of prenatal diagnostics have been successively developed. Although the use of prenatal diagnostics can provide benefits to the child or the parents, use of this procedure in the context of »eugenic practice« raises moral dilemmas. Based on the arguments of eugenics philosophy developed by Francis Galton (1822–1911), selective abortion on the grounds of child's defect can be regarded as an example of modern eugenics. Two opposite views provide contrary opinions on the issue. The utilitarian philosophy considers it morally acceptable to use prenatal diagnostics for eugenic purposes. An opposite view is presented by followers of the natural law theory and the doctrine of the Catholic Church. This line of argumentation points out moral doubts in the instrumental treatment of individuals, especially in the context of eugenic usage of prenatal diagnostics.

1. Introduction

Prenatal diagnostics is a result of modern development in the field of prenatal care. Using the methods of prenatal diagnostics, doctors are able to determine the sex of the fetus, its age, and its position in the uterus. Examination of the fetus before birth also allows to diagnose the risk of the occurrence of genetic diseases and to determine methods of neutralizing those diseases. One hundred years ago, having the knowledge of these kinds of diagnostics was unthinkable. Times have changed radically with the expansion of the genetic technology. However, improvement in new medical techniques, apart from unquestionable profits related to it, can lead to attempts of manipulating human lives. In this context, ethical problems appear. It seems that prenatal diagnostics leads to enormous improvements of obstetrics and therapy. However, in many cases, because of early detection of the fetus's defects, prenatal diagnostics can also contribute to escalation of abortions or, so called, »eugenic practice«. Prenatal diagnostics can also pertain to several other problems, like social stigmatization of a group suffering from a disease or a mother's psychological disorders. However, the eugenic aspect is one of the most serious issues related to present-day prenatal diagnostics.

In my argumentation I use the term »eugenics« because, in my opinion, it is the most appropriate terminology to express the problem of terminating pregnancies after negative results of prenatal diagnostics. The concept of eugenics has very deep roots in philosophical and political tradition and is also closely connected to the problem of abuse of human rights during specific times – for example during the time of National Socialism in Germany. In this respect the term »enhancement« could be more appropriate – or at least less controversial – in most cases. On the other hand, »enhancement« is often associated with purely bio-mechanical enhancement of human abilities. Therefore, in my further analysis I will concentrate on prenatal diagnostics in the context of eugenics.

The article will start with the description of the term »eugenics« and presentation of the term's development through the years. Further, I will focus on the distinction between invasive and non-invasive prenatal diagnostics in order to provide examples of eugenic and non-eugenic usage of this diagnostic method. In the main part of the argumentation, I will make an ethical evaluation of the eugenic and non-eugenic usage of the prenatal diagnostics with a particular consideration of problems like: eugenic abortion, prevention of pregnancies, a mother's psychological problems or the specific character of genetics. I will show the problem from different ethical positions focusing mainly on utilitarianism and the doctrine of the Catholic Church. Concluding remarks will end the argumentation.

2. Eugenics

The beginnings of the concept of eugenics can be traced to 19th century England. The term is based on the philosophy and the works of Francis Galton (1822–1911). One of the most influential thinkers of his age, Galton was highly gifted in the fields of biology, medicine, sociology, and psychology. He was also a cousin of Charles Darwin (1809–1882). It was Darwin's book, *On the Origin of Species*[1], that

[1] Charles Darwin: On the Origin of Species by Means of Natural Selection, or the Preservation of Favoured Races in the Struggle for Life. London 1859.

inspired Galton to consider the role of genes in the development of living organisms, and then to develop his theories on eugenics. In his studies, Galton began to analyze genealogical trees of the most prominent figures of Great Britain and concluded that genes play a very significant role in forming a human's character and predispositions. Based on this, he defined eugenics as a faster, conscious and softer evolution.[2] The term »eugenics« introduced by Galton came from Greek, where the word *genes* means »born«, and the prefix *eu* can be translated as »good«. Therefore, »eugenics« etymologically means »well-born«, or »good birth«. Early British eugenics is defined as positive eugenics, its primary objective being to pair people with proper genes and intellectual features in an effort to create a perfect genotype. It is important to remark that followers of eugenics in Great Britain at the time cannot be described as racists in the context of active and passive meaning of the concept. Active racism takes place in the situation when people not only theoretically postulate one superior race but also when they try to implement that in practice by for example killing representatives of the race they consider weaker or less worthy to be called humans. Passive racism occurs in the situation when people only theoretically postulate superior race. Early followers of eugenics did not discriminate against anyone, but simply elevated the people they thought to be better than the rest of the population. Established in 1908, the Eugenics Education Society put forward the thesis that only healthy people should reproduce. The members of this society followed the idea of preventing sick or mentally ill people from breeding; however, they did not undertake any radical preventative actions in this direction.

In later years, eugenics took on a racist form in America, mostly due to the ideas and actions of Charles Davenport (1866–1944) and Margaret Sanger (1879–1966). Davenport created the »Eugenics Record Office«, an institution in which researchers gathered data about healthy people and physically or psychologically disabled persons. Based on this data, Davenport tried to define »the purest« representatives of the human species. American researchers called for the mandatory sterilization of all people with »bad genes« and for the respective genetic verification of couples before marriage.[3] Daven-

---

2 Francis Galton: Esseys in Eugenics. London 1909, p. 42.

3 James D. Watson, Andrew Berry: DNA. Tajemnica życia [DNA. The Secret of Life]. Warszawa 2005, pp. 39–41.

port's postulates were implemented in America relatively quickly – in 1905 marriages of the mentally ill, alcoholic or physically disabled people became legally forbidden. In addition, the American government introduced programs for castration and sterilization of criminals, epileptics and sexual offenders.[4]

Margaret Sanger, an American nurse, created the organization called the »Planned Parenthood Society«. In addition, she established an abortion clinic in one of the poor districts of New York. The aim of this facility was to provide people, in her terminology depicted as »human weeds« or »human wastes« with possibility of abortion. Sanger claimed that mentally retarded people should not be living at all, and she faithfully tried to translate her words into action. In implementation of her plan that called for elimination of »human wastes«, she acted for the initiation of forced sterilization, work camps, and widely available abortion.[5] Because of the methods used, American eugenics was soon to be called »negative eugenics«.

During the National Socialists regime in Germany, studies on eugenics played an important role. A eugenic legal act, the Law for the Prevention of Genetically Diseased Offspring (»Gesetz zur Verhütung erbkranken Nachwuchses«), implemented in the Third Reich, caused very dynamic development of the study of eugenics. The law ordered mandatory sterilization of genetically disordered or sick individuals.[6]

Modern eugenics, similar to its archetype, can be divided into positive and negative parts. In its modern comprehension, positive eugenics calls for the creation of new social-genetic structures, while the negative eugenics considers itself as a therapeutic action. To put it simply – positive eugenics aims at improving and upgrading, whereas, the negative is an attempt at healing people. Modern eugenic thought is realized primarily by selective abortion and pairing marriages.[7]

---

[4] Watson, Berry: DNA. Tajemnica życia [DNA. The Secret of Life] (note 3), p. 41.
[5] Watson, Berry: DNA. Tajemnica życia [DNA. The Secret of Life] (note 3), p. 40.
[6] Watson, Berry: DNA. Tajemnica życia [DNA. The Secret of Life] (note 3), p. 45.
[7] Ben Mepham: Bioetyka [Bioethics]. Warszawa 2008, pp. 132–133.

3. Prenatal Diagnostics

According to José M. Carrera, prenatal diagnostics started to form in 1956 through initiation of its first stage of development.[8] Carrera distinguishes five stages: 1) genetic (1956–1967); 2) biochemical-genetic (1968–1975); 3) echographic (1975–1980); 4) direct access to the fetus (1980–1985); and 5) interdisciplinary prenatal diagnostics. This categorization shows that prenatal diagnostics started to form more than 50 years after the publication of first works on eugenics.

Prenatal diagnostics can be divided into invasive and non-invasive. Invasive methods include, among others: amniocentesis, fetoscopy or cordocentesis. Non-invasive prenatal examinations are, for example: prenatal screening, ultrasound or different kinds of tests on chromosome trisomy.[9] One of the major differences between invasive and non-invasive methods is the level of risk to fetus. Non-invasive examinations are low risk; they are safe for both the mother and the child, while the invasive methods pose higher risks. As Otowicz states: the risk of damaging the fetus in case of amniocentesis is about 1,1 %.[10] The risk of other invasive methods oscillates around 4 %. Therefore, it is clear, that it is not a major ethical problem to determine whether to perform invasive or non-invasive prenatal examinations. It seems that this question has a simple answer. Invasive prenatal diagnostics should only be performed, when non-invasive methods are not effective enough. In case of testing the mother's blood for exclusion of the chromosome trisomy of the fetus – if results cannot be known from the mother's blood – additional invasive prenatal diagnostics should be performed. Therefore, from the ethical point of view, questions related to division of prenatal diagnostics into invasive and non-invasive are not fundamental. The essential problem connected to this method is eugenic and non-eugenic usage of the prenatal diagnostics. The most problematic issue emerges when prenatal diagnostics is used only for eugenic purposes. Although the history of eugenics is mostly negatively evaluated, the eugenics itself is based on the seemingly right idea of improving the human race.

---

[8] José M. Carrera: Diagnostico prenatal: un concepto en evolucion [Prenatal diagnostics: an evolving concept]. In: Labor Hospitalaria 42 (1990), pp. 268–269.

[9] Gerard Drewa, Tomasz Ferenc: Genetyka medyczna [Medical genetics]. Wrocław 2011.

[10] Ryszard Otowicz: Etyka życia [The Ethics of Life]. Kraków 1998, p. 219.

Serious moral reservations can be related to the proposed methods of eugenics, but not to the idea itself. An endeavor to improve humanity through elimination of unborn children, based on their genetic defects, sex, or other criteria calls for serious ethical reflection.

4. Prenatal diagnostics in the context of eugenics

Prenatal diagnostics allows discovering the child's genetic code before it is born. It can provide an information about the fetus' sex or potential disorders caused by defected genes. Such information allows, in some cases, therapeutic actions; however, it can also lead to the termination of pregnancy. Selective abortion on the grounds of child's defect should be considered within the ideological framework of eugenics. For example, according to the report of Polish government, there were 752 abortions performed in Poland in 2012.[11] 50 abortions were conducted because of the danger to the mother's life or health, one because the pregnancy was a result of a criminal action, and 701 abortions because of the results of prenatal diagnostics. According to the same source, in 2002, 159 abortions were performed in Poland. Almost the half of the procedures conducted in that year was justified by the results of prenatal diagnostics. It is clear, that from year to year the number of abortions in Poland increases. Additionally, this statistic shows that most of the legal abortions in Poland were performed on the selective grounds, that is, because of the results of prenatal diagnostics. In other words, due to a high probability that the child could have a genetic disorder, there were 701 less children born in Poland in the year 2012. However, due to restrictive legislation of this area of law, the number of abortions in Poland is low, in relation to other countries. Less restrictive regulations in other countries allow, mostly until the certain deadline during the pregnancy, for abortion »upon request«.

Prenatal diagnostics, specifically genetic screening, can also serve the practice of eugenics. The data obtained from screening allows the determination of a group of people with wanted genes and pairs them with each other. Apparently harmless screening can become an in-

---

[11] Sprawozdanie Rady Ministrów z wykonwania ustawy o planowaniu rodziny [Report of the Council of Ministers on implementation of the Act on Family Planning]. Warszawa 2014.

strument of eugenics. Galton, the creator of eugenics, also started pairing marriages by examining a group of subjects and giving them questionnaires.

5. Examples of non-eugenic usage of prenatal diagnostics

Prenatal diagnostics is not limited to purposes related with eugenics. Prenatal invasive and non-invasive tests allow the quick discovery of genetic disorders, which, in result helps future parents to prepare better for birth of the child and further care. An example of such situation has been provided by James Watson and depicts a boy suffering from severe combined immunodeficiency disorder (SCID).[12] This disease is characterized by the reduction or even deprivation of the patient's immune system, making the person very receptive to all kinds of infections. For its protection, the patient suffering from severe combined immunodeficiency disorder is placed in a sterile space. This preventive measure protects the patient from contact with microorganisms and thus, lowers the probability of contracting an infection. In the example, prenatal diagnostics provided doctors with sufficient information, even before the birth of the child, and allowed preparation of medical treatment. After the abdominal delivery the child was immediately transferred to a sterile capsule. This procedure significantly extended the child's life. Similarly, in cases of children born with genetic disorders, for example Down syndrome, prenatal testing provides parents with early information and allows for making necessary preparations that put the child under care from the very first day after the birth.[13]

Prenatal screening can also be used for preventive actions, that is, for the prevention of the possibilities of a sickness occurrence in a particular group of people. One example of such action considers screenings performed among Ashkenazi Jews, many of which suffer from serious genetic ailment, the Tay-Sachs disease.[14] The screening among this population group was done with full confidentiality. Even

---

[12] Watson, Berry: DNA. Tajemnica życia [DNA. The Secret of Life] (note 3), pp. 333–334.

[13] Mepham: Bioetyka [Bioethics] (note 7), p. 134.

[14] Watson, Berry: DNA. Tajemnica życia [DNA. The Secret of Life] (note 3), pp. 348–349.

the subjects themselves did not know the results of the tests which were kept secret until a person wanted to get married. In such case, if the results of the test for the presence of a defective gene were positive for both prospective spouses, they were given the information about possible occurrence of the disease in their offspring. If only the test results of one of them, or none showed the defective gene, the results were kept secret. These screening contributed to a rapid decrease of the occurrence of the Tay-Sachs disease in the Ashkenazi Jews community, as year after year there were less children born with the disease.

Such examples prove that non-eugenic usage of prenatal diagnostics usually does not raise doubts; however, in certain cases it can lead to problematic situations. In the future, due to fast detection of genetic diseases, prenatal diagnostics will contribute to the possibility of using gene therapy on the damaged fetus.[15] For now, scientists and physicians can mostly only detect diseases and disorders. The knowledge about gene therapy is still not developed enough to perform effective treatment.

6. Ethical evaluation of the eugenic usage of prenatal diagnostics

From the ethical point of view, a basic question arises: are any eugenic manipulations, including the ones enabled by prenatal diagnostics, morally acceptable? In the discussion on the problem of prenatal diagnostics and its eugenic use, we can point out two main lines of argumentation. The first one is provided by utilitarian theories and refers to the values of utility or liberty. Based on this concept, it is morally acceptable to use prenatal diagnostics for eugenic purposes. The second line of reasoning includes Christian social teaching or post-Kantian ethics and provides arguments based on concepts such as »natural law«, »dignity« or »respect for human life«. This philosophical and ethical point of view stands opposed against any usage of prenatal diagnostics in the eugenic dimension.

Utilitarian reasoning identifies »good« with »utility«, especially with »social utility« of actions.[16] If an action brings benefit to society,

---

[15] Mepham: Bioetyka [Bioethics] (note 7), pp. 153–155.
[16] John Stuart Mill: Utylitaryzm [Utilitarianism]. Warszawa 2006.

it is considered good. The question that needs to be asked at this point is as following: Is prevention to giving birth to sick or genetically defected individuals socially beneficial? Often people with serious genetical disorders are not able to live on their own, they remain under the care of their parents or social institutions founded for such purpose. On average, the costs of living of a person with genetic defect can be substantial. In this regard, from the solely economic point of view, utilitarian theorist would consider such individuals as burden for society. Furthermore, from the point of utilitarian reasoning, it could be argued that parents who take care of a child with genetic disability, for example with Down syndrome, contribute less to the social life, just because they spend a lot of time taking care of their child. The parents who decided for abortion, could instead work more or bring in other ways benefits to the society. They would not have to dedicate their lives to care for the child. Therefore, from strictly utilitarian perspective, people with serious genetic defects are not useful for the society and selective abortion in this case can be viewed favorably.

Moreover, utilitarianism is an ethics of the quality of life.[17] Taking this aspect under consideration, people with genetic defects can be justifiably killed. The reason for that could be low quality of their lives. That is why utilitarianism states that it is morally justified to stop a pregnancy when the fetus has a genetic disorder. Such action, according to this view, could be beneficial to all. First, to the society, because it saves money and frees human resources that can contribute to the benefit of the whole society. Second, to the parents, because they will not have to dedicate their lives in the name of taking care of the sick child. Last, to the child itself, because it will not have to endure any prolonged suffering.

This line of reasoning is often supported by the arguments for the individual's right to autonomy. It emphasizes that a fetus is not a human in a strict sense but only a part of the mother's body. Therefore, she is the one who should ultimately determine further actions after the results of prenatal testing. The right to freedom of choice is, in this context, a basic and undeniable human right.

An opposite view is presented by followers of the natural law theory.[18] This line of argumentation points out moral doubts in the

17 Mill: Utylitaryzm [Utilitarianism] (note 16).

18 Otowicz: Etyka życia [The Ethics of Life] (note 10), pp. 63–78.

instrumental treatment of individuals, especially in the context of eugenic usage of prenatal diagnostics. The Catechism of the Catholic Church stands in opposition to the philosophy of utilitarianism. Life, according to the Catechism, presents unquestionable and objective value, no matter of its quality. Man cannot decide about life or death, because it would deny the priority of natural law above human will. Even very sick children deserve the right to live. Reconstructed argumentation claims that suffering allows a deeper understanding of the essence of life. Human life should be protected at all costs, and abortion should only be allowed when the pregnancy threats the life of the mother. According to the position of the Catholic Church, this is the only case, when an abortion can be morally justified. Prenatal diagnostics is good, insofar as it is not used for eugenic purposes. In the Catechism of the Catholic Church, a section is devoted to the issue of prenatal diagnostics. It states the following: »Prenatal diagnostics is morally acceptable, if it respects the life and the integrity of the embryo and the fetus and when it tends to its protection or to the individual treatment [...]. It is against moral law when the results lead to an abortion. Prenatal diagnostics should not entail a death sentence«.[19] Statement that the »prenatal diagnostics should not entail the death sentence« relates to the selective abortion.

Apart from the religiously grounded normative texts, arguments against the eugenic usage of prenatal diagnostics can be found in other philosophical works. One example provides Jürgen Habermas' *The future of the human nature.*[20] Although the author does not directly mention the problems related to the issues of usage of prenatal diagnostics, his views on liberal eugenics can be attorned to this area. According to Habermas: »Selection has to be made one-sidedly, therefore it has an instrumental character, because the anticipated agreement – as it is with genetic, therapeutic interferences – is not an option: the person, who would *ex post* verify the decision about interference, will not even exist«.[21] Habermas argues against eugenics and, specifically, against selective abortion. How can we be sure, that the person, if it would be able to decide on his own, would decide to

[19] Katechizm Kościoła Katolickiego [Catechism of the Catholic Church]. Poznań 1994, p. 163.

[20] Jürgen Habermas: Przyszłość natury ludzkiej [The future of the human nature]. Warszawa 2003, pp. 76–77.

[21] Habermas: Przyszłość [The future] (note 20), p. 77.

die before birth? Maybe even despite the disease and enormous suffering, this person would have still wanted to live. Therefore, making such decision by parents is unjustified.

7. Ethical evaluation of the non-eugenic usage of prenatal diagnostics

As already mentioned, prenatal diagnostics can also serve non-eugenic purposes. However, this fact does not equal to the positive moral evaluation of the procedure. Prenatal diagnostics in this non-eugenic aspect has a lot of advantages, but also a considerable number of flaws or threats, which should be considered.

One of the methods of prenatal diagnostics, ultrasound, can be used in a non-eugenic context. By obtaining the image from the ultrasound, the physician is able to fix the position of the child in mother's womb. Incorrections can be adjusted through prenatal procedures. Furthermore, an ultrasound scan gives the parents an opportunity to see their child and determine the sex of the child. Knowing this, the parents can come up with a name for the offspring or they can arrange the room for the child. These matters can be regarded as marginal; however, they can lead to a stronger parental bond. The psychological aspects of the ultrasound diagnostics can also have opposite results. If the fetus has previously been diagnosed with a serious genetic defect, the mother can start to treat her child like a foreign body inside her. The image from the ultrasound can only deepen this feeling. As a result, the mother can mentally separate herself from the child. In this case, the ethical evaluation is not so obvious anymore. On the one hand, the mother should always have the opportunity to see her child, even if it is terminally sick. On the other hand, such mental separation of the mother from her offspring can lead to giving up the child for adoption or to extinguishing any further family bonds. The question that needs to be asked in this situation is: If the child is sick, should the doctor not perform the ultrasound scan? In my opinion, the physician still should do it, because unfavorable test results do not always lead to broken bonds between parents and children.

8. Conclusion

In the context of prenatal diagnostics, highly controversial becomes the issue of the procedure's aim. Prenatal testing not only informs about the health status of fetus but also can be used for eugenic purposes. Therefore, ethically appropriate is a distinction between eugenic and non-eugenic usage of prenatal diagnostics. Although this procedure is not always used in the eugenic context, there is a danger that it can be misused for elimination of people with disabilities. In result, this could lead to loss of social diversity.

In the bioethical dispute about the presented subject, we can distinguish two main positions. On one hand, utilitarian ethics considers it as morally acceptable to use prenatal diagnostics for eugenic purposes. On the other hand, the doctrine of the Catholic Church opposes instrumental treatment of prenatal diagnostics. It emphasizes the value of human life from the moment of conception and stands strongly against abortion based on results of prenatal diagnostics. We need to remember, that eventual controversies related to prenatal diagnostics do not end with a risk of damaging the fetus. In the discussion on the topic, it is worthwhile to consider more important ethical aspects, like the purposes of prenatal diagnostics. Further development of prenatal invasive and non-invasive diagnostic methods will surely lead to intensification of the discussion. In this debate, moral arguments against eugenic usage of prenatal diagnostics should be taken under consideration.

Giovanni Rubeis

Das Konzept der Eugenik in der ethischen Debatte um nicht-invasive Pränataltests (NIPT)

Abstract:
The eugenics-reproach is one of the main arguments in the ethical debates about non-invasive prenatal testing (NIPT). According to this argument, the screening for disability traits implies a targeted selection which is interpreted as eugenic. The crucial aspect of this selection is the distinction between worthy and unworthy life. A life with disabilities is considered as not worth living and therefore seen as something that should have been prevented, according to this approach. In most cases, it remains unclear what eugenics exactly refers to. The aim of this essay is to establish structural characteristics of eugenics through an in-depth conceptual analysis. In a further step, these structural characteristics shall be used as criteria in order to evaluate whether NIPT can be considered as an eugenic practice.

1. Einleitung

Seit 2012 sind nicht-invasive Pränataltests (NIPT) in verschiedenen Varianten in Deutschland verfügbar. Aktuell sind Harmony®, Panorama® und der Prenatalis® Test sowie der PraenaTest® zugelassen. NIPT erlauben ein Ersttrimesterscreening, das in der 11. bis 14. Schwangerschaftswoche durchgeführt wird. Dabei wird der Schwangeren Blut abgenommen, das geringe Spuren fötaler zellfreier DNA aus der Plazenta enthält. Somit kann ein genetisches Screening des Fötus durchgeführt werden. Mithilfe dieser Tests lässt sich unter anderem das Gesamtrisiko für verschiedene Chromosomenaberrationen (Trisomie 21, 18 und 13) berechnen. Empfohlen wird der Einsatz von NIPT bei Schwangeren über 35 Jahren sowie nach einem auffälligen Ultraschallbefund.[1] Bei NIPT handelt es sich um ein genetisches Screening.

[1] Joachim W. Dudenhausen: Non-invasive Pränatale Genetische Testung – ein ethischer Diskurs. In: Zeitschrift für Geburtshilfe und Neonatologie 218 (2014), S. 238–241.

Im Gegensatz zu einer Diagnose werden bei einem Screening lediglich Wahrscheinlichkeiten für das Vorliegen genetischer Störungen ermittelt. Für Trisomie 21 liegt die Erkennungsrate (Sensitivität) bei 99 %, für Trisomie 18 bei 97 % und für Trisomie 13 bei 90 %.[2] Mit den Tests ist auch die Geschlechtsbestimmung des Kindes möglich. Das deutsche Gesetz sieht vor, dass eine Befundmitteilung erst nach Ablauf der 14. Schwangerschaftswoche erfolgen darf, um eine Geschlechtsauswahl mittels Schwangerschaftsabbruch nach Beratungsregel zu verhindern. Nach dem bisherigen Behandlungsstandard wurden bei einer Schwangerschaft ab dem 35. Lebensjahr sowie bei auffälligem Ultraschallbefund invasive Testverfahren wie die Fruchtwasseruntersuchung (Amniozentese) oder die Mutterkuchenpunktion (Chorionzottenbiopsie) empfohlen. Diese invasiven Verfahren sind mit einem Risiko für den Fötus verbunden. Für NIPT ist lediglich eine Blutabnahme nötig, weshalb dieses Verfahren eine sicherere Alternative zu invasiven Tests darstellt. In Deutschland sind alle NIPT-Verfahren sogenannte Individuelle Gesundheitsleistungen (IGeL) und werden als Selbstzahlerleistung nicht solidargemeinschaftlich finanziert.

In der Debatte um NIPT werden verschiedene ethische Fragen diskutiert.[3] Dazu gehört die Frage, ob der Zugang zu NIPT nur bei medizinischer Indikation oder auch auf Wunsch von Schwangeren der low-risk-Gruppe zu gewähren ist. Des Weiteren steht zur Debatte, ob NIPT von der Solidargemeinschaft finanziert werden soll. Auch über Qualitätsstandards sowie über die Aufklärung von Patientinnen wird diskutiert. Gegenstand dieses Beitrags soll das Argumentationsmuster der Eugenik sein, das in der Debatte ebenfalls eine wichtige Rolle spielt.

Eugenik hat sich als Argumentationsmuster in der ethischen Debatte um NIPT wie generell um pränatale Testverfahren etabliert. Eine eingehende ideengeschichtliche Auseinandersetzung mit dem Konzept findet jedoch nicht statt. Vielmehr figuriert Eugenik in den Debatten meistens als apodiktisches Argument, das keiner weiteren Begründung bedarf. Die Verwendung eines historisch derart kon-

[2] Fiona L. Mackie, Karla Hemming, Stephanie Allen, R. Katie Morris, Mark D. Kilby: The accuracy of cell-free fetal DNA-based non-invasive prenatal testing in singleton pregnancies: a systematic review and bivariate meta-analysis. In: BJOG: An International Journal of Obstetrics and Gynecology 124 (2016), S. 32–46.

[3] Dudenhausen: Non-invasive Pränatale Genetische Testung (Anm. 1).

notierten Konzepts wirft die Frage nach der Zulässigkeit auf. Um legitimerweise und sinnvoll von Eugenik sprechen zu können, müssten strukturelle Äquivalenzen zwischen dem historischen Eugenik-Konzept beziehungsweise dessen Umsetzung und der heutigen NIPT-Praxis nachweisbar sein. Im Folgenden soll als erster Schritt eine eingehende ideengeschichtliche Analyse des Konzepts Eugenik durchgeführt werden. Auch die praktische Umsetzung des Konzepts soll diskutiert werden. Der Anspruch der Analyse ist dabei nicht eine vollständige Rekonstruktion der historischen Entwicklungsprozesse des Konzepts. Ebenso wenig kann hier eine vollständige Geschichte der praktischen Umsetzung eugenischen Gedankenguts durchgeführt werden. Vielmehr ist es das Ziel dieser Analyse, die konstitutiven Merkmale der Eugenik herauszuarbeiten. In einem zweiten Schritt soll dann anhand dieser Merkmale die Eugenik mit der heutigen NIPT-Praxis strukturell verglichen werden. Die Verwendung des Eugenik-Konzepts in der ethischen Debatte um NIPT ist dann legitim und sinnvoll, wenn sich diese Strukturmerkmale auch in der heutigen Praxis finden.

2. Eugenik: Begriffliche und konzeptuelle Einordnung

Der Begriff der Eugenik wurde von Francis Galton (1822–1911) geprägt. Er leitet sich von den griechischen Termini *εὖ* (eu, gut) und *γένος* (génos, Geschlecht) ab. Die Eugenik befasst sich mit der »guten Herkunft«, somit mit der Frage nach der Qualität von Nachkommen. Im Deutschen entspricht ihr der Begriff der »Rassenhygiene«.[4] Als Konzept wurde die Eugenik gegen Ende des 19. Jahrhunderts und zu Beginn des 20. Jahrhunderts entwickelt. Sie ist in ihrem Kern eine Zivilisationskritik, die als Reaktion auf gesellschaftliche Implikationen der frühen Industriegesellschaft entsteht.[5] Gesellschaftliche Transformationsprozesse als Folgen der industriellen Revolution wie die zunehmende Verstädterung, die gesteigerte soziale Mobilität und die Verarmung großer Schichten werden als Entartung gedeutet. Es entsteht das Konzept der Degeneration von Völkern und Rassen. Als Deutungsmuster wird der Darwinismus herangezogen, da er mit dem

[4] Peter Weingart, Jürgen Kroll, Kurt Bayertz (Hg.): Rasse, Blut und Gene. Geschichte der Eugenik und Rassenhygiene in Deutschland. Frankfurt am Main 1992, S. 16.
[5] Weingart, Kroll, Bayertz: Rasse, Blut und Gene (Anm. 4), S. 17.

Kampf ums Dasein das passende heuristische Instrument für die Verteilungskämpfe der kapitalistischen Gesellschaftsordnung anbietet. Somit kommt es zu einer Biologisierung gesellschaftlicher Prozesse. Der sozioökonomische Status eines Individuums wird als Erfolg oder Misserfolg im Kampf ums Dasein gedeutet. Die Eugenik fragt nach den Folgen der Degeneration einer großen Anzahl von Individuen für die Gesamtpopulation. Zentral ist hier der Ansatz, wonach das Verhalten sowie die physische und psychische Konstitution eines Individuums strikt auf genetische Grundlagen zurückgeführt werden kann.[6] Somit stehen die Erblichkeit bestimmter Eigenschaften, die einen Selektionsvorteil mit sich bringen sowie die Vererbung als solche im Fokus der Eugenik. Grundlegend ist der Gedanke, dass die Ausbreitung erwünschter Eigenschaften durch eine Förderung der Fortpflanzung von Trägern dieser Eigenschaften befördert werden kann. Man spricht von positiver Eugenik. Als erwünschte Eigenschaften gelten alle Merkmale, die ein Individuum im Kampf ums Dasein zur Durchsetzung befähigen und damit die Population insgesamt aufwerten. Dazu gehören physische wie psychische Gesundheit, ökonomische Leistungsfähigkeit, militärische Tauglichkeit und Sittlichkeit. Negative Eugenik zielt darauf, die Ausbreitung unerwünschter Eigenschaften durch eine Restriktion der Fortpflanzung ihrer Träger zu verhindern. Zu diesen Eigenschaften zählen eine schwächliche Konstitution, »Schwachsinn«, das heißt verschiedene Formen von kognitiver Beeinträchtigung, amoralische Gesinnung, Kriminalität, Prostitution, Alkoholismus und Armut. Neben der Unterscheidung von erwünschten und unerwünschten Eigenschaften beziehungsweise Individuen ist das Konzept der Rasse zentral für die Eugenik.[7] Es gibt keine für alle eugenischen Ansätze verbindliche Definition von »Rasse«. Als Minimaldefinition ließe sich Rasse als Population beschreiben, die durch gemeinsame Merkmale und erbliche Eigenschaften geprägt ist. Die Eugenik zielt stets auf die Verbesserung der Rasse durch Förderung der als höherwertig angesehenen und Einschränkung der Fortpflanzung der als minderwertig angesehenen Individuen. Demnach sei das Fortbestehen der Rasse gefährdet, wenn

---

[6] Marius Turda: Race, science, and eugenics in the twentieth century. In: Alison Bashford, Philippa Levine (Hg.): The Oxford handbook of the History of Eugenics. Oxford u. a. 2010, S. 62–79, hier S. 63.

[7] Turda: Race, science, and eugenics in the twentieth century (Anm. 6), S. 62.

sich diese schwachen, »entarteten«, minderwertigen Individuen übermäßig fortpflanzten.

Als soziale Bewegung verbindet sich die Eugenik mit sozialpolitischen Gruppierungen und Wohlfahrtsbestrebungen, um aktiv Bevölkerungspolitik zu betreiben.[8] In der ersten Hälfte des 20. Jahrhunderts wurden eugenische Programme in zahlreichen Ländern weltweit umgesetzt. Eugenische Praktiken reichten von Eherestriktionen über Zwangssterilisation bis zu gezielten Tötungen. Die konsequenteste und zugleich grausamste Umsetzung erfuhr die Eugenik in der NS-Diktatur. Nach dem Zweiten Weltkrieg galt die Eugenik weitgehend als diskreditiert, obgleich eugenische Praktiken in manchen Ländern weiterhin durchgeführt wurden. An die Stelle der Eugenik trat nach 1945 die Humangenetik als wissenschaftliche Vererbungslehre.[9]

3. Das Eugenik-Konzept in der ethischen Debatte um NIPT

Bereits vor der Einführung von NIPT war das Konzept der Eugenik von Bedeutung in der Debatte um pränatale genetische Tests. Ab den frühen 1960ern war es möglich, genetische Screenings für Erkrankungen beziehungsweise Erkrankungsrisiken durchzuführen. Dazu gehörten Tests von Neugeborenen für das Vorliegen von Phenylketonurie (PKU), die Tay-Sachs-Krankheit und die Sichelzellenanämie.[10] Auch wurden in dieser Zeit erstmals pränatale Test für Trisomie 21 möglich.[11] In Verbindung mit der Entwicklung der Gentechnik Anfang der 1970er Jahre, vor allem der rekombinanten DNA, wurde die Debatte um eine »neue Eugenik« ausgelöst.[12] Hinsichtlich pränataler Testverfahren tritt das Argumentationsmuster der Eugenik häufig in Verbindung mit dem Vorwurf der Diskriminierung von Menschen

---

8 Weingart, Kroll, Bayertz: Rasse, Blut und Gene (Anm. 4), S. 22.

9 Nils Roll-Hansen: Eugenics and the science of genetics. In: Alison Bashford, Philippa Levine (Hg.): The Oxford handbook of the History of Eugenics. Oxford u. a. 2010, S. 80–97, hier S. 91.

10 Weingart, Kroll, Bayertz: Rasse, Blut und Gene (Anm. 4), S. 652.

11 Mathew Thomson: Disability; psychiatry, and eugenics. In: Alison Bashford, Philippa Levine (Hg.): The Oxford handbook of the History of Eugenics. Oxford u. a. 2010, S. 116–133, hier S. 126.

12 Daniel J. Kevles: In the Name of Eugenics. Genetics and the Uses of Human Heredity. 5. Aufl. Cambridge, London 2004, S. 251–268.

mit Behinderung auf. Zentral ist hierbei die Ansicht, dass pränatale Tests und eine auf diese aufbauende Entscheidung für oder gegen einen Schwangerschaftsabbruch eine Unterscheidung zwischen lebenswertem und lebensunwertem Leben implizieren.[13] Ein Leben mit Down-Syndrom werde zumeist als nicht lebenswert angesehen, weshalb der entsprechende Befund in vielen Fällen zu einem elektiven Abbruch führe. Pränatale genetische Screeningverfahren werden daher oft als moderne, individualisierte Variante der Eugenik bezeichnet. Manche Kommentatoren sprechen von »neoeugenics«[14], »contemporary eugenics«[15] oder »liberaler Eugenik«.[16] Demnach unterscheide sich die moderne Eugenik von der Eugenik des 20. Jahrhunderts allein darin, dass es sich nicht um eine staatliche Maßnahme, sondern eine individuelle Praxis handle. Die Zielvorgabe, nämlich die Selektion von lebenswertem gegenüber lebensunwertem Leben, sei jedoch gleichgeblieben. Dadurch sei die Verwendung des Konzepts Eugenik (wenn auch mit den entsprechenden Einschränkungen) weiterhin legitim. Eugenik wird nach diesem Deutungsmuster als eine Praxis verstanden, deren Ziel es ist, dass sich Menschen mit wünschenswerten Eigenschaften fortpflanzen, während die Fortpflanzung von Menschen mit unerwünschten Eigenschaften vermieden werden soll. Menschen mit unerwünschten Eigenschaften würden dadurch entwertet und ihr Zurweltkommen verhindert. Zwar gebe es heute keine Eugenik im Sinn einer Bewegung mit gesellschaftspolitischen Zielen. Auch werde kein staatlicher Zwang ausgeübt, etwa in Form von Zwangssterilisationen. Dennoch führten NIPT durch die Entwertung bestimmter Gruppen, wie etwa Menschen mit Down-Syndrom, zu einer Eugenik durch die Hintertür.[17] Auch in der öffentlichen Debatte sind pränatale Screeningverfahren normativ hochaufgeladen und werden häufig mit dem Konzept der Eugenik verknüpft. So hat etwa eine Studie zur Medienberichterstattung zu NIPT in Groß-

---

13 Tom Shakespeare: Choices and Rights: Eugenics, genetics and disability equality. In: Disability and Society 13 (1998), S. 665–681.

14 Sonia M. Suter: A Brave New World of Designer Babies? In: Berkeley Technology Law Journal 22 (2007), S. 897–969.

15 Gareth M. Thomas, Barbara Katz Rothman: Keeping the Backdoor to Eugenics Ajar? Disability and the Future of Prenatal Screening. In: American Medical Association Journal of Ethics 18 (2016), S. 406–415.

16 Jürgen Habermas: Die Zukunft der menschlichen Natur. Auf dem Weg zur liberalen Eugenetik? Frankfurt am Main 2001.

17 Thomas, Katz Rothman: Keeping the Backdoor (Anm. 15).

britannien gezeigt, dass in fast allen Beiträgen zum Thema das Konzept der Eugenik bemüht wird.[18]

4. Das Eugenik-Konzept und seine praktische Umsetzung

4.1 Die Grundlegung der Eugenik bei Galton

Galton prägte den Begriff der Eugenik in seiner Schrift *Inquiries into human faculty and its development* (1883).[19] Er definiert Eugenik als »cultivation of race« und »science of improving stock«.[20] Auf den Menschen angewandt, beschäftige sich diese Forschungsrichtung mit den Faktoren, die dazu führen, dass die besser angepassten Individuen die schlechter angepassten dominieren. Der Grundlegung der Eugenik in den *Inquiries* gehen Galtons Untersuchungen in seiner Schrift *Hereditary Genius* (1869) voraus.[21] Darin befasst sich Galton mit der Frage, warum sich begabte Individuen in manchen Familien gehäuft finden. Anhand von Familiengeschichten bedeutender Individuen (Staatsmänner, Künstler, Wissenschaftler) versucht er nachzuweisen, dass der »Genius« eine vererbbare Eigenschaft ist. Daraus zieht Galton den Schluss, dass der Mensch aktiv Einfluss auf die Höherentwicklung der menschlichen Rasse nehmen könne. Die Eheschließung und Verpaarung zwischen Individuen aus »begabten« Familien solle gefördert werden, um die Menschheit insgesamt zu verbessern. Eine – aus seiner Sicht fehlgeleitete – Hilfsbereitschaft gegenüber den Schwachen führe dazu, dass diese sich vermehren, was die Degeneration der Rasse zur Folge habe. Stattdessen sollte alles getan werden, um die Vermehrung der Fähigen und Schöpferischen zu steigern.[22] In den *Inquiries* baut Galton diesen Gedanken eines aktiven Einwirkens des Menschen auf die Höherentwicklung der menschlichen Rasse aus. Zwar wird Eugenik hier zunächst als eine Idee oder Forschungsrichtung verstanden; dieser komme aber höchste praktische Relevanz

[18] Celine Lewis, Mahrufa Choudhuy, Lyn S. Chitty: ›Hope for safe prenatal gene tests‹. A content analysis of how the UK press media are reporting advances in non-invasive prenatal testing. In: Prenatal Diagnosis 35 (2015), S. 420–427.

[19] Francis Galton: Inquiries into human faculty and its development. 2. Aufl. London 1907 [First electronic edition, 2001].

[20] Galton: Inquiries into human faculty (Anm. 19), S. 17.

[21] Francis Galton: Hereditary Genius. 2. Aufl. London 1892 [Electronic reprint 2000].

[22] Galton: Hereditary Genius (Anm. 21), S. 357.

zu.[23] Die Eugenik behandle die Umstände, unter welchen Menschen einer höheren Art hervorgebracht werden können. Ihre Aufgabe sei es, nach Kennzeichen der Höherwertigkeit zu suchen und diese so zu fördern, dass die höherwertigen Individuen einer Rasse die minderwertigen zahlenmäßig überwiegen.[24] Somit geht es nicht nur um Erkenntnisgewinn, sondern auch um gesellschaftspolitische Steuerung. Die Möglichkeit einer gesteuerten Verbesserung der Menschheit sieht Galton als prinzipiell gegeben. Der Mensch habe bereits massiv in den Lauf der Natur eingegriffen, habe Wälder gerodet, Land urbar gemacht, Tiere und Pflanzen ausgerottet oder domestiziert. Jetzt müsse er sich seiner aktiven Rolle in der Evolution auch bewusstwerden. Der Mensch müsse seine Fähigkeit, in die Evolution einzugreifen, als religiöse Pflicht anerkennen und dies systematisch und absichtsvoll tun.[25] Oberstes Ziel der Eugenik sei die Verbesserung der Rasse und somit ein praktisches, kein rein akademisches.[26] Somit wird bereits in dieser Grundlegung der modernen Eugenik deutlich, dass es sich hierbei nicht allein um eine Forschungsrichtung handelt, die auf Erkenntnisgewinn ausgerichtet ist. Es geht um praktische Maßnahmen, die auf der wissenschaftlichen Erforschung der Kennzeichen der Höherwertigkeit aufbauen. Was diese konkreten Maßnahmen angeht, bleibt Galton in den *Inquiries* noch vage. Neben der schon in *Hereditary Genius* geforderten Eheschließung in jungen Jahren schlägt er eine Art Benotungssystem für verdienstvolle Familien vor, das den Familienangehörigen Höherwertigkeit bescheinigen soll. Zudem sollte bei der Besetzung öffentlicher Stellen nicht nur die fachliche Qualifikation des Bewerbers, sondern auch seine Familiengeschichte miteinbezogen werden. Die von Galton dadurch erhofften positiven Resultate würden ein Bewusstsein sowie die Akzeptanz für weitere eugenische Maßnahmen schaffen.[27] Galton ist hinsichtlich konkreter Forderungen aus zwei Gründen vorsichtig. Einerseits fehle es noch an Daten, um evidenzbasierte Maßnahmen zu implementieren. Weitere biostatistische Forschung hinsichtlich der Vererbung, vor allem das Studium von Familiengeschichten und Biografien, sei hier notwendig. Andererseits sei die Öffentlichkeit noch nicht für

[23] Galton: Inquiries into human faculty (Anm. 19), S. 30.
[24] Galton: Inquiries into human faculty (Anm. 19), S. 199.
[25] Galton: Inquiries into human faculty (Anm. 19), S. 198.
[26] Galton: Inquiries into human faculty (Anm. 19), S. 211.
[27] Galton: Inquiries into human faculty (Anm. 19), S. 214.

derartige Maßnahmen zu gewinnen, da noch kein Problembewusstsein bestehe. Durch weitere Forschung und öffentliche Aufklärung müsse erst die Notwendigkeit einer Verbesserung der Rasse im kollektiven Bewusstsein der Bevölkerung verankert werden.[28]

Den Gedanken der Steuerbarkeit der menschlichen Evolution nimmt Galton in *Presidential address to the Division of Demography,* seiner Rede auf dem Hygiene- und Demografiekongress 1892 in London, wieder auf.[29] Auch hier hält Galton fest, der Mensch habe die Möglichkeit, in die Evolution einzugreifen, wozu ihm neben der Verbesserung von Hygiene und Bildung auch die kontrollierte Fortpflanzung zur Verfügung stehe. Die Perspektive der demografischen Forschung sollten daher vernünftige politische Maßnahmen sein, die zu einer Verbesserung des derzeitig miserablen Status der menschlichen Rasse führen.[30] Hieraus geht erneut deutlich die Praxisorientierung der Eugenik hervor.

Auch in seinem in Nature erschienenem Aufsatz *The possible improvement of the human breed under the existing conditions of law and sentiment* (1901) will Galton zeigen, dass die Verbesserung der menschlichen Rasse in erster Linie ein praktisches Vorhaben ist.[31] Als Kategorie der Eignung, die Höherwertige von Minderwertigen unterscheidet, führt Galton den *civic worth* ein, was sich etwa als staatsbürgerlichen Wert übersetzen lässt.[32] Eine klare Definition von *civic worth* erfolgt nicht, doch lässt sich aus den weiteren Ausführungen schließen, dass damit die ökonomische Leistungsfähigkeit eines Individuums sowie sein Nutzen für die Allgemeinheit gemeint sind. In diesem Zusammenhang werden Methoden diskutiert, mit welchen sich Menschen in einzelne Klassen einteilen lassen. Anhand dieser Klassen soll bereits bei Geburt der Wert errechnet werden, den ein Mensch im Erwachsenalter schaffen wird sowie die Kosten, die er verursacht. Dadurch ließe sich bestimmen, welche Individuen sich lohnen und welche unerwünscht sind. In weiterer Folge müsste die Leistungsfähigkeit der Höherwertigen gesteigert werden, um so die Rasse

---

[28] Galton: Inquiries into human faculty (Anm. 19), S. 220–221.

[29] Francis Galton: Presidential address to the Division of Demography. In: Transactions of the Seventh International Congress of Hygiene and Demography 10 (1892), S. 7–12.

[30] Galton: Presidential address (Anm. 29), S. 12.

[31] Francis Galton: The possible improvement of the human breed under the existing conditions of law and sentiment. In: Nature 64 (1901), S. 659–665.

[32] Galton: The possible improvement of the human breed (Anm. 31), S. 661.

zu verbessern. Dies sei wichtiger als die Minderwertigen zu hemmen, obwohl auch die Reduzierung unerwünschter Individuen eine wichtige Aufgabe darstelle.[33] Die erforderlichen Maßnahmen müssten bei der Fortpflanzung ansetzen. Dazu könne man etwa Tauglichkeitsbescheinigungen für diejenigen Individuen ausstellen, deren Fortpflanzung erwünscht ist. Des Weiteren sollten Ehen zwischen höherwertigen Familien und eine frühe Eheschließung von Individuen, vor allem von Frauen aus den höheren Klassen, gefördert werden. Zudem bedürfe es einer staatlichen Unterstützung für eine gesunde Aufzucht der Kinder, etwa in Form einer Bereitstellung finanzieller Mittel im Sinn einer Mitgift. Aber auch das Einwirken auf die öffentliche Meinung, Ehrungen für bestimmte Individuen und schließlich die Implementierung der Verbesserung der Rasse als religiöses Dogma gehören zu den vorgeschlagenen Maßnahmen.[34] Die religiöse Konnotation wurde bereits in den *Inquiries* deutlich, wo Galton planvolle Eingriffe in die menschliche Evolution als religiöse Pflicht bezeichnete.[35] Hier geht er noch einen Schritt weiter und spricht von einem »Kreuzzug« für die Verbesserung der Rasse.[36]

Die Fäden seines Eugenik-Konzepts führt Galton schließlich in seinem Aufsatz *Eugenics. Its Definition, Scope, and Aims* (1904) zusammen.[37] Hier definiert er Eugenik als Wissenschaft, die diejenigen Einflüsse erforscht, welche die angeborenen Qualitäten einer Rasse verbessern. Er betont den Nutzen eugenischer Praktiken für die Allgemeinheit. Durch die Umsetzung eugenischer Prinzipien wäre Großbritannien besser in der Lage, die Möglichkeiten eines Weltreiches zu verwirklichen. Galton konkretisiert damit das abstrakte Ziel einer Verbesserung der Rasse vor dem Hintergrund von Imperialismus und Kolonialismus. Der *civic worth* bemisst sich in der Fähigkeit, zum Erfolg der Rasse in der globalisierten Wirtschaft und dem geopolitischen Machtstreben beizutragen.[38] Als zentrale Maßnahme der Verbesserung sieht er die bereits angeführten Eheреglementierungen (Förderung früher Ehen sowie Ehen zwischen höherwertigen Familien, Tauglichkeitsbescheinigungen) an. Es fällt auf, dass Galton sich

---

[33] Galton: The possible improvement of the human breed (Anm. 31), S. 663.
[34] Galton: The possible improvement of the human breed (Anm. 31), S. 664.
[35] Galton: Inquiries into human faculty (Anm. 19), S. 198.
[36] Galton: The possible improvement of the human breed (Anm. 31), S. 366.
[37] Francis Galton: Eugenics. Its Definition, Scope, and Aims. In: American Journal of Sociology 10 (1904), S. 1–25.
[38] Galton: Eugenics. Its Definition, Scope, and Aims (Anm. 37), S. 3.

hauptsächlich auf Maßnahmen positiver Eugenik konzentriert, also die Förderung der Höherwertigen, während er auf explizite Eheverbote für Minderwertige nur am Rande eingeht. Wie genau er sich diese Eherestriktion vorstellt, wird nicht deutlich. Man kann jedoch aus seinen Ausführungen zu den fördernden Maßnahmen schließen, dass denjenigen, die keine Tauglichkeitsbescheinigung erhalten oder ein bestimmtes Alter überschritten haben, die Ehe untersagt werden soll. In diesem Zusammenhang ist von gesellschaftlichem Bann oder Ächtung die Rede, etwa analog zur Ehe unter Cousins.[39] Es gibt jedoch keine explizite Forderung nach einem gesetzlichen Eheverbot. Galton will zeigen, dass Eherestriktionen nicht nur potentiell durchführbar sind, sondern dass es bereits gesellschaftlich akzeptierte Beschränkungen der Eheschließung gibt. Er verweist in diesem Zusammenhang etwa auf die Verwandtenehe oder Polygamie. Somit seien auch eugenische Eherestriktionen mit gängigen sittlichen Vorstellungen vereinbar.[40] Bevor jedoch an praktische Maßnahmen zu denken sei, müsse die nationale Bedeutung der Eugenik bewusstgemacht werden, was in drei Schritten geschehen solle: Erstens die Etablierung der Eugenik als akademische Forschungsrichtung, zweitens die Anerkennung als Fachgebiet, dessen praktische Umsetzung von Bedeutung ist und drittens die Verankerung im nationalen Bewusstsein als neue Religion.[41] Zuerst müsse die Eugenik intellektuelle Akzeptanz erfahren und als Forschungsrichtung anerkannt werden. Dadurch werde ein Prozess in Gang gesetzt, der schließlich eine praktische Umsetzung der Eugenik und einen gesellschaftlichen Wandel herbeiführen werde.

Aus Galtons Konzeption der Eugenik lassen sich folgende Strukturmerkmale ableiten: Die Eugenik hat einen Doppelcharakter als wissenschaftliche Disziplin und soziale Reformbewegung. Als wissenschaftliche Disziplin forscht sie nach den Bedingungen, unter welchen sich die höherwertigen Individuen einer Rasse optimal fortpflanzen können, um so die Rasse insgesamt zu verbessern. Dazu werden biostatistische Methoden herangezogen, die sich in erster Linie auf Familiengeschichten beziehen. Als soziale Reformbewegung strebt die Eugenik nach einer Umgestaltung der Gesellschaft, konkret

[39] Galton: Eugenics. Its Definition, Scope, and Aims (Anm. 37), S. 5.
[40] Francis Galton: Studies in Eugenics: I. Restrictions in marriage; II. Studies in national eugenics. In: Sociological Papers 2 (1906), S. 3–13 und S. 14–17.
[41] Galton: Eugenics. Its Definition, Scope, and Aims (Anm. 37), S. 5.

der Fortpflanzungspraktiken. Diese sollen nach eugenischen Prinzipien organisiert und reglementiert werden. Hierzu gehören konkrete Maßnahmen wie die amtliche Bescheinigung der Ehetauglichkeit, die Förderung früher Ehen und die finanzielle Unterstützung von Ehen zwischen höherwertigen Individuen durch Mitgiften. Zudem soll ein öffentliches Bewusstsein dafür geschaffen werden, dass die Eugenik nationalen Wert besitzt und dem Wohl der Allgemeinheit dient. Zu diesem Zweck soll die Eugenik den Status eines religiösen Dogmas erhalten.

4.2 Eugenik in Deutschland

Es zeigt sich, dass die Eugenik auch in Deutschland dieselben Strukturmerkmale aufweist, die schon in der Grundlegung durch Galton zu finden sind. Ein direkter Einfluss Galtons ist dabei nicht gegeben. Vielmehr lässt sich feststellen, dass sich eugenisches Gedankengut in Deutschland größtenteils selbstständig entwickelt hat.[42] Ein grundlegender Unterschied zwischen der Eugenik britischer und deutscher Provenienz besteht im professionellen Hintergrund der frühen Protagonisten. Waren es im britischen Kontext vor allem Biologen, Statistiker und Sozialwissenschaftler wie Galton, die eugenische Konzepte vertraten, so sind es in Deutschland zumeist Ärzte.[43] Dieser Umstand ist von entscheidender Bedeutung, weil dadurch der starke Praxisaspekt der Eugenik deutlich wird. Die Tatsache, dass praktizierende Ärzte eugenische Vorstellungen vertraten, zeigt, dass die Eugenik aus einem rein akademischen Rahmen herausgetreten und in der Wirklichkeit gesellschaftlicher Praxis angekommen ist. Die zentralen Figuren der beginnenden Eugenik in Deutschland sind Wilhelm Schallmayer (1857–1919) und Alfred Ploetz (1860–1940). Schallmayers Schrift *Ueber die drohende körperliche Entartung der Culturmenschheit und die Verstaatlichung des ärztlichen Standes* (1891) ist die erste Auseinandersetzung mit der eugenischen Thematik im deutschen Sprachraum.[44] Schallmayer geht von der Prämisse aus, dass der Geist und seine Produkte (Familie, Staat, Sitte, Recht) eben-

---

[42] Weingart, Kroll, Bayertz: Rasse, Blut und Gene (Anm. 4), S. 37.

[43] Weingart, Kroll, Bayertz: Rasse, Blut und Gene (Anm. 4), S. 39.

[44] Wilhelm Schallmayer: Ueber die drohende körperliche Entartung der Culturmenschheit und die Verstaatlichung des ärztlichen Standes. Berlin, Neuwied 1891.

falls einem Selektionsprozess unterworfen sind, wie er in der Naturgeschichte wirkt.[45] Es müsse geklärt werden, welche gesellschaftlichen Einrichtungen die Selektion der höherwertigen Individuen und damit die Höherentwicklung der Rasse fördern. Auf der Grundlage dieses Wissens ließe sich denjenigen Faktoren entgegenwirken, die eine Höherentwicklung der Rasse hemmen.[46] Somit ist bei Schallmayer wie schon bei Galton das Anliegen der Eugenik in erster Linie ein gesellschaftspolitisches. Der Erkenntnisgewinn hat rein instrumentellen Nutzen. Zentral ist hierbei die Rolle der Medizin. Schallmayer sieht sich als Arzt hinsichtlich der angestrebten Höherentwicklung der Rasse in einem Dilemma. Einerseits sei er dem Wohl des individuellen Patienten verpflichtet. Andererseits ermögliche es die Medizin schwächeren Individuen länger zu leben und bewahre sie somit vor natürlicher Selektion. Somit gestattet sie Individuen, die von einer geringeren Qualität sind als ihre Elterngeneration, die Teilnahme an der Fortpflanzung. Das Resultat sei eine Qualitätsminderung der Nachkommen. Hierin sei die Medizin der Armenfürsorge analog, indem sie das Problem, das sie auf individueller Ebene zu lösen versucht, auf der Populationsebene perpetuiert. Die Verlängerung der Lebensdauer unter Bedingungen des Kulturstaats führe dazu, dass sich auch Minderwertige fortpflanzen können, wodurch der Selektionsdruck außer Kraft gesetzt werde. Selbst die »säubernde Wirkung« der Tuberkulose könne sich nicht entfalten, da sie durch Impfung ausgeschaltet werde.[47] Dennoch will Schallmayer den therapeutischen Wert der Medizin nicht schmälern; immerhin stelle sie auch die Arbeitsfähigkeit wieder her, was ihren Wert für die Gemeinschaft legitimiere. Aus diesen Ausführungen lässt sich ein weiteres Strukturmerkmal erkennen, das Schallmayers Ansatz mit der Eugenik nach Galton verbindet. Es ist die Sorge um das Wohl der Rasse, dem das Wohl Einzelner untergeordnet wird. Damit verknüpft ist die Unterscheidung in höherwertige und minderwertige Individuen; Schallmayer spricht von »kränklichen und schwachen« sowie »erblich belasteten, siechen Menschen«.[48] Neu ist allerdings der starke Fokus auf die Medizin. Würde eine ihrer größten Errungenschaften, die Hygiene, auch auf die menschliche Zuchtwahl angewendet wer-

[45] Schallmayer: Ueber die drohende körperliche Entartung (Anm. 44), S. 2–3.
[46] Schallmayer: Ueber die drohende körperliche Entartung (Anm. 44), S. 4.
[47] Schallmayer: Ueber die drohende körperliche Entartung (Anm. 44), S. 15.
[48] Schallmayer: Ueber die drohende körperliche Entartung (Anm. 44), S. 9.

den, ließe sich der drohende Verfall der Rasse aufhalten. So eingesetzt, könnte die Medizin dazu beitragen, die Zahl der Höherwertigen zu steigern und diejenige der Minderwertigen zu verringern. Den Verfallserscheinungen der Rasse könne demnach mit den Mitteln der Medizin entgegengewirkt werden, auch wenn es hieße, Opfer zu bringen.[49] Damit hätte die »Sisyphusarbeit« und »armseelige Flickarbeit« der Medizin ein Ende, die darin bestehe, Erbkranke gesund zu machen.[50] Ermöglichungsbedingung der Anwendung der Hygiene auf die Rasse könne nur das Eingreifen des Kulturstaates sein. Dieser interveniere auch in anderen Kontexten, beispielweise durch Schulpflicht, in zentrale Lebensbereiche. Somit seien auch Maßnahmen legitim, die eine »prohibitive Beeinflussung der Zuchtwahl« zum Ziel haben.[51] Anders als Galton formuliert Schallmayer einen konkreten Maßnahmenkatalog, der weit über Volksaufklärung und Eherestriktionen hinausgeht. Zwar sieht auch Schallmayer die Erhebung von biostatistischen Daten aus Familiengeschichten als wichtigen Schritt, fordert aber explizit eine Festlegung von Kriterien für Ehehindernisse durch den Gesetzgeber.[52] Eine konsequente und flächendeckende Datenerhebung sei nur möglich, wenn sie mit einer Verstaatlichung der Ärzteschaft einhergehe. Ärzte sollten Staatsbeamte werden, um das wichtige gesellschaftliche Ziel der Verbesserung der Rasse umsetzen zu können.[53] Somit wird die klar gesellschaftspolitische Ausrichtung der Konzeption deutlich. Adressat ist nicht mehr ein primär akademisches Publikum, sondern die Ärzteschaft sowie die politischen Entscheidungsträger. Gefordert wird die Umsetzung tiefgreifender gesundheitspolitischer Maßnahmen, um eine »prohibitive Beeinflussung der Zuchtwahl« zu gewährleisten.

Diese praktische Stoßrichtung eugenischen Denkens setzt sich bei Ploetz fort. Ploetz wendet sich in seiner Schrift *Grundlinien einer Rassen-Hygiene* (1895) explizit an den »socialen Praktiker«.[54] Angelegt ist die Schrift in zwei Teilen, einen Theorieteil und Praxisteil. Erschienen ist allerdings nur der erste Teil, *Die Tüchtigkeit unserer*

[49] Schallmayer: Ueber die drohende körperliche Entartung (Anm. 44), S. 19.
[50] Schallmayer: Ueber die drohende körperliche Entartung (Anm. 44), S. 9.
[51] Schallmayer: Ueber die drohende körperliche Entartung (Anm. 44), S. 11.
[52] Schallmayer: Ueber die drohende körperliche Entartung (Anm. 44), S. 31.
[53] Schallmayer: Ueber die drohende körperliche Entartung (Anm. 44), S. 36–46.
[54] Alfred Ploetz: Grundlinien einer Rassen-Hygiene. I. Theil: Die Tüchtigkeit unserer Rasse und der Schutz der Schwachen. Ein Versuch über Rassenhygiene und ihr Verhältnis zu den humanen Idealen, besonders zum Socialismus. Berlin 1895.

Rasse und der Schutz der Schwachen. Ein Versuch über Rassenhygiene und ihr Verhältnis zu den humanen Idealen, besonders zum Socialismus. Obwohl als theoretische Grundlegung angekündigt, führt Ploetz hier einige konkrete Maßnahmen zur Umsetzung eines Konzepts an, das er als »Rassenhygiene« bezeichnet. Wie zuvor schon Schallmayer, verwendet Ploetz den Begriff der Eugenik nicht und war mit Galtons Eugenik-Konzept nicht vertraut. Der Begriff Rassenhygiene lässt sich aber aufgrund der strukturellen Ähnlichkeiten synonym mit Eugenik verstehen.[55] Zentral für die Rassenhygiene ist die Analogie zwischen Rasse/Volk und Organismus, wobei die Rolle der Zellen für den Organismus derjenigen der Individuen für die Rasse entspricht. Von diesen Einzelkonstituenten hänge das Wohlbefinden des Gesamten ab. Daher bedürfe es auch einer Hygiene für die Rasse analog zur Hygiene für den Einzelkörper, um die Gesundheit zu erhalten.[56] Auch bei Ploetz finden sich die bereits bekannten Strukturmerkmale der Eugenik: Die Biologisierung zeitgenössischer gesellschaftlicher Entwicklungen (Dekadenzphänomene), das Zurücktreten des Individualinteresses hinter das Rasseninteresse, die Unterscheidung in starke und schwache Individuen sowie die Erhaltung der Gesundheit der Rasse und die Vervollkommnung ihrer Anlagen als Ziele. Die derzeitige Verfasstheit der Gesellschaft stehe allerdings diesen Zielen entgegen. So sei das Heiratsalter allgemein zu niedrig (ein Widerspruch zu Galton) und es gebe keine oder nur sehr wenige Heiratsbeschränkungen, die Minderwertige von der Ehe ausschlössen: »Krethi und Plethi heirathet lustig drauf los.«[57] Aber auch soziale Faktoren wie das Erbrecht, die Rolle des Vermögens der Eltern für den Zugang zu Bildung und die Armut hemmten die mögliche Vermehrung der Starken. Wie Schallmayer sieht auch Ploetz die therapeutische Medizin in diesem Zusammenhang kritisch. Die ärztliche Hilfe bei Kinderkrankheiten als Folge schwacher Konstitution würde die Falschen vor der Selektion bewahren. Generell widersprächen »humane Gefühlsduseleien«, wie Krankenpflege oder Pflege von Blinden, Taubstummen und allen Schwachen der Vervollkommnung der Rasse.[58] Kranken- und Arbeitslosenversicherung sowie ärztliche Unterstützung, besonders in der Geburtshilfe, seien eben-

[55] Turda: Race, science, and eugenics in the twentieth century (Anm. 6), S. 64.
[56] Ploetz: Grundlinien einer Rassen-Hygiene (Anm. 54), S. 1–2.
[57] Ploetz: Grundlinien einer Rassen-Hygiene (Anm. 54), S. 149.
[58] Ploetz: Grundlinien einer Rassen-Hygiene (Anm. 54), S. 147.

falls abzulehnen, da sie den Kampf ums Dasein verfälschten. Generell stehe das »demokratisch-humanitäre Ideal« der Rassenhygiene entgegen, weil es allen Individuen, ob stark oder schwach, die Möglichkeit zur Selbstentfaltung geben wolle.[59] Damit bezieht sich Ploetz auf christliche, sozialistische und sozialdemokratische Forderungen. Er konstatiert einen Konflikt zwischen Individualhygiene und Rassenhygiene, der vor allem der Medizin und Wohlfahrtseinrichtungen zuzuschreiben sei, die Kranke und Schwache schützen. Aus den rassenhygienischen Erkenntnissen ergeben sich für Ploetz konkrete praktische Maßnahmen.[60] Zentral ist die Forderung, dass die Fortpflanzung nicht mehr dem Zufall überlassen, sondern von wissenschaftlichen Prinzipien und staatlichen Maßnahmen gelenkt werden soll. Dazu sollten Fortpflanzungszeugnisse eingeführt werden, die einem Ehepaar die Fortpflanzung gestatten. Nach der Geburt sollte ein Ärztekollegium darüber befinden, ob das Neugeborene gesund oder schwächlich ist. Im ersten Fall erhält es einen Bürgerbrief, im zweiten Fall den »sanften Tod«, etwa durch eine Morphiuminjektion.[61] Dieser »sanfte Tod« sei außerdem bei Zwillingen geboten, zudem ab dem siebten Kind eines Paares sowie in Fällen, in welchen die Mutter über 45 Jahre, der Vater über 50 Jahre alt ist. Die gesunden Kinder sollten einer rigorosen Erziehung zugeführt werden, die auch den Drill auf das Rassenwohl hin enthalten müsse. Am Ende dieser Erziehung sollte eine Prüfung intellektueller und moralischer Fähigkeiten stehen, die darüber entscheidet, ob beziehungsweise wie viele Nachkommen das Individuum zeugen darf. Schwächlichen oder »defecten« Individuen wäre die Ehe nicht erlaubt. Die erlaubte Kinderzahl würde sich aus dem Durchschnitt der den Eltern erlaubten Zahl ergeben. Generell sollte die Fortpflanzung Männern ab 26, Frauen ab 24 Jahren erlaubt sein. Das Erbrecht sei zugunsten eines Egalitarismus abzuschaffen. Die Armenfürsorge sollte nur in einem sehr geringen Ausmaß stattfinden und dürfe nur diejenigen unterstützen, die nicht mehr mit dem Aufziehen von Kindern befasst sind. Im Kriegsfall (der Krieg wird ausdrücklich als Mittel des Kampfes ums Dasein zwischen Völkern begrüßt) seien die Minderwertigen verstärkt einzuziehen und an aussichtslosen Positionen als »Kanonen-

---

[59] Ploetz: Grundlinien einer Rassen-Hygiene (Anm. 54), S. 199–200.
[60] Ploetz: Grundlinien einer Rassen-Hygiene (Anm. 54), S. 143–147.
[61] Ploetz: Grundlinien einer Rassen-Hygiene (Anm. 54), S. 144.

futter« einzusetzen.[62] Diese Maßnahmen sollen zu einer Förderung der Starken und zu einem »Ausjäten« der Schwachen führen.[63]

Nach ihrer Grundlegung gegen Ende des 19. Jahrhunderts dauerte es nicht lange, bis die Eugenik Einzug in gesellschaftliche Debatten fand. Eugenische Forderungen wie verpflichtende amtsärztliche Gesundheitszeugnisse, die rassenhygienische Gesundheit attestieren sollten, Eheverbote für bestimmte Bevölkerungsgruppen sowie die Sterilisierung von Erbkranken werden zu Beginn des 20. Jahrhunderts intensiv diskutiert.[64] Mit *Die Freigabe der Vernichtung lebensunwerten Lebens. Ihr Maß und ihre Form* (1920) von Karl Binding (1841–1920) und Alfred Hoche (1865–1943) erfährt die Unterscheidung zwischen lebenswertem und lebensunwertem Leben eine geschlossene konzeptionelle Ausgestaltung.[65] Hatte bis dahin vor allem die positive Eugenik die Debatten bestimmt, machen Binding und Hoche das Konzept der Euthanasie als Maßnahme negativer Eugenik stark, das bereits von Ploetz als »sanfter Tod« eingeführt worden war. Für die weiteren Debatten sowie die politische Umsetzung eugenischer Forderungen wird diese Konzeptualisierung von entscheidender Bedeutung sein.

4.3 Eugenische Praktiken

Ab dem frühen 20 Jahrhundert fand die Eugenik in Theorie und Praxis weltweite Verbreitung. Am Beispiel Deutschland zeigt sich, dass die politische Implikation eugenischer Maßnahmen oft stufenweise vor sich ging.[66] Auf Druck von Verbänden und Interessensgemeinschaften wie der von Ploetz 1905 gegründeten »Gesellschaft für Rassenhygiene« befassten sich staatliche Stellen in der Weimarer Republik mit eugenischen Forderungen. Dies führte zur Bereitstellung von Information und Empfehlungen von Behörden oder anderen staatlichen Einrichtungen in Form von Informationsblättern in Standesämtern. Auch wurden Eheberatungsstellen eingerichtet, die Heiratswillige hinsichtlich ihrer potentiellen erblichen Belastung beraten

---

[62] Ploetz: Grundlinien einer Rassen-Hygiene (Anm. 54), S. 147.
[63] Ploetz: Grundlinien einer Rassen-Hygiene (Anm. 54), S. 114–115.
[64] Weingart, Kroll, Bayertz: Rasse, Blut und Gene (Anm. 4), S. 227–238.
[65] Karl Binding, Alfred Hoche: Die Freigabe der Vernichtung lebensunwerten Lebens. Ihr Maß und ihre Form. Leipzig 1920.
[66] Weingart, Kroll, Bayertz: Rasse, Blut und Gene (Anm. 4), S. 274–320.

sollten. Zudem wurde die freiwillige Sterilisierung gefördert. Es wurde jedoch kein staatlicher Zwang ausgeübt und auch zu gesetzlichen Ehebeschränkungen kam es nicht. Eugenische Forderungen wurden vollends erst in der nationalsozialistischen Diktatur umgesetzt. Am 1. Januar 1934 trat das »Gesetz zur Verhütung erbkranken Nachwuchses« in Kraft. Zentraler Bestandteil des Gesetzes ist die Zwangssterilisation, verbunden mit der Meldepflicht von Erbkrankheiten für Ärzte. Zu diesen Krankheiten zählten »angeborener Schwachsinn«, Epilepsie, Chorea-Huntington, Missbildungen und Alkoholismus. Sogenannte »Erbgesundheitsgerichte« entschieden in jedem Einzelfall. Die Folge des »Gesetz zur Verhütung erbkranken Nachwuchses« waren 350 000 bis 400 000 Zwangssterilisationen zwischen 1934 und 1945. Ohne gesetzliche Grundlage wurde die Euthanasie in der NS-Diktatur umgesetzt. Hierzu zählen fünf Euthanasieprogramme.[67] Im Rahmen der »Kindereuthanasie« wurden Kinder bis 16 Jahre mit körperlichen oder geistigen Behinderungen ermordet. Zudem wurden in Preußen sowie in den ab 1939 besetzten Gebieten Psychiatriepatienten systematisch von der SS umgebracht. Die »Aktion T4« steht für die dezentralisierte Massentötung von Psychiatriepatienten in Tötungsanstalten zwischen 1939 und 1941. Zwischen 1940 und 1941 wurden unter der Bezeichnung »Aktion 14f13« arbeitsunfähige KZ-Häftlinge durch die Schutzstaffel (SS) und Protagonisten der »Aktion T4« vergast. Von 1942 bis zum Ende des Krieges kam es zu den sogenannten »Hungermorden« im Zuge der »Aktion Brandt«, bei denen Patienten in Heil- und Pflegeanstalten in den besetzten Gebieten durch Verhungernlassen und tödliche Injektionen ermordet wurden. Wichtig ist hierbei die Rolle der Medizin, die der von Schallmayer und Ploetz vorgegebenen Entwicklungslinie folgte. Das Resultat war eine Medizin ohne Menschlichkeit, die sich nicht mehr dem Wohl des individuellen Patienten, sondern allein dem »Volkskörper«, also dem Wohl der Rasse verpflichtet fühlte. Somit ist eine entindividualisierte, politisierte Medizin[68] ein wesentliches Kennzeichen eugenischer Praktiken.

---

[67] Florian Steger: Günzburg State Hospital and the »Aktion T4« – a systematic review. In: Neurology, Psychiatry and Brain Research 22 (2016), S. 40–44.

[68] Giovanni Rubeis: Koncepcja medycyny upolitycznionej. Podstawy teoretyczne [Das Konzept der politisierten Medizin. Eine theoretische Grundlegung]. In: Etyka 53 (2017) [angenommen]; Florian Steger, Maximilian Schochow: Traumatisierung durch politisierte Medizin. Geschlossene Venerologische Stationen in der DDR. Berlin 2016.

Die praktische Umsetzung der Eugenik war kein Alleinstellungsmerkmal der NS-Diktatur. Eugenische Praktiken wurden in der ersten Hälfte des 20. Jahrhunderts, teilweise noch darüber hinaus, in vielen Ländern weltweit umgesetzt, unabhängig von der jeweiligen Regierungsform. Zu nennen sind hier etwa staatliche sanktionierte Zwangssterilisation in Schweden[69] oder den USA. Die Strukturmerkmale der entsprechenden Praktiken sind dabei stets dieselben, weshalb man auch in den unterschiedlichen Kontexten von Eugenik sprechen kann.

5. Strukturmerkmale der Eugenik

Aus der ideengeschichtlichen Analyse der Eugenik sowie der Betrachtung ihrer praktischen Umsetzung lassen sich folgende Strukturmerkmale herausarbeiten.

5.1 Theoretisches Fundament

Eugenik basiert auf einem theoretischen Fundament, das aus der systematischen Verknüpfung verschiedener Elemente besteht. Grundlegend impliziert Eugenik eine Biologisierung sozialer Fragen, indem diese populationsbiologisch gedeutet werden und eine Medikalisierung der Politik, indem medizinische Lösungen für gesellschaftspolitische Probleme vorgeschlagen werden. Ein weiteres theoretisches Element stellt die Vorstellung von einem biologistisch determinierten Kollektiv dar. Dabei handelt es sich um eine Population, die durch gemeinsame erbliche Merkmale der Einzelindividuen konstituiert wird (Rasse, Volk, Kulturmenschheit et cetera). Sowohl diesen biologistischen Konstrukten als auch den Subgruppierungen und Einzelindividuen werden normative Eigenschaften aufgrund biologischer Merkmale zugeschreiben. Die Kriterien hierfür entstammen einer Anwendung der darwinistischen Selektionstheorie auf menschliche Gesellschaften. Zentral ist hierbei der Gedanke der Selektion. Daraus ergibt sich eine Unterscheidung von Starken-Schwachen, Hochwerti-

---

[69] Gunnar Broberg, Nils Roll-Hansen (Hg.): Eugenics and the Welfare State: Sterilization Policy in Norway, Sweden, Denmark, and Finland. 2. Aufl. East Lansing 2005.

gen-Minderwertigen, Erfolgreichen-Erfolglosen (im »Kampf ums Dasein«), Angepassten-Unangepassten und schließlich lebenswertem-lebensunwertem Leben.

5.2 Ziel

Eugenik hat einen Doppelcharakter als wissenschaftliche Forschungsrichtung und ideologische Strömung mit gesellschaftspolitischer Ausrichtung. Beide Komponenten sind untrennbar miteinander verknüpft. Eugenische Wissensgenerierung folgt keinem reinen Erkenntnisinteresse, sondern einer gesellschaftspolitischen Zielrichtung. Eugenik zielt daher auf die Veränderung gesellschaftlicher Verhältnisse durch politische Maßnahmen und juristische Schritte. Ausgangspunkt ist die Deutung bestimmter gesellschaftlicher Prozesse im Anschluss an die industrielle Revolution als Dekadenzphänomene. Der angebliche Niedergang einer Nation, Rasse oder der menschlichen Spezies schlechthin wird auf biologische Faktoren zurückgeführt. Der Hauptgrund der »Entartung« wird in der überproportionalen Fortpflanzung minderwertiger Individuen verortet. Angestrebt wird eine »Aufartung«, das heißt eine Bekämpfung des gesellschaftlichen Niedergangs durch Förderung der Fortpflanzung höherwertiger und Hemmung der Fortpflanzung minderwertiger Individuen. Damit soll das Kollektiv verbessert, sollen dessen Anlagen optimal verwirklicht werden.

5.3 Adressat

Eugenische Maßnahmen zielen auf den Erhalt oder die Optimierung des Volkskörpers beziehungsweise der Rasse. Das Wohl des Individuums ist dem Kollektivwohl untergeordnet. Das Individuum ist nicht der Adressat, sondern das Objekt eugenischer Maßnahmen. Adressat sind biologistisch determinierte Konstrukte wie Rasse, Volk, Kulturmenschheit et cetera.

5.4 Akteur

Eugenik wird als Forschungsrichtung von einer politisierten Wissenschaft,[70] als Praxis von einer politisierten Medizin sowie politischen Institutionen betrieben. Die Akteure der Eugenik handeln auf Grundlage der eugenischen Ideologie nach den entsprechenden gesellschaftspolitischen Zielvorgaben.

5.5 Operationalisierung

Zur Operationalisierung bedarf die Eugenik der Schaffung rechtlicher Rahmenbedingungen sowie der Implementierung politischer Maßnahmen. Zentral ist hierbei die Ausübung von Zwang von Seiten staatlicher Behörden oder anderer öffentlicher Einrichtungen, die rechtlich sanktioniert ist. Ein weiteres Merkmal der Operationalisierung ist die staatlich unterstützte und gelenkte Propagierung eugenischer Ideologie in Form von Informationskampagnen und Beratungsstellen. Hierzu gehört auch die Werbung für freiwillige Maßnahmen, die gezielt sozialen Druck ausübt.

6. Eugenik und NIPT: Vergleichende Analyse

Anhand dieser Strukturmerkmale lässt sich die Frage klären, inwieweit eine Anwendung des Konzepts der Eugenik auf die NIPT-Praxis angemessen ist.

6.1 Theoretisches Fundament

Eine geschlossene Ideologie hinter NIPT, die von wissenschaftlichen oder anderen Akteuren vertreten würde, lässt sich nicht feststellen. Auch gibt es kein biologistisch determiniertes Kollektiv, mit welchen NIPT in Zusammenhang gebracht würden. Weder ist eine Biologisierung sozialer Fragen noch eine Medikalisierung der Politik im Zusammenhang mit NIPT bemerkbar. Sehr wohl ist allerdings ein Konzept von Selektion mit NIPT verknüpft. Das Screeningverfahren wird

[70] Weingart, Kroll, Bayertz: Rasse, Blut und Gene (Anm. 4), S. 20.

explizit zu dem Zweck eingesetzt, numerische Aberrationen und andere Schädigungen von Föten frühzeitig zu erkennen. In vielen Fällen führt das Screening zu einer Selektion von gesunden gegenüber geschädigten Föten. Somit gibt es Anknüpfungspunkte mit dem Selektionsgedanken in der Eugenik, der auf der Unterscheidung von lebenswertem und lebensunwertem Leben basiert. Es ist jedoch festzuhalten, dass die Entscheidung für oder gegen einen Schwangerschaftsabbruch nach Befund nicht durch rechtliche Reglementierungen oder politische Festsetzungen vorgeben ist. Es besteht kein Zwang zum Schwangerschaftsabbruch bei einem bestimmten Befund. Die Entscheidung für oder gegen einen Schwangerschaftsabbruch erfolgt auf der Grundlage aufgeklärter Einwilligung seitens der Schwangeren.

6.2 Ziel

Ziel der NIPT ist der Erkenntnisgewinn hinsichtlich der genetischen Beschaffenheit eines Fötus, insbesondere bezüglich möglicher genetischer Defekte, die sich pathogen auswirken könnten. Es geht dabei um den jeweiligen Einzelfall. Eine gesellschaftspolitische Zielsetzung ist nicht zu erkennen. Hingegen können die Folgen der Anwendung von NIPT den Folgen eugenischer Maßnahmen entsprechen. Wenn in einer Population stetig weniger Kinder mit bestimmten Merkmalen, etwa einer Trisomie 21, geboren werden, kommt das ebenjenem Effekt des »Ausjätens« gleich, wie er in der Eugenik angedacht ist. Hierbei darf jedoch eine explizite Zielsetzung nicht mit einem impliziten Resultat verwechselt werden. Ziel der NIPT ist nicht das »Ausjäten« von Individuen mit bestimmten Merkmalen innerhalb einer Population. Vielmehr zielt NIPT darauf, der Schwangeren Informationen zu vermitteln, die als Entscheidungsgrundlagen für oder gegen einen Schwangerschaftsabbruch dienen können. Es handelt sich hierbei um eine Entscheidung durch ein Individuum in einem konkreten Einzelfall. Mit ihrer Entscheidung etwa gegen ein Kind mit Trisomie 21 verfolgt die Schwangere nicht das Ziel, das Volk oder die Rasse »rein« zu halten. Ihre Entscheidung richtet sich nicht gegen geborene Menschen mit Down-Syndrom. Sie entscheidet sich für oder gegen ein Leben mit einem Kind mit dieser Behinderung. Für diese Entscheidung kann es verschiedene Gründe, etwa psychosoziale oder ökonomische, geben. Letztlich ist es aber eine individuelle Entscheidung, die sich auf eine individuelle Lebenssituation richtet und nicht auf ein gesellschaftspolitisches Ziel. Somit ist die Vorstellung einer individualisierten Eugenik ein Widerspruch in sich.

6.3 *Adressat*

Adressat der NIPT ist die individuelle Schwangere, die etwas über den potentiellen Gesundheitszustand des Fötus erfahren möchte. Die individualistische Ausrichtung der NIPT steht somit der kollektivistischen Ausrichtung der Eugenik entgegen, die sich am Wohl des Volkskörpers, der Rasse et cetera orientiert.

6.4 *Operationalisierung*

NIPT ist ein fakultatives Screeningverfahren und eine individuelle Gesundheitsleistung. Von einem planmäßigen, systematischen oder in irgendeiner Hinsicht gesteuerten Einsatz kann also keine Rede sein. Weder gibt es staatlich unterstützte Maßnahmen zur Propagierung der freiwilligen Anwendung des Verfahren zur Verhinderung von lebensunwertem Leben, noch wird staatlich oder rechtlich sanktionierter Zwang zur Anwendung ausgeübt. Dass allein durch das Vorhandensein und Angebot von NIPT sozialer Druck auf die Schwangeren ausgeübt wird, ist denkbar. Diese Form des sozialen Drucks ist jedoch spezifisch und nicht bloß graduell von staatlich gefördertem Druck oder gar staatlich und rechtlich sanktioniertem Zwang zu unterscheiden.

Als Ergebnis der gegenüberstellenden Analyse lässt sich festhalten, dass Eugenik und NIPT lediglich den Aspekt der Selektion teilen. Ansonsten gibt es keine weitere Übereinstimmung hinsichtlich der zentralen Strukturmerkmale. Hinsichtlich des Aspekts der Selektion als einzigem Berührungspunkt zwischen Eugenik und NIPT ist eine weitere Differenzierung geboten. Die eugenische Selektionspraxis basiert, wie gesehen, wesentlich auf der Unterscheidung zwischen lebenswertem und lebensunwertem Leben. Welches Leben als lebenswert angesehen wird, ist eine politische Festlegung. Dabei stützen sich politische Akteure einerseits auf wissenschaftliche, d. h. biomedizinische Erkenntnisse aus der Eugenik als theoretischer Disziplin, andererseits auf das vermeintliche Gemeinwohl. Die Verhinderung der

Existenz von Individuen mit bestimmten Merkmalen, zum Teil auch die Förderung anderer Individuen wird als Interesse der Gemeinschaft aufgefasst. Sie geschieht im Namen und zum Wohl der Gemeinschaft. Die Abgrenzung zwischen lebenswertem und lebensunwertem Leben setzt eine politisch beziehungsweise rechtlich sanktionierte Normierung voraus. Es gibt demnach ein Konzept des normalen Lebens als soziales Konstrukt. In der NIPT-Praxis ist die Selektion ebenfalls ein zentrales Merkmal, setzt aber nicht unbedingt die Unterscheidung lebenswert-lebensunwert voraus. Vielmehr basiert die Entscheidung über eine Fortsetzung oder einen Abbruch der Schwangerschaft nach positivem Befund auf der Unterscheidung zwischen für die Schwangere wünschenswertem und nicht-wünschenswertem Leben. Der Unterschied zum Selektions-Konzept der Eugenik besteht in der Bewertungsperspektive. In der Eugenik gilt zum Beispiel ein Leben mit Down-Syndrom als intrinsisch unwert. Entscheidet sich eine Schwangere nach positivem Befund für Trisomie 21 für einen Abbruch, steht dahinter nicht notwendig ein solches Konzept des intrinsischen Unwerts. Vielmehr sieht es die Schwangere aus verschiedenen extrinsischen Gründen als nicht wünschenswert an, ein Kind mit Down-Syndrom großzuziehen. Ein Grund könnte etwa in der verstärkten Aufmerksamkeit und eventuell intensiven medizinischen Versorgung liegen, die ein Kind mit Trisomie benötigt und die als Belastung wahrgenommen werden. Ein weiterer Grund könnte sein, dass ein Leben mit einem Kind mit Down-Syndrom als Verminderung der eigenen Lebensqualität wahrgenommen wird. Schließlich können auch die mangelnde gesellschaftliche Akzeptanz und Förderung von Menschen mit Behinderung in einer Gesellschaft ein Grund sein. Das bedeutet, dass die selbstbestimmte Entscheidung der Schwangeren eine individuelle Perspektive widerspiegelt und durch verschiedene Gründe motiviert sein kann, ohne ein Leben mit Behinderung als solches notwendig als lebensunwert zu interpretieren. Insofern bezieht sich die vorgenommene Selektion nicht auf Menschen mit Behinderung als Gruppe, sondern auf ein Individuum, dessen Existenz aus der Perspektive der Schwangeren als nicht wünschenswert wahrgenommen wird. Daher lässt sich auch für den Aspekt der Selektion feststellen, dass hier nicht nur ein gradueller, sondern ein spezifischer Unterschied zwischen Eugenik und NIPT-Praxis besteht. Somit ist die Anwendung des Eugenik-Konzepts auf die NIPT-Praxis insgesamt ein Kategorienfehler.

7. Conclusio

Aus der vorangegangen Analyse lässt sich schlussfolgern, dass die Anwendung des Eugenik-Konzepts auf NIPT nicht zulässig ist. Man kann vier zentrale Gründe hierfür anführen. NIPT als eine Form der Eugenik zu bezeichnen, ist erstens inhaltlich falsch, da das Verfahren keines der zentralen Strukturmerkmale der Eugenik aufweist. Einzige Ausnahme ist der Aspekt der Selektion, der sich jedoch in beiden Kontexten qualitativ unterschiedlich gestaltet. Zweitens verfälscht der Gebrauch des Konzepts der Eugenik als Deutungsmuster von NIPT historische Fakten, die mit der Eugenik verbunden sind. Staatliche Zwangsmaßnahmen, die zu Massenmorden und unermesslichem Leid bei hunderttausenden Opfern geführt haben, werden durch den falschen Gebrauch des Eugenik-Konzepts relativiert. Drittens bedeutet der Eugenik-Vorwurf eine Diskriminierung der Frauen, die NIPT in Anspruch nehmen. Diese Frauen werden aufgrund ihrer selbstbestimmten Entscheidung über ihre Lebenssituation in die Nähe von Menschenrechtsverletzungen und Verbrechen gegen die Menschlichkeit gerückt. Viertens verschleiert der Eugenik-Vorwurf die eigentliche ethische Fragestellung, die der Anwendung von NIPT zugrunde liegt. Diese Fragestellung bezieht sich auf den Aspekt der Selektion als solchem. Konkret geht es um die Frage, ob es gerechtfertigt ist, einen Fötus zu vernichten, weil er bestimmte Merkmale aufweist. Damit sind der moralische Status des Fötus und das Ausmaß reproduktiver Autonomie angesprochen. Diese Debatte ist komplex und zudem emotional hochaufgeladen. Persönliche Wert- sowie Glaubensüberzeugungen spielen eine wichtige Rolle. Der Eugenik-Vorwurf trägt nichts zur Klärung dieser Debatte bei. Vielmehr kann er als Mittel eingesetzt werden, um die individuelle Entscheidung in einem klar begrenzten Handlungsspielraum als politischen Akt mit Auswirkungen auf die gesamte Gesellschaft erscheinen zu lassen. Dabei ist zu beachten, dass diese Entscheidung nicht in einem normativen Vakuum getroffen wird. Die konkrete klinische Entscheidungssituation ist eingebettet in einen spezifischen gesellschaftlichen Kontext, der von Wertvorstellungen geprägt ist. Dass die Schwangere ein Leben mit einem Kind mit Behinderung als unerträgliche Belastung oder Minderung der Lebensqualität ansieht, ist bis zu einem gewissen Grad Folge gesellschaftlicher Deutungsmuster von Behinderung und den damit verknüpften Wertvorstellungen. Hier ließe sich aus ethischer Sicht ansetzen. So ist etwa zu fragen, wie negativ konnotierte Deutungsmuster von Behinderung zustande kommen und wie man diesen entgegenwirken kann. Eine Möglichkeit liegt in der Analyse der pränatalmedizinischen Aufklärungspraxis. Hier wäre zu fragen, welches Deutungsmuster von Behinderung in der Aufklärungspraxis prävalent ist. Findet neben einer eingehenden Aufklärung über das Screening, dessen Leistungsvermögen, Grenzen und Risiken, auch eine ausgewogene, non-direktive Aufklärung über ein Leben mit einem Kind mit Behinderung statt? Wie sollte eine solche Aufklärung aussehen? Wie könnten Health Professionals mit Menschen mit Behinderung kooperieren, um eine ausgewogene Aufklärungspraxis zu entwickeln? Anstelle eines – letztlich konstruierten – Eugenik-Vorwurfs sollten diese substantiellen Fragen in den Blick genommen werden.

Der Verzicht auf den Eugenik-Vorwurf würde zu einer Versachlichung der ethischen Debatte um NIPT beitragen. Der Fokus sollte auf der zentralen ethischen Fragestellung liegen, ob es vertretbar ist, Föten aufgrund bestimmter Merkmale zu selektieren. Es geht also im Kern um Ausmaß und Grenzen der reproduktiven Autonomie. Das Konzept der Eugenik ist in diesem Zusammenhang nicht nur irreführend und deplatziert, sondern auch obsolet.

II. Juristische Aspekte

Josef Franz Lindner

Fortpflanzungsmedizin aus juristischer Sicht

Abstract:
The article addresses reproductive medicine from a legal point of view. First, the necessity of a legal perspective with the ethical and fundamental rights relevance of reproductive medicine will be explained. Subsequently, the prevailing legal situation and especially its underlying problems will be illustrated using the example of »negative strategies« of the legislator, which necessitate new regulation. Accordingly, suggestions, how modern reproductive medicine can be more consistently codified and with more proximity to the subject matter, will be offered. The focal point of the codification must always be the fundamental right of reproductive self-determination that grants all individuals the extensive right to determine for themselves whether and what reproductive medical options they want to use. The relevance of this fundamental right as a basis for the legislative readjustment of reproductive medicine will be accentuated.

1. Einleitung

»Kein Kind von einem Toten« – so lautete eine Überschrift in der Süddeutschen Zeitung vom 23. Februar 2017.[1] Was war geschehen? Das Oberlandesgericht München hatte entschieden, dass eine Frau nach dem Tod ihres Mannes keinen Anspruch auf eine künstliche Befruchtung mit dem eingefrorenen Sperma ihres verstorbenen Mannes hat. Eine solche post-mortem-Befruchtung ist zwar medizinisch möglich, nach dem deutschen Embryonenschutzgesetz indes verboten und sogar unter Strafe gestellt[2] – anders als in anderen Ländern, etwa in

---

[1] O.A.: Kein Kind von einem Toten. In: Süddeutsche Zeitung (27.2.2017). http://www.sueddeutsche.de/panorama/prozess-kein-kind-fuer-einen-toten-1.3391113?reduced=true (abgerufen am 8.1.2018).

[2] Gesetz zum Schutz von Embryonen (Embryonenschutzgesetz – ESchG) vom 13.12.1990. In: Bundesgesetzblatt. Teil I, S. 2746, §4, Absatz 1, Nummer 3.

Israel. Das Oberlandesgericht München hatte zwar verfassungsrechtliche Bedenken gegen das Verbot der post-mortem-Befruchtung, die Frage aber gleichwohl nicht dem Bundesverfassungsgericht zur Entscheidung vorgelegt. Die Sache wird daher wohl zunächst vor dem Bundesgerichtshof weiter behandelt. Der Fall wirft ein bezeichnendes Schlaglicht auf das deutsche Fortpflanzungsmedizinrecht, das in weiten Teilen von Verboten und Repression gekennzeichnet ist. Dies soll im Rahmen dieses Beitrages etwas näher darlegt werden.

Dabei wird in vier Schritten vorgegangen: Das Thema »Fortpflanzungsmedizin aus juristischer Sicht« wirft zunächst die Frage auf, warum es überhaupt einer *juristischen* Perspektive auf die Fortpflanzungsmedizin bedarf (Kapitel 2). In einem zweiten Schritt soll die Fortpflanzungsmedizin aus der Sicht der deutschen Rechtsordnung beleuchtet werden. Dabei stehen kritische Bemerkungen im Vordergrund (Kapitel 3). Ein dritter Teil des Beitrages will das Desiderat nach einem modernen Fortpflanzungsmedizinrecht aufgreifen (Kapitel 4). Dreh- und Angelpunkt eines modernen Fortpflanzungsmedizinrechts ist das Recht jedes Menschen auf reproduktive Selbstbestimmung. Dieses Grundrecht und dessen Konsequenzen für die Konzeption eines Fortpflanzungsmedizinrechts sollen im vierten Teil des Beitrags näher erläutert werden (Kapitel 5).

2. Warum Fortpflanzungsmedizin aus juristischer Perspektive?

Die Frage, warum es überhaupt einer juristischen Sicht auf die Fortpflanzungsmedizin bedarf, ist nicht ganz leicht zu beantworten. Andere Bereiche der Medizin, etwa die Innere Medizin, die Chirurgie, die Onkologie, erfahren üblicherweise keiner spezifischen juristischen Betrachtung, die über das allgemeine Medizinrecht hinausgeht. Warum also für die Fortpflanzungsmedizin ein Fortpflanzungsmedizinrecht?

Könnte man nicht sagen, dass die Fortpflanzungsmedizin wie die anderen Bereiche der Medizin auch mit den allgemeinen juristischen Regeln des »informed consent«,[3] also Aufklärung, Einwilligung und selbstbestimmter Entscheidung auskommen könnte? Ist in einer mo-

[3] Bürgerliches Gesetzbuch (BGB) vom 2.1.2002. In: Bundesgesetzblatt. Teil I, S. 42, 2909, §§630d, e.

dernen, pluralistischen Gesellschaft, in denen die Anschauungen über Handlungsmaßstäbe und ethische Maximen weit auseinandergehen, für ein Fortpflanzungsmedizinrecht überhaupt Raum? Sperrt sich der pluralistische Individualismus nicht gerade in einem so sensiblen Bereich wie der Fortpflanzungsmedizin gegen juristische Regulierung? Und ist schließlich die rechtliche Normierung der Fortpflanzungsmedizin nichts anderes als eine Normierung des Biologischen, Biopolitik, biopolitischer Paternalismus?

Solche Fragen machen deutlich, dass es eine spezifisch juristische Sicht auf die Fortpflanzungsmedizin nicht leicht hat. Gleichwohl lassen sich die normativen Probleme und Interessenkonflikte der Fortpflanzungsmedizin nicht einfach mit Verweis auf einen bioethischen Pluralismus oder Individualismus vom Tisch wischen. Das Spezifische der Fortpflanzungsmedizin besteht ja gerade darin, dass sie – anders und stärker als andere Bereiche der Medizin – von ethischen Konflikten begleitet ist. Um nur einige Beispiele herauszugreifen:

- Die Präimplantationsdiagnostik,[4] also die genetische Untersuchung des in-vitro erzeugten Embryos vor seinem Transfer auf die Mutter war und ist hoch umstritten, da Embryonen mit einem genetischen Defekt eben regelmäßig nicht übertragen, sondern verworfen werden.
- Ähnliches gilt für die Pränataldiagnostik.[5] An diese schließen sich bei problematischem Befund häufig Schwangerschaftsabbrüche an.
- Die eingangs angesprochene post-mortem-Befruchtung wird als Beeinträchtigung des Kindeswohls verstanden, dürfe doch ein Kind wohl kaum von einem Toten abstammen. Ähnliche Erwägungen gelten für das Verbot der Leihmutterschaft und der Eizellspende. Hier kommen zusätzlich Erwägungen des Schutzes der betroffenen Frauen vor Ausbeutung und Instrumentalisierung zum Tragen.
- Und schließlich: Was soll mit Embryonen geschehen, die bei der in-vitro Fertilisation »übrig« bleiben, die also aus welchen Gründen auch immer nicht auf die Mutter übertragen werden oder werden können. Sind sie einzufrieren, darf mit ihnen geforscht werden oder lässt man sie einfach absterben?

---

[4] Nunmehr geregelt in Embryonenschutzgesetz (Anm. 2), § 3a.

[5] Gesetz über genetische Untersuchungen bei Menschen (Gendiagnostikgesetz – GenDG) vom 31.7.2009. In: Bundesgesetzblatt. Teil I, S. 2529, 3672, § 15.

Das Gemeinsame dieser Beispiele lautet: Die Fortpflanzungsmedizin hat es mit Fragen zu tun, die die ethischen Grundüberzeugungen der Menschen adressieren, die die moralische DNA der Menschheit betreffen. Dementsprechend sind diese Fragen auch hoch umstritten und Gegenstand intensiver ethischer, moralphilosophischer und theologischer Diskussionen.[6] Man denke nur an die mit großer Vehemenz geführte Frage nach dem rechtlichen und moralischen Status des Embryos in-vitro. Hat er Lebensrecht, hat er Menschenwürde, wie ist diese gegebenenfalls zu schützen? Diese hoch umstrittenen Fragen kann die Rechtsordnung nicht einfach ignorieren oder dem freien Spiel der Kräfte überlassen. Fundamentale ethische Konflikte haben in einem demokratischen Rechtsstaat daher immer auch eine juristische Dimension.

Hinzu kommt, dass hinter den ethischen Konflikten auch Rechtsgüterkonflikte stehen, insbesondere Grundrechtskonflikte.

- Greift man das Beispiel der Präimplantationsdiagnostik auf, so stehen hier das Selbstbestimmungsrecht der Eltern, ihr Interesse an einem gesunden Kind auf der einen Seite und die Gefahren der Selektion und der Tötung von Embryonen mit einem Gendefekt auf der anderen Seite in einem Spannungsverhältnis zueinander. Selbstbestimmung versus Lebensrecht könnte man zugespitzt formulieren.
- Betrachtet man die Frage, ob und inwieweit Embryonen für Forschungszwecke herangezogen werden können, so zeigt sich sehr schnell, dass hier Rechtsgüter inmitten sind, die in einem erheblichen Spannungsverhältnis zueinanderstehen: die Forschungsfreiheit der medizinischen Forscher[7] und die Versprechungen einer Ethik des Heilens auf der einen Seite, die Tötung der Embryonen etwa zur Gewinnung von Stammzellen auf der anderen Seite.
- Blickt man auf die Leihmutterschaft[8] oder das Verbot der Eizellspende[9], erkennt man erneut einen Rechtsgüterkonflikt: auf der

[6] Vgl. dazu nur die einschlägigen Beiträge in: Jan C. Joerden, Eric Hilgendorf, Felix Thiele (Hg.): Menschenwürde und Medizin. Berlin 2013.

[7] Verfassungsrechtlich geschützt durch das Grundgesetz für die Bundesrepublik Deutschland vom 23.5.1949. In: Bundesgesetzblatt. Teil III, Gliederungsnummer 100–101, Artikel 5, Absatz 3.

[8] In Deutschland verboten und unter Strafe gestellt durch das Embryonenschutzgesetz (Anm. 2), §1, Absatz 1, Nummer 7.

[9] Embryonenschutzgesetz. (Anm. 2), §1, Absatz 1, Nummer 2.

einen Seite das Interesse an reproduktiver Selbstbestimmung der Eltern, die auf natürliche Weise kein Kind bekommen können und auf eine fremde Eizelle oder eine Leihmutter angewiesen sind, auf der anderen Seite das möglicherweise beeinträchtigte Kindeswohl oder die Gefahren einer Ausbeutung von Frauen, die als Leih- oder Mietmütter verzweckt und instrumentalisiert werden. Und blickt man – um ein ganz aktuelles Beispiel heranzuziehen – auf die Möglichkeiten, die die sogenannte Genschere, also das Genomediting – CRISPR/Cas9 – bietet, so stehen erneut fundamentale Rechtsgüter im Spannungsverhältnis zueinander[10]: auf der einen Seite die Verhinderung schwerer Erberkrankungen durch die Möglichkeit einer Korrektur von Gendefekten, auf der anderen Seite die Gefahr der Manipulierbarkeit künftiger Menschen durch gezielte Keimbahnintervention, nicht nur zur Verhinderung von Leiden, sondern etwa auch zur Optimierung des Menschen in anderer Hinsicht.

Die genannten Beispiele und die jeweils dahinterstehenden Rechtsgüterkonflikte zeigen, dass Fortpflanzungsmedizin eine ganz erhebliche juristische Dimension hat. In einem grundrechtlich geprägten, von Menschenrechten konstituierten Rechtsstaat kann die Rechtsordnung Rechtsgüterkonflikte nicht einfach auf sich beruhen lassen oder dem freien Spiel der Kräfte überantworten, oder gar – wie vielleicht ein Liberaler sagen würde – zu postulieren, diese Probleme regele schon der Markt. In einem demokratischen Rechtsstaat werden grundlegende ethische Streitfragen durch das demokratisch legitimierte Parlament entschieden, also regelmäßig rechtsförmlich.

3. Die Fortpflanzungsmedizin im deutschen Recht

Blicken wir nun in einem zweiten Schritt darauf, welche Regelungen die Fortpflanzungsmedizin im deutschen Recht erfahren hat. Das Fortpflanzungsmedizinrecht in Deutschland ist durch eine Reihe von Besonderheiten geprägt, die man auch als Negativstrategien des Ge-

---

[10] Giovanni Rubeis, Florian Steger: Genome Editing in der Pränatalmedizin. Eine medizinische Analyse. In: B. Sharon Byrd, Joachim Hruschka, Jan C. Joerden (Hg.): Jahrbuch für Recht und Ethik – Annual Review of Law and Ethics. Bd. 24. Berlin 2016, S. 143–159.

setzgebers bezeichnen könnte. Das Fortpflanzungsmedizinrecht in Deutschland ist gekennzeichnet 3.1. von einer Strategie des veralteten Rechts, 3.2. einer Strategie des repressiven Rechts, 3.3. einer Strategie widersprüchlichen Rechts und schließlich 3.4. der Strategie des »foreign shopping«.[11]

3.1. Strategie veralteten Rechts

Zunächst zur Strategie des Gesetzgebers, das Recht veralten zu lassen. In rein formeller Hinsicht ist bereits auffällig, dass das deutsche Fortpflanzungsmedizinrecht maßgeblich im Embryonenschutzgesetz geregelt ist, das aus dem Jahr 1990 stammt, also mittlerweile 27 Jahre alt ist. Dass ein 27 Jahre altes Gesetz den Entwicklungen und Möglichkeiten der modernen Fortpflanzungsmedizin nicht vollumfänglich gerecht werden kann, dürfte auf der Hand liegen. Man fragt sich unwillkürlich, warum das so ist. Eine eher vordergründige Erklärung bietet ein Blick auf die Gesetzgebungskompetenzen. Im Jahre 1990 gab es im deutschen Grundgesetz keinen Kompetenztitel für den Bund, ein Fortpflanzungsmedizingesetz zu erlassen. Als Ausweg stützte der Bund das Embryonenschutzgesetz auf den Kompetenztitel für das Strafrecht, Artikel 74, Absatz 1, Nummer 1 Grundgesetz. Von daher erklärt es sich, dass die Vorschriften des Embryonenschutzgesetzes überwiegend Strafvorschriften sind. Hinter der Kompetenzfrage kann sich der Bundesgesetzgeber freilich heute nicht mehr verstecken. Denn bereits im Jahr 1994 wurde durch eine Änderung des Grundgesetzes ein ausdrücklicher Kompetenztitel für die Fortpflanzungsmedizin in Artikel 74, Absatz 1, Nummer 26 des Grundgesetzes geschaffen. Seit über 20 Jahren hat der Bund nun also die Kompetenz, ein modernes Fortpflanzungsmedizingesetz zu konzipieren. Gleichwohl hat sich diesbezüglich bislang wenig getan. Trotz umfassender Gesetzgebungskompetenz und wissenschaftlichen Vorarbeiten ist bislang kein gesetzgeberischer Versuch einer Konzipierung eines Fortpflanzungsmedizingesetzes, das modernen Ansprüchen ge-

[11] Ulrich M. Gassner, Jens Kersten, Matthias Krüger, Josef Franz Lindner, Henning Rosenau, Ulrich Schroth: Fortpflanzungsmedizingesetz. Augsburg-Münchner-Entwurf. Tübingen 2013; Henning Rosenau (Hg.): Ein zeitgemäßes Fortpflanzungsmedizingesetz für Deutschland. Baden-Baden 2013; Hans-Ludwig Günther, Jochen Taupitz, Peter Kaiser: Embryonenschutzgesetz. 2. Aufl. Stuttgart 2014 – mit umfassenden Nachweisen zur fortpflanzungsmedizinrechtlichen Literatur.

nügt, unternommen worden. Stattdessen hat man sich mit punktuellen Änderungen begnügt.

Eine dieser Änderungen war die partielle Zulassung der Präimplantationsdiagnostik in §3a des Embryonenschutzgesetzes,[12] eine andere war der Erlass eines Stammzellgesetzes, das den Import von embryonalen Stammzellen aus dem Ausland und die Forschung daran zulässt. Und schließlich wurde die Pränataldiagnostik in §15 Gendiagnostikgesetz normiert. Abgesehen von diesen Änderungen, die ihrerseits von gewissen Widersprüchlichkeiten geprägt sind, ist das deutsche Fortpflanzungsmedizinrecht nach wie vor auf dem Stand des Jahres 1990. Es ist veraltetes Recht. Der Gesetzgeber versucht also, um den entsprechenden bioethischen und biopolitischen Grundsatzdebatten möglichst aus dem Weg zu gehen, diese Fragen »auszusitzen«, und mutet der Fortpflanzungsmedizin es damit zu, mit den alten Vorschriften schon irgendwie zurechtzukommen. Einige Beispiele:

- Das Embryonenschutzgesetz enthält keine Regelungen zum Embryonentransfer, also zu der Frage, ob und inwieweit überzählige Embryonen auf andere Frauen übertragen werden können als die, von denen die Eizelle stammt.
- Das Embryonenschutzgesetz enthält keine Regelung, was überhaupt mit überzähligen Embryonen im Rahmen der in-vitro Fertilisation zu geschehen hat. Werden sie eingefroren oder können sie einfach weggeworfen werden? In der Praxis dürfte hier eine erhebliche Grauzone bestehen.
- Das Embryonenschutzgesetz erfasst auch nicht neuere Möglichkeiten, die mit den Begriffen des single embryo oder double embryo transfer verbunden sind. Gemeint ist die Möglichkeit, nur die besonders entwicklungsfähigen Embryonen, einen oder zwei davon, auf die Frau zu übertragen, so dass eine gute Chance auf die Entwicklung einer Schwangerschaft besteht. Stattdessen nimmt man Fehlschläge und Mehrlingsschwangerschaften in Kauf.
- Die Regelung zur Pränataldiagnostik in §15 Gendiagnostikgesetz gibt auf die neuen nichtinvasiven Diagnostikoptionen, Stichwort: Praenatest®, keine Antwort.[13]

---

[12] Gesetz zur Regelung der Präimplantationsdiagnostik (Präimplantationsdiagnostikgesetz – PräimpG) vom 21.11.2011. In: Bundesgesetzblatt. Teil I, S. 2228.

[13] Josef Franz Lindner: Fällt der PraenaTest® in den Anwendungsbereich des §15 Gendiagnostikgesetz? In: Medizinrecht 31 (2013), S. 288–291.

3.2. Strategie repressiven Rechts

Mit der Strategie veralteten Rechts eng verbunden ist die Strategie des repressiven Rechts. Die Fortpflanzungsmedizin ist von ihrer Idee und Zielsetzung her Ermöglichungsmedizin in doppelter Hinsicht: erstens, weil sie die Entstehung von Leben ermöglicht, das es ansonsten nicht gäbe, zweitens, weil es Menschen die Elternschaft ermöglicht, denen diese ansonsten versperrt wäre. Obwohl die Fortpflanzungsmedizin also der Realisierung von Chancen dient, ist das Fortpflanzungsmedizinrecht repressives Recht, nämlich ganz überwiegend Strafrecht. Das Embryonenschutzgesetz wird dominiert von Verbots- und Strafvorschriften. So ist nach geltendem Recht die Eizellspende für reproduktive Zwecke verboten und zwar jegliche Form der Eizellspende.[14] Vergleichbares gilt für die Leihmutterschaft. Auch diese ist nach geltendem Recht verboten und strafbar.[15] Schließlich ist auch die Befruchtung post mortem verboten und strafbar.[16]

3.3. Strategie widersprüchlichen Rechts

Mit seiner Strategie des veralteten und repressiven Rechts nimmt der Gesetzgeber auch Wertungswidersprüche in Kauf. Vielleicht ist es zu hart, von einer Strategie widersprüchlichen Rechts zu sprechen. Der Blick auf die Gesamtheit des Fortpflanzungsmedizinrechts in Deutschland lässt jedoch erhebliche Wertungswidersprüche zu Tage treten. An dieser Stelle müssen einige Sichtworte genügen.

- Einerseits ist die Eizellspende verboten. Die Samenzellspende hingegen ist nicht nur nicht verboten, sondern überhaupt nicht geregelt. Nun lassen sich für die unterschiedliche rechtliche Behandlung von Keimzellspenden sicherlich einige tragfähige Gründe benennen, wie etwa der Schutz der Frauen vor Kommerzialisierung. Jedoch tragen solche Erwägungen kaum die Alles-oder-Nichts-Lösung, die der Gesetzgeber wählt: Die Eizellspende ist kategorisch und unter allen Umständen verboten und strafbar, die Samenzellspende ist dem Gesetzgeber keiner Erwähnung wert.

---

[14] Embryonenschutzgesetz (Anm. 2), § 1, Absatz 1, Nummer 2.
[15] Embryonenschutzgesetz (Anm. 2), § 1, Absatz 1, Nummer 7.
[16] Embryonenschutzgesetz (Anm. 2), § 4, Absatz 1, Nummer 3.

- Ein weiterer Wertungswiderspruch betrifft den Bereich der Forschung mit embryonalen Stammzellen. Auf der einen Seite verbietet es das Embryonenschutzgesetz, Embryonen für Forschungszwecke zu verwenden,[17] also insbesondere Stammzellen aus ihnen zu gewinnen. Auf der anderen Seite lässt der Gesetzgeber den Import von embryonalen Stammzellen aus dem Ausland und die Forschung daran zu.[18] Mit anderen Worten: Ein deutscher Forscher darf aus einem überzähligen Embryo keine Stammzellen gewinnen, er darf jedoch an solchen Stammzellen forschen, die er aus dem Ausland importiert und dort aus überzähligen Embryonen gewonnen wurden.
- Wertungswidersprüche oder vorsichtiger formuliert Inkonsistenzen zeigen sich auch, wenn man auf die Regelungen zur Pränataldiagnostik, zur Präimplantationsdiagnostik sowie zum Schwangerschaftsabbruch blickt. Eine Präimplantationsdiagnostik ist nach dem neuen § 3a des Embryonenschutzgesetzes nur zulässig, wenn das erhebliche Risiko einer schwerwiegenden Erberkrankung besteht und eine Ethikkommission eine zustimmende Bewertung abgibt. Liegen die gesetzlichen Voraussetzungen für die Durchführung einer Präimplantationsdiagnostik nicht vor, hat diese zu unterbleiben. Eine gleichwohl erfolgende Schwangerschaft kann dann aber nach den Regelungen über die Pränataldiagnostik und den Schwangerschaftsabbruch möglicherweise beendet werden. Die Regelungen über die Präimplantationsdiagnostik, die Pränataldiagnostik und den Schwangerschaftsabbruch sind nicht aufeinander abgestimmt.

3.4. Strategie des »foreign shopping«

Der den Bürgerinnen und Bürgern in Deutschland repressiv entgegentretende Fortpflanzungsmedizingesetzgeber nimmt den Betroffenen Möglichkeiten. Er nimmt damit aber zugleich in Kauf und billigt es vielleicht sogar, dass sich die Betroffenen die entsprechenden fortpflanzungsmedizinischen Möglichkeiten im Ausland beschaffen –

---

[17] Embryonenschutzgesetz (Anm. 2), § 2, Absatz 1.

[18] Nach Maßgabe des Gesetzes zur Sicherstellung des Embryonenschutzes im Zusammenhang mit Einfuhr und Verwendung menschlicher embryonaler Stammzellen (Stammzellgesetz – StZG) vom 28. 6. 2002. In: Bundesgesetzblatt. Teil I, S. 2277.

möglicherweise zu horrenden Preisen und unter Inkaufnahme gesundheitlicher Risiken bei niedrigeren medizinischen Standards in anderen Ländern. Man mag vielleicht nicht von einer bewussten Strategie des »foreign shopping« sprechen.[19] Gleichwohl scheint das Ganze System zu haben. Embryonale Stammzellen dürfen in Deutschland nicht hergestellt werden, also beschafft man sie sich im Ausland. Eizellspenden sind in Deutschland nicht zulässig, also nimmt man in Kauf, dass die Betroffenen sich ins Ausland begeben.

4. Ein modernes Fortpflanzungsmedizingesetz als Desiderat

Die soeben in groben Zügen beschriebene Negativbilanz des deutschen Fortpflanzungsmedizinrechts in seiner geltenden Performance ruft nach Reformen. Diskussion, Konzeption und Erlass eines modernen Fortpflanzungsmedizingesetzes in Deutschland können als dringendes rechtspolitisches Desiderat bezeichnet werden. Allerdings ist derzeit kaum damit zu rechnen, dass das diesbezügliche Schweigen des Gesetzgebers ein Ende haben wird. Ein Fortpflanzungsmedizingesetz ist derzeit allenfalls ganz unten auf der rechtspolitischen Tagesordnung zu finden. Der Gesetzgeber traut sich an das Thema schlicht und ergreifend nicht heran. Dies ist durchaus nachvollziehbar, wenn man die schwierige ethische und rechtspolitische Diskussion um die Einführung der Präimplantationsdiagnostik oder auch die Diskussionen um Aspekte der Sterbehilfe wie zuletzt um die Beihilfe zur Selbsttötung betrachtet. Die Angst der Politik vor der fortpflanzungsmedizinrechtlichen Diskussion liegt sicher auch an der ungeklärten Frage nach dem ethischen und rechtlichen Status des Embryos in-vitro. Ist dieser bereits Mensch im Sinne des Grundgesetzes und hat daher Menschenwürde und Lebensrecht? Oder kommt dem Embryo in vitro diese Position noch nicht zu? Die intensive Diskussion im Bereich der Moralphilosophie über diese Fragen, die insbesondere mit den sogenannten SKIP-Argumenten (Spezies-, Kontinuums-, Identitäts- und Potentialitätsargument)[20] geführt wird, zeigt, wie schwierig diese Fragen zu beantworten sind, möglicherweise es sich

[19] Gassner, Kersten, Krüger, Lindner, Rosenau, Schroth: Fortpflanzungsmedizingesetz (Anm. 11).

[20] Gregor Damschen, Dieter Schönecker: Der moralische Status menschlicher Embryonen. Berlin 2002.

sogar um eine Aporie handelt.[21] Gleichwohl darf dies kein Grund dafür sein, dass der Gesetzgeber einen Bogen um ein neues Fortpflanzungsmedizingesetz macht. Denn bei vielen Fragen und Problemen der Fortpflanzungsmedizin kommt es auf die Frage nach dem Status des Embryos überhaupt nicht an. So wären eine Regelung der Samenzellspende, eine Zulassung der Eizellspende oder der post-mortem-Befruchtung oder Regelungen über die Qualitätssicherung und Dokumentationspflichten bei Kinderwunschzentren völlig unabhängig davon konzipierbar, welchen Status der Embryo in vitro nun hat. Denn bei den genannten Maßnahmen geht es ja gerade nicht um eine Gefährdung oder gar Tötung dieser Embryonen, sondern umgekehrt gerade erst um die Möglichkeit ihrer Entstehung. Weite Bereiche des Fortpflanzungsmedizinrechts ließen sich also ohne Klärung der Statusfrage regeln.

5. Das Grundrecht auf reproduktive Selbstbestimmung

Geht man also von der Notwendigkeit und Möglichkeit eines modernen Fortpflanzungsmedizingesetzes aus, stellt sich die Frage nach der konzeptionellen Basis eines solchen Gesetzes.

Dreh- und Angelpunkt der diesbezüglichen biomedizinischen und rechtspolitischen Diskussionen sollte die These sein, dass die reproduktive Selbstbestimmung, also die Entscheidung des einzelnen Menschen, sich fortzupflanzen und dazu auch medizinische Unterstützung in Anspruch zu nehmen, unter Grundrechtsschutz steht.[22] Zwar kennt weder das Grundgesetz noch die europäische Menschenrechtskonvention noch die Grundrechtecharta der Europäischen Union ausdrücklich ein Grundrecht auf reproduktive Selbstbestimmung. Jedoch gehört die Fortpflanzung zum Wesen des Menschen und die diesbezügliche Selbstbestimmung zu seiner Würde. Fortpflanzungswilligen Personen steht das allgemeine Persönlichkeitsrecht zur Seite. Dazu gehört auch das Recht, positiv oder negativ über die eigene Fortpflanzung und dabei sowohl über das »ob« als auch über das

---

[21] Josef Franz Lindner: Das Problem des grundrechtlichen Status des Embryo in vitro – eine Aporie. In: Zeitschrift für Lebensrecht 24 (2015), S. 10–15.

[22] Die nachfolgenden Überlegungen greifen zurück auf Josef Franz Lindner: Verfassungsrechtliche Aspekte eines Fortpflanzungsmedizingesetzes. In: Rosenau (Hg.): Ein zeitgemäßes Fortpflanzungsmedizingesetz (Anm. 11), S. 127–152.

»wie« der Fortpflanzung zu entscheiden. Zwar hat das Bundesverfassungsgericht bislang nicht ausdrücklich ein Grundrecht auf reproduktive Selbstbestimmung anerkannt. Dies liegt jedoch daran, dass das Bundesverfassungsgericht bislang einschlägige Fälle noch nicht zur Entscheidung vorliegen hatte. Es ist allerdings damit zu rechnen, dass in der eingangs erwähnten Problematik der post-mortem-Befruchtung das Bundesverfassungsgericht Gelegenheit erhalten wird, die Frage nach dem grundrechtlichen Status des Fortpflanzungsrechts zu beantworten. Jedenfalls und unabhängig davon sollte rechtspolitisch von einem reproduktiven Selbstbestimmungsrecht ausgegangen werden. Ein solches Grundrecht schützt nicht nur die natürliche Fortpflanzung, sondern auch die medizinisch assistierte Fortpflanzung. Dazu gehört jede nach dem Stand der Wissenschaft mögliche Maßnahme: die artifizielle Insemination, der Gametentransfer, die Eizell- und die Samenzellspende, die In-vitro-Fertilisation und weitere Aspekte mehr. Das Grundrecht auf reproduktive Selbstbestimmung ist entwicklungsoffen. Jede nach dem medizinischen Stand künftig mögliche oder sinnvolle Maßnahme ist zumindest im Ausgangspunkt erst einmal grundrechtsgeschützt und damit zulässig. Dazu würden etwa die morphologische Untersuchung der in-vitro gezeugten Embryonen zur Feststellung ihrer Entwicklungsfähigkeit ebenso gehören wie die Übertragung nur derjenigen Embryonen, die entwicklungsfähig sind. Grundrechtlich geschützt wäre also auch der sogenannte single oder double Embryotransfer, also die Übertragung nur des Embryos, der die beste Entwicklungschance hat. Auch die Inanspruchnahme von Samenzellspende oder Eizellspende wäre vom Grundrecht auf reproduktive Selbstbestimmung erfasst, ebenso die post-mortem-Befruchtung wie im eingangs geschilderten Fall des Oberlandesgerichts München. Zwar hat der Fortpflanzungswillige keinen Anspruch gegen einen Dritten auf entsprechende Keimzellspenden, er hat auch keinen Anspruch darauf, dass ein bestimmter Arzt seiner Wahl bestimmte fortpflanzungsmedizinische Techniken anwendet, er hat auch keinen – jedenfalls keinen unbegrenzten – finanziellen Anspruch auf Unterstützung der Inanspruchnahme von Maßnahmen der künstlichen Fortpflanzung. Sehr wohl gewährleistet das Grundrecht auf reproduktive Selbstbestimmung als Abwehrrecht gegen den Staat aber das Recht, entsprechende medizinische Assistenz und Hilfen, wenn sie angeboten werden, in Anspruch zu nehmen.

Allerdings ist der umfassende persönliche und sachliche Schutzbereich des Grundrechts auf reproduktive Selbstbestimmung nur die eine Seite der Medaille. Wie jedes Grundrecht ist auch das Grundrecht der reproduktiven Selbstbestimmung kein schrankenloses, kein unbeschränktes, kein unbeschränkbares Grundrecht. Vielmehr kann der Gesetzgeber Einschränkungen zum Schutz ihrerseits verfassungsrechtlich geschützter Rechtsgüter vorsehen. Hierbei ist der Gesetzgeber jedoch einer doppelten Schranke unterworfen.

Erstens darf er das Grundrecht auf reproduktive Selbstbestimmung nur dann einschränken, wenn dies zur Erreichung eines verfassungsrechtlich legitimen Zwecks erforderlich ist und zweitens muss die Einschränkung insgesamt verhältnismäßig sein. Der Gesetzgeber hat also bei jeder Einschränkung darzulegen, aus welchen ihrerseits verfassungsrechtlich legitimen Erwägungen heraus eine bestimmte fortpflanzungsmedizinische Maßnahme verboten oder eingeschränkt werden soll.

Einschränkungen sind insbesondere zulässig zum Schutz von Leben und Gesundheit der Mutter, zum Schutz der Frauen vor Ausbeutung, zum Schutz des Kindeswohls und auch zum Schutz des Rechts jedes Menschen auf Kenntnis der eigenen Abstammung. Blickt man vor diesem verfassungsrechtlichen Hintergrund auf die geltenden Verbote des deutschen Fortpflanzungsmedizinrechts, so ergeben sich doch bei etlichen Verboten erhebliche Zweifel an deren Verfassungskonformität. So lassen sich zwar die Verbote der Eizellspende und der Leihmutterschaft damit rechtfertigen, dass man Frauen vor kommerzieller Verzweckung und Ausbeutung schützen will. Ob diese Schutzzwecke jedoch ein kategorisches, also ausnahmsloses Verbot rechtfertigen, ist schon zweifelhafter. Ebenso zweifelhaft ist es, ob sich das Verbot der post-mortem-Befruchtung – also in unserem Fall des Oberlandesgerichts München – verfassungsrechtlich rechtfertigen lässt. Allein die Berufung auf das Kindeswohl – jedes Kind müsse einen Vater haben und dürfe nicht mit der Tatsache konfrontiert werden, dass der Vater bereits bei der Entstehung des Embryos verstorben war – erscheint doch reichlich dünn. Zudem verfängt sich eine solche Argumentation in einem ontologischen Zirkel: Das Verbot soll ein Kind schützen, das es aufgrund des Verbotes gar nicht geben kann.

Zudem kann das Verbot der post-mortem-Befruchtung zu wenig nachvollziehbaren Ergebnissen führen, wie folgendes Beispiel veranschaulichen mag: Ein Ehepaar erzeugt auf natürlichem Wege ein Kind. Unmittelbar nach dem Zeugungsakt verstirbt der Mann an einem Herzinfarkt. Die Verschmelzung von Samen und Eizelle erfolgt indes erst nach seinem Tod. Niemand würde in einem solchen Fall auf den Gedanken kommen, das Kind dürfe nicht geboren werden. Szenenwechsel: Der Mann stirbt bei einem Unfall. Die Ehefrau, die unmittelbar davon erfährt, bittet den zuständigen Arzt, zuvor kryokonservierte Keimzellen ihres Mannes mit ihrer Eizelle zu verschmelzen und auf sie zu übertragen. Dies wäre unzulässig.

Die Heranziehung eines Grundrechts auf reproduktive Selbstbestimmung als konzeptionelle Basis eines Fortpflanzungsmedizingesetzes zwänge den Gesetzgeber also dazu, das geltende Recht und insbesondere die geltenden Verbote daraufhin zu untersuchen, ob sie tatsächlich noch grundrechtskonform sind, wenn sie es überhaupt je waren.

6. Zusammenfassung

Die Fortpflanzungsmedizin ist ein Bereich der Medizin, der aufgrund vieler und schwerwiegender Rechtsgüterkonflikte der rechtlichen Normierung bedarf. Sie kann nicht einfach dem freien Spiel der Kräfte überlassen bleiben. Allerdings wird das geltende deutsche Fortpflanzungsmedizinrecht weder dem Stand der Fortpflanzungsmedizin noch den verfassungsrechtlichen, zumal grundrechtlichen Anforderungen gerecht. Das deutsche Fortpflanzungsmedizinrecht ist veraltet, es ist geprägt von Repression und Wertungswidersprüchen und nimmt in Kauf, dass Betroffene sich zur Erfüllung ihres Kinderwunsches ins Ausland begeben müssen. Die Konzeption eines modernen Fortpflanzungsmedizingesetzes ist jedenfalls für Deutschland ein dringendes rechtspolitisches Desiderat.[23] Konzeptioneller Kern eines solchen Gesetzes ist das Grundrecht auf reproduktive Selbstbestimmung. Dieses gewährt dem Einzelnen ein umfassendes

[23] Gassner, Kersten, Krüger, Lindner, Rosenau, Schroth: Fortpflanzungsmedizingesetz (Anm. 11); auch eine Arbeitsgruppe der Leopoldina hat Eckpunkte für ein Fortpflanzungsmedizingesetz erarbeitet: https://www.leopoldina.org/de/politikberatung/arbeitsgruppen/eckpunkte-fuer-ein-fortpflanzungsmedizingesetz/ (abgerufen am 16.10.2017); vgl. auch Henning M. Beier, Martin Bujard, Klaus Diedrich, Horst Dreier, Helmut Frister, Heribert Kentenich, Hartmut Kreß, Jan-Steffen Krüssel, Annika K. Ludwig, Eva Schumann, Thomas Strowitzki, Jochen Taupitz, Christian J. Thaler, Petra Thorn, Claudia Wiesemann, Hans-Peter Zenner: Ein Fortpflanzungsmedizingesetz für Deutschland. In: Leopoldina. Nationale Akademie der Wissenschaften. Diskussion Nr. 13. https://www.leopoldina.org/de/publikationen/detailansicht/publication/ein-fortpflanzungsmedizingesetz-fuer-deutschland-2017/ (abgerufen am 8.1.2018).

Recht, selbst darüber zu bestimmen, ob und welche fortpflanzungsmedizinischen Optionen er in Anspruch nimmt. Einschränkungen dieses Grundrechts sind zwar möglich, jedoch nur, wenn sie zur Erreichung hochwertiger verfassungsrechtlicher Rechtsgüter auch wirklich erforderlich und verhältnismäßig sind. Man mag darauf hoffen, dass sich die deutsche Politik des Themas einmal gründlich annimmt. Wahrscheinlich ist dies freilich nicht.

Franziska Huber

Rechtliche Aspekte der nicht-invasiven Pränataltests in Deutschland

Abstract:
The §15 of the Genetic Diagnostics Act (Gendiagnostikgesetz) regulates prenatal diagnostics in Germany. Since the Genetic Diagnostics Act entered into force six years ago, the applicable law has faced several obstacles, especially due to new non-invasive prenatal tests like the PreanaTest®. This article assesses the affected fundamental rights and the current problems of the §15 of the Genetic Diagnostics Act. There is a need to discuss, whether non-invasive prenatal tests change the result of the balancing of fundamental rights. In addition, it needs to be clarified, whether the legislator needs to adapt the §15 of the Genetic Diagnostics Act to non-invasive prenatal tests. Finally, this article offers proposals on how such adaptions could be implemented. An obligatory genetic counselling with a reflection period before doing a non-invasive prenatal test should be implemented into practice.

1. Einleitung: Das Methodenbewertungsverfahren vor dem Gemeinsamen Bundesausschuss

Das Gendiagnostikgesetz regelt in seinem §15 die Pränataldiagnostik in Deutschland. Seit dem Inkrafttreten vor über sechs Jahren wird das geltende Recht, insbesondere durch neue nicht-invasive Maßnahmen der Pränataldiagnostik wie den sog. PraenaTest®, PanoramaTest® oder HarmonyTest®, vor neue Herausforderungen gestellt.

Ob solche nicht-invasiven Maßnahmen der Pränataldiagnostik in den Leistungskatalog der gesetzlichen Krankenversicherung aufgenommen werden sollen, wird momentan in einem Methodenbewertungsverfahren nach §§135, 137c Sozialgesetzbuch V im Gemeinsamen Bundesausschuss geprüft.[1] Bisher sind die Regelungen zur

[1] O. A.: Im Gespräch: Josef Hecken, Vorsitzender des Gemeinsamen Bundesausschusses »Das wäre Zwei-Klassen-Medizin«. In: Frankfurter Allgemeine Zeitung (14.12.

Pränataldiagnostik in § 24d Sozialgesetzbuch V zu finden. § 24d Sozialgesetzbuch V regelt die ärztliche Betreuung während der Schwangerschaft und wird durch die Mutterschafts-Richtlinie konkretisiert. Nicht unter diese Norm fällt das sogenannte Ersttrimester-Screening. Dies ist eine umfassende Ultraschall- und Bluttuntersuchung, die zwischen der elften und 14. Schwangerschaftswoche durchgeführt werden kann.[2] Das Ersttrimester-Screening berechnet eine bestimmte Wahrscheinlichkeit für das Vorliegen eines Down Syndroms. Wird eine bestimmte Wahrscheinlichkeitsgrenze überschritten, werden invasive Maßnahmen wie die Chorionzottenbiopsie – die Entnahme von Zellen der Plazenta durch die Bauchdecke der Schwangeren – oder eine Amniozentese – die Fruchtwasseruntersuchung – empfohlen.[3] Die gesetzliche Krankenversicherung zahlt das Ersttrimester-Screening nicht, eine dann gegebenenfalls notwendige, medizinisch indizierte, invasive Maßnahme wird von der Krankenkasse übernommen.[4]

Als Begründung für die Nichtübernahme der Kosten des Ersttrimester-Screenings wird angeführt, dass es nicht Zweck der Krankenkasse sei, pränataldiagnostisch Behinderungen vorherzusagen, die dann möglicherweise zu Schwangerschaftsabbrüchen führen.[5] Dagegen kann jedoch eingewendet werden, dass die Krankenkasse Schwangerschaftsabbrüche, die aufgrund einer Behinderung des Fötus vorgenommen werden, übernimmt. Werden diese Abbrüche als Leistungen der gesetzlichen Krankenversicherung anerkannt, können die Verfahren, die zur Erkennung einer Behinderung führen, dem Zweck der gesetzlichen Krankenversicherung nicht widersprechen.[6] Nachdem ein nicht-invasiver Pränataltest – NIPT – zum einen die

2016). http://www.genios.de/presse-archiv/artikel/FAZ/20161214/im-gespraech-josef-hecken-vorsitzen/FD2201612145011538.html (abgerufen am 8.1.2018); Michael Kiworr, Axel W. Bauer, Paul Cullen: Pränataldiagnostik auf dem Prüfstand. In: Zeitschrift für Lebensrecht 26 (2017), S. 13–19, hier S. 18.

[2] Kommentar von Andrea Kießling zu § 24d Sozialgesetzbuch V. In: Christian Rolfs, Richard Giesen, Ralf Kreikebohm, Peter Udsching (Hg.): Beck'scher Online-Kommentar Sozialrecht. 43. Aufl. 2016, Randnummer 8. https://beck-online.beck.de/?vpath=bibdata/komm/BeckOK_43_BandSozR/SGB_V/cont/BeckOK.SGB_V.p24d.glA.glII.gl2.htm (abgerufen am 8.1.2018).

[3] Kommentar Kießling (Anm. 2).

[4] Kommentar Kießling (Anm. 2).

[5] Kommentar von Felix Welti zu § 24d Sozialgesetzbuch V. In: Ulrich Becker, Thorsten Kingreen: Sozialgesetzbuch V. 5. Aufl. München 2017, Randnummer 4.

[6] Kommentar Kießling (Anm. 2), Randnummer 10.

risikoärmere als auch die kostengünstigere Alternative zu Chorionzottenbiopsie und Amniozentese ist, spricht bezüglich dieser Aspekte nichts gegen die Aufnahme in den Leistungskatalog.[7] Maßgebliches Kriterium für die Aufnahme wird das Ergebnis des Methodenbewertungsverfahrens sein, das insbesondere die Wirksamkeit des Tests prüft sowie nach §135, Absatz 1, Satz 4 Sozialgesetzbuch V in der Regel nicht länger als drei Jahre dauert und damit voraussichtlich bis August 2019 abgeschlossen sein wird.

Der NIPT soll bei positivem Ausgang des Methodenbewertungsverfahrens als Ergänzung zwischen dem Ersttrimester-Screening und den invasiven Maßnahmen in den Leistungskatalog aufgenommen werden.[8] Bei einem negativen NIPT könnten dann die risikoreichen invasiven Eingriffe unterbleiben.[9]

All die soeben genannten Aspekte kommen jedoch nur dann zum Tragen, wenn die Anwendung nicht-invasiver pränataldiagnostischer Maßnahmen mit der Verfassung in Einklang zu bringen sowie mit dem geltenden Gendiagnostikgesetz vereinbar ist. Der Beitrag gibt einen Überblick über die betroffenen Grundrechte (Kapitel 2) sowie die Probleme des geltenden §15 Gendiagnostikgesetz und unterbreitet Vorschläge für eine Anpassung des §15 Gendiagnostikgesetz (Kapitel 3). Zu diskutieren gilt es somit zum einen die Frage, ob und gegebenenfalls wie sich die Abwägung der betroffenen Grundrechte durch Einführung nicht-invasiver Maßnahmen ändert und was daraus für das einfache Medizinrecht folgt. Zum anderen ist auf einfachgesetzlicher Ebene – §15 Gendiagnostikgesetz – zu klären, ob der Gesetzgeber aufgerufen ist, die geltende Norm an nicht-invasive Maßnahmen anzupassen. Insbesondere werden zwei Vorschläge – die verpflichtende genetische Beratung sowie die Einführung einer zwingendenden Bedenkzeit – zur Anpassung der geltenden Rechtslage unterbreitet. Der Beitrag endet mit einem Fazit (Kapitel 4).

---

[7] Kommentar Kießling (Anm. 2), Randnummer 11.

[8] Gemeinsamer Bundesausschuss: Antrag auf Bewertung der Methode der nicht-invasiven Pränataldiagnostik (NIPD) zur Bestimmung des Risikos autosomaler Trisomien 13, 18 und 21 mittels eines molekulargenetischen Tests für die Anwendung bei Risikoschwangerschaften im Rahmen der Mutterschafts-Richtlinien nach §135 Absatz 1 SGB V (4.7.2016), S. 7–8. https://www.g-ba.de/downloads/40-268-3933/2016-08-18_Einleitung-Beratungsverf_nicht-invasive-Praenataldiagnostik_Antrag.pdf (abgerufen am 8.1.2018).

[9] Gemeinsamer Bundesausschuss: Antrag auf Bewertung (Anm. 8).

2. Verfassungsrecht

Dreh- und Angelpunkt der Rechtsordnung ist das Grundgesetz. Ein förmliches Gesetz kann nur bestehen, wenn es mit dem Grundgesetz – insbesondere den Grundrechten – als höherrangigem Recht vereinbar ist. Das einfachrechtliche Gendiagnostikgesetz hat einen angemessenen Ausgleich zwischen den Grundrechten des Fötus, den Rechten der Mutter beziehungsweise der Eltern und den Rechten des Arztes sowie des Herstellers von NIPT sicher zu stellen.

Die Grundrechte weisen verschiedene Dimensionen auf. Vorrangig sollen die Grundrechte als Abwehrrechte des Einzelnen gegen staatliches Handeln fungieren.[10] Es handelt sich bei Maßnahmen der nicht-invasiven Pränataldiagnostik indes nicht um die klassische grundrechtliche Eingriffs-Abwehr-Konstellation, da hier drei Privatpersonen – Fötus, Schwangere bzw. werdende Eltern und Arzt – beteiligt sind. In einer solchen Konstellation »inter privatos« wirken die Grundrechte nur mittelbar über die Schutzpflichtdimension.[11] Der Einzelne kann sich also bei privatrechtlichem Handeln nicht direkt auf die Beachtung seiner Grundrechte berufen. Allerdings strahlen die Grundrechte mittelbar in die Privatrechtsordnung aus.[12]

Im Fall der Pränataldiagnostik stehen auf der einen Seite die Grundrechte des Fötus, die zur Begründung eines Verbotes herangezogen werden könnten. Demgegenüber stehen die Grundrechte des Arztes bzw. der Hersteller der NIPT. Dazwischen sind die Grundrechte der Mutter bzw. der Eltern einzuordnen.

[10] Kommentar von Thorsten Kingreen, Ralf Poscher zu §4. In: Thorsten Kingreen, Ralf Poscher: Grundrechte Staatsrecht II. 32. Aufl. Heidelberg 2016, Randnummer 80.

[11] Entscheidungen des Bundesverfassungsgerichts (BVerfGE): Schwangerschaftsabbruch I. 1975. Bd. 39, S. 1–95; Entscheidungen des Bundesverfassungsgerichts (BVerfGE): Schwangerschaftsabbruch II. 1993. Bd. 88, S. 203–366.

[12] Kommentar von Matthias Herdegen zu Artikel 1, Absatz 3 Grundgesetz. In: Theodor Maunz, Günter Dürig: Grundgesetz. 44. Ergänzungslieferung. München 2005, Randnummer 65.

2.1 Grundrechte des Fötus

2.1.1 Würde des Menschen, Artikel 1, Absatz 1 Grundgesetz

Die Würde des Menschen in Artikel 1, Absatz 1 Grundgesetz ist oberstes Verfassungsgebot. Auch der Fötus ist bereits Träger der Menschenwürde.[13] Eingriffe in die Würde des Menschen können nicht gerechtfertigt werden.[14] Maßgebliches Kriterium für die Feststellung eines Eingriffs ist die sogenannte Objektformel. Nach dieser Formel darf der Mensch nicht zu einem bloßen Objekt staatlichen Handelns degradiert werden, der Einzelne darf nicht einer Behandlung ausgesetzt werden, die seine Subjektqualität prinzipiell in Frage stellt.[15]

Es stellt sich mithin die Frage, ob nicht-invasive Maßnahmen dem Fötus seine Subjektsqualität schlechthin absprechen. In diesem Fall wäre der Staat über die Schutzpflichtdimension verpflichtet, eine solche Behandlung zu unterbinden. Eine Verobjektivierung des Fötus durch die Anwendung eines NIPT ist indes zu verneinen.[16] Die Anwendung von NIPT selbst stellt keine erniedrigende Behandlung dar. Anknüpfungspunkt der Objektformel kann maximal der Schwangerschaftsabbruch wegen einer medizinisch-sozialen Indikation[17] bei der Schwangeren aufgrund einer Behinderung sein, die durch den NIPT festgestellt wurde. Vor Augen zu halten ist, dass Ursache für einen Abbruch die Behinderung ist und nicht der NIPT.[18] Der NIPT klärt

---

[13] Entscheidungen: Schwangerschaftsabbruch II (Anm. 11), S. 251.

[14] Kommentar Herdegen (Anm. 12), Randnummer 73; Entscheidungen des Bundesverfassungsgerichts (BVerfGE): Strauß-Karikatur. 1987. Bd. 75, S. 369–382, hier S. 380.

[15] Kommentar Herdegen (Anm. 12), Randnummer 36; Entscheidungen des Bundesverfassungsgerichts (BVerfGE): Tanz der Teufel. 1992. Bd. 87, S. 209–233, hier S. 228.

[16] Friedhelm Hufen: Verfassungsrechtliche Bedenken gegen frühe Pränataldiagnostik? In: Medizinrecht 35 (2017), S. 277–288, hier S. 279; Friedhelm Hufen: Zur verfassungsrechtlichen Beurteilung frühzeitiger pränataler Diagnostik. Rechtsgutachten erstattet im Auftrag der Firma LifeCodexx AG (4. 1. 2013), S. 30. https://lifecodexx.com/wp-content/uploads/2015/03/Jan-2013_PraenaTest_Zur_verfassungsrechtlichen_Beurteilung_fruehzeitiger_praenataler_Diagnostik_Friedhelm_Hufen.pdf (abgerufen am 8. 1. 2018).

[17] Vgl. Strafgesetzbuch (StGB) vom 13. 11. 1998. In: Bundesgesetzblatt. Teil I, S. 3322, § 218a, Absatz 2; Kommentar von Albin Eser zu § 218a, Absatz 2 Strafgesetzbuch. In: Adolf Schönke, Horst Schröder: Strafgesetzbuch. 29. Aufl. München 2014, Randnummer 26.

[18] Hufen: Verfassungsrechtliche Bedenken (Anm. 16), S. 279; Hufen: Zur verfassungsrechtlichen Beurteilung (Anm. 16), S. 30.

nur auf risikoarme Art über eine bereits bestehende Behinderung auf, die bisher erst durch invasive Maßnahmen erkannt werden konnten.

2.1.2 Diskriminierungsverbot, Artikel 3, Absatz 3, Satz 2 Grundgesetz

Eine Ausprägung der Menschenwürde findet sich außerdem in Artikel 3, Absatz 3, Satz 2 Grundgesetz. Danach ist der Staat verpflichtet, Maßnahmen gegen eine Benachteiligung von Menschen mit Behinderung zu ergreifen. Eine solche Benachteiligung könnte in der Beseitigung eines Fötus wegen einer diagnostizierten Behinderung angenommen werden.[19] Daraus folgend hat der Staat Maßnahmen, die zur selektiven Tötung eines Fötus wegen einer Behinderung führen können, zu beschränken.[20] Es ist zwar bereits umstritten, ob sich der Fötus auf das Diskriminierungsverbot berufen kann, wobei eine eindeutige Klärung der Frage auch von dem Bundesverfassungsgericht nicht vorgenommen wurde.[21] Jedenfalls ist auch in dieser Konstellation zu hinterfragen, ob tatsächlich der NIPT zu einer Ungleichbehandlung führt, die gegen das Diskriminierungsverbot verstößt. Dies kann allenfalls mittelbar angenommen werden, da der NIPT alleine Informationen liefert, die dann in einem weiteren Schritt zu einem Abbruch führen können. Der NIPT schafft keine Benachteiligung. Er kann lediglich Umstände aufdecken, die zu einer Benachteiligung führen können. Somit ist allenfalls eine sehr mittelbare Benachteiligung über den NIPT begründbar.[22] Dies kann aber nicht zu einem zwingenden Verbot führen.[23] Auch wenn man diese sehr mittelbare Benachteiligung durch NIPT ausreichen ließe, müssten noch die entgegenstehenden Rechte der Mutter beziehungsweise der Eltern beachtet werden. Das geltende Recht lässt einen Schwanger-

---

[19] Klaus Ferdinand Gärditz: Gutachterliche Stellungnahme zu »PraenaTest®« (3.7.2012), S. 6 und S. 21. http://www.cdl-online.de/uploads/pdf/praenatest.pdf (abgerufen am 8.1.2018).

[20] Gärditz: Gutachterliche Stellungnahme (Anm. 19).

[21] Verneinend: Hufen: Verfassungsrechtliche Bedenken (Anm. 16), S. 281; Hufen: Zur verfassungsrechtlichen Beurteilung (Anm. 16), S. 37; bejahend: Gärditz: Gutachterliche Stellungnahme (Anm. 19), S. 3–4.

[22] So auch: Oliver Tolmein: Selbstbestimmungsrecht der Frau, Pränataldiagnostik und die UN-Behindertenrechtskonvention. In: Kritische Justiz 45 (2012), S. 420–434, S. 431, der von »diskriminierendem Potenzial« spricht.

[23] Tolmein: Selbstbestimmungsrecht der Frau (Anm. 22).

schaftsabbruch bei Unzumutbarkeit für die Mutter zu.[24] Insbesondere die Menschenwürde[25] sowie die körperliche Unversehrtheit der Schwangeren stehen einem Verbot entgegen.

2.1.3 Lebensrecht, Artikel 2, Absatz 2 Grundgesetz

Der Staat ist verpflichtet, sich schützend und fördernd für das Leben des Fötus einzusetzen.[26] Die Argumentation folgt auch hier wieder dem bereits Ausgeführten. Ein NIPT verletzt weder Leben noch körperliche Integrität des Fötus.[27] Er ist vielmehr eine deutlich schonendere Maßnahme der Pränataldiagnostik gegenüber beispielsweise der Fruchtwasseruntersuchung. Das Lebensrecht des Fötus wird durch die Entscheidung der Mutter verletzt, einen Abbruch aufgrund einer durch den NIPT festgestellten Behinderung vorzunehmen. Eine solche Entscheidung ist nach geltendem deutschem Recht gemäß § 218 Strafgesetzbuch möglich.[28]

2.1.4 Zwischenergebnis

Die Grundrechte des Fötus können kein Verbot der nicht-invasiven Maßnahmen rechtfertigen. Nicht-invasive Pränataltests führen zu keiner Grundrechtsverletzung des Fötus. Dies liegt daran, dass ein NIPT lediglich eine Behinderung feststellt, die aber unabhängig von der Durchführung dieses Tests vorhanden ist. Auch führt nicht die Vornahme des NIPT zu einem Abbruch der Schwangerschaft. Ursache für den Abbruch ist alleine die Entscheidung der Schwangeren. Grund für diese Entscheidung wiederum ist die Behinderung des Fötus, die eine medizinisch-soziale Indikation für den Schwangerschaftsabbruch begründen kann. Wenn aber eine Behinderung zu

---

[24] Entscheidungen: Schwangerschaftsabbruch I (Anm. 11); Entscheidungen: Schwangerschaftsabbruch II (Anm. 11).

[25] Tolmein: Selbstbestimmungsrecht der Frau (Anm. 22), S. 432.

[26] Entscheidungen: Schwangerschaftsabbruch I (Anm. 11); vgl. auch Kommentar von Heinrich Lang zu Artikel 2 Grundgesetz. In: Volker Epping, Christian Hillgruber (Hg.): Beck'scher Online-Kommentar Grundgesetz. 31. Aufl. 2015, Randnummer 78. https://beck-online.beck.de/?vpath=bibdata/komm/BECKOK_31_BandVerfR/GG/cont/BECKOK.GG.a2.glD.glV.gl2.htm (abgerufen am 8.1.2018); zur Grundrechtsträgerschaft vgl. Kommentar von Ralf Müller-Terpitz zu Artikel 2 Grundgesetz. In: Andreas Spickhoff: Medizinrecht, 2. Aufl. München 2014, Randnummer 17.

[27] Hufen: Verfassungsrechtliche Bedenken (Anm. 16), S. 279; Hufen: Zur verfassungsrechtlichen Beurteilung (Anm. 16), S. 32.

[28] Entscheidungen: Schwangerschaftsabbruch I (Anm. 11); Entscheidungen: Schwangerschaftsabbruch II (Anm. 11).

einer medizinisch-sozialen Indikation bei der Schwangeren führt und damit ein Schwangerschaftsabbruch gerechtfertigt werden kann, dann können pränataldiagnostische Maßnahmen, die diese Behinderung feststellen, nicht verboten sein. Dies würde zu dem widersinnigen Ergebnis führen, dass die Frau bei Vorliegen einer medizinisch-sozialen Indikation, die durch die Behinderung des Fötus ausgelöst werden kann, die Schwangerschaft abbrechen darf. Sie darf aber keine Maßnahmen beziehungsweise nur risikoreiche Maßnahmen durchführen, die eine Behinderung feststellen können. Somit würde ein »milderer« Weg der Entscheidungsfindung versperrt. Die Schwangere müsste eine risikoreichere Untersuchung, wie zum Beispiel eine Amniozentese, vornehmen lassen und dadurch ein möglicherweise gesundes Kind einem vermeidbaren Risiko aussetzen. Ein solches Ergebnis ist verfassungsrechtlich nicht haltbar.

2.2 Grundrechte der Mutter bzw. der Eltern

Die Grundrechte der Mutter bzw. der Eltern sprechen zum Teil für die Rechtfertigung eines Verbotes (Kapitel 2.2.1), zum Teil aber auch gegen die Einführung eines Verbotes (Kapitel 2.2.2 und 2.2.3).

2.2.1 Allgemeines Persönlichkeitsrecht, Artikel 1, Absatz 1 in Verbindung mit Artikel 2, Absatz 1 Grundgesetz

Für die Rechtfertigung eines Verbots spricht das zum allgemeinen Persönlichkeitsrecht zählende Recht auf Nichtwissen.[29] Darunter versteht man das Recht der Mutter beziehungsweise der Eltern, auf pränataldiagnostische Maßnahmen zu verzichten, um so bewusst nicht über eine mögliche Behinderung des Fötus informiert zu sein. Ein NIPT könnte das Recht auf Nichtwissen verletzen, indem von der Mutter erwartet wird, einen solchen Test durchzuführen. Der Test ist mit keinerlei Risiko – anders als zum Beispiel die Fruchtwasseruntersuchung – für Mutter und Kind verbunden, sodass hier eine Abwägung der Vor- und Nachteile zugunsten des NIPT ausfällt. Die Erwartungshaltung der Gesellschaft, den Test durchzuführen, könnte die Ausübung des Rechts auf Nichtwissen behindern, wenn nicht so-

[29] Kommentar von Udo Di Fabio zu Artikel 2 Grundgesetz. In: Theodor Maunz, Günter Dürig: Grundgesetz. 44. Ergänzungslieferung. München 2005, Randnummer 192.

gar unmöglich machen.[30] Dies wird durch eine mögliche Übernahme der Kosten durch die Krankenkasse verstärkt. Der Test könnte durch die Aufnahme in den Leistungskatalog eine Art Gütesiegel sowohl in medizinischer als auch in moralischer Art erlangen.[31] Allerdings darf das Recht auf Nichtwissen nicht mit einer Pflicht zum Nichtwissen gleichgesetzt beziehungsweise verwechselt werden.[32] Die Mutter beziehungsweise die Eltern müssen umfassend aufgeklärt werden über die möglichen Folgen des Ergebnisses eines NIPT. Nur nach informierter Aufklärung können die Eltern eine Entscheidung treffen, die dem Recht auf Nichtwissen gerecht wird. Mögliche Spekulationen über gesellschaftlichen Druck können nicht durchgreifen.

2.2.2 Grundrecht auf Leben und körperliche Unversehrtheit, Artikel 2, Absatz 2, Satz 1 Grundgesetz

Das Grundrecht auf Leben und körperliche Unversehrtheit macht es nötig, die werdende Mutter während der Schwangerschaft und der Geburt sowohl vor physischen als auch vor psychischen Gefahren zu schützen.[33] Hierzu zählt auch das Recht auf Wissen, das alle relevanten Eigenschaften im Zusammenhang mit der Schwangerschaft und auch der Gesundheit des Fötus umfasst. Ein NIPT ermöglicht es, Kenntnisse über etwaige Behinderungen risikoärmer und zu einem früheren Zeitpunkt zu erlangen. Durch den NIPT werden gerade keine Eigenschaften des Fötus festgestellt, die bisher nicht feststellbar waren und für die Gesundheit des Fötus irrelevant sind. Auch wenn die Feststellung einer Behinderung nicht unmittelbar das Leben und die körperliche Unversehrtheit der Mutter gefährdet, so kann sie doch zu psychischen Problemen der Mutter führen. Stehen die Rechte des Ungeborenen im Konflikt zu Rechten der Mutter, so gebietet das geltende Recht bei Unzumutbarkeit in der Regel einen Vorrang der Rechte der Mutter.[34] Diese Grundsatzentscheidung ist im Zusam-

---

[30] Zu einer möglichen Überforderung der Schwangeren durch zu viel Eigenverantwortung aus soziologischer Sicht: Silja Samerski: Entmündigende Selbstbestimmung. Wie die genetische Beratung schwangere Frauen zu einer unmöglichen Entscheidung befähigt. In: Sigrid Graumann, Ingrid Schneider (Hg.): Verkörperte Technik – Entkörperte Frau. Biopolitik und Geschlecht. Frankfurt am Main 2003, S. 213–229.

[31] Kiworr, Bauer, Cullen: Pränataldiagnostik auf dem Prüfstand (Anm. 1), S. 19.

[32] Hufen: Verfassungsrechtliche Bedenken (Anm. 16), S. 281; Hufen: Zur verfassungsrechtlichen Beurteilung (Anm. 16), S. 39–40.

[33] Hufen: Zur verfassungsrechtlichen Beurteilung (Anm. 16), S. 21 und S. 25.

[34] Entscheidungen: Schwangerschaftsabbruch I (Anm. 11); Entscheidungen: Schwan-

menhang mit den Regeln über den Schwangerschaftsabbruch getroffen worden und kann auch nur in diesem Zusammenhang geklärt werden. Für pränataldiagnostische Maßnahmen kann deshalb aus Gründen der Einheit der Rechtsordnung keine andere Entscheidung getroffen werden. Es kann also hier nicht dem Lebensrecht des Fötus Vorrang vor dem Grundrecht auf Leben und körperliche Unversehrtheit der Schwangeren eingeräumt werden.

Außerdem kann ein NIPT zum Beispiel bereits in der zehnten Woche, nicht erst in der 15. bis 17. Woche wie andere invasive Maßnahmen durchgeführt werden. Dies führt zu einer geringeren psychischen Belastung für die Mutter beziehungsweise die Eltern[35] und spricht gegen ein Verbot.

2.2.3 Grundrecht auf Fortpflanzung, Artikel 6, Absatz 1, Grundgesetz beziehungsweise Artikel 2, Absatz 1 in Verbindung mit Artikel 1 Grundgesetz

Ein allgemeines Grundrecht auf Fortpflanzung beziehungsweise reproduktive Selbstbestimmung wurde vom Bundesverfassungsgericht noch nicht anerkannt, wird aber in der Literatur weitestgehend angenommen.[36] Darunter fallen alle Entscheidungen, die in Bezug zu Zeugung, der Schwangerschaft und der Geburt des Kindes stehen.[37] Durch ein Verbot von NIPT würde in das Grundrecht auf reproduktive Selbstbestimmung eingegriffen. Ein solches Verbot wäre auch unverhältnismäßig. Eine Verweisung der Schwangeren auf die risikoreichen invasiven Maßnahmen kann nicht begründet werden.

2.2.4 Zwischenergebnis

Die Grundrechte der Schwangeren beziehungsweise der werdenden Eltern können ein Verbot der nicht-invasiven Maßnahmen nicht be-

gerschaftsabbruch II (Anm. 11); Hufen: Zur verfassungsrechtlichen Beurteilung (Anm. 16), S. 21 und S. 25.

[35] Bert Heinrichs, Tade Matthias Spranger, Lisa Tambornino: Ethische und rechtliche Aspekte der Pränataldiagnostik. In: Medizinrecht 30 (2012), S. 625–630, hier S. 627.

[36] Ulrich M. Gassner, Jens Kersten, Matthias Krüger, Josef Franz Lindner, Henning Rosenau, Ulrich Schroth, Augsburg-Münchner-Entwurf eines Fortpflanzungsmedizingesetzes. Tübingen 2013, S 31–32; Christian Müller-Götzmann: Artifizielle Reproduktion und gleichgeschlechtliche Elternschaft. Heidelberg 2009, S. 283; andere Ansicht, die das Grundrecht auf reproduktive Selbstbestimmung aus Artikel 6, Absatz 1 Grundgesetz ableitet: Kommentar von Ralf Müller-Terpitz zu Artikel 6 Grundgesetz. In: Andreas Spickhoff: Medizinrecht, 2. Aufl. München 2014, Randnummer 1.

[37] Hufen: Zur verfassungsrechtlichen Beurteilung (Anm. 16), S. 26.

gründen. Vielmehr sprechen hier das Grundrecht auf Leben und körperliche Unversehrtheit sowie das Grundrecht auf Fortpflanzung gegen ein solches Verbot und für die Verfügbarkeit nicht-invasiver Maßnahmen.

2.3 *Grundrechte des Arztes und der Hersteller*

Bestärkt wird das genannte Ergebnis durch die Grundrechte des behandelnden Arztes beziehungsweise der Hersteller. Der Arzt kann sich auf seine Berufsfreiheit in Form der Diagnosefreiheit[38] aus Artikel 12, Absatz 1 Grundgesetz, neue Behandlungsmethoden auch nutzen zu können, stützen. Auch seine Gewissensfreiheit aus Artikel 4, Absatz 1 Grundgesetz darf nicht unbeachtet bleiben. Die Berufs- und Gewissensfreiheit des Arztes verfestigen das gefundene Ergebnis für die Verfügbarkeit von NIPT.

Zusätzlich ist die Berufsfreiheit des NIPT Herstellers aus Artikel 12, Absatz 1 Grundgesetz in Verbindung mit Artikel 19, Absatz 3 Grundgesetz betroffen. Je nachdem, ob sich der Hersteller vollständig auf die Produktion solcher nicht-invasiver Tests spezialisiert hat, kann ein Verbot im Einzelfall zu einem vollständigen Berufsverbot führen.

2.4 *Abwägung*

In einem letzten Schritt werden die Unterschiede zwischen invasiven und nicht-invasiven Maßnahmen beleuchtet. Die zu erörternde Frage ist, ob etwaige Unterschiede eine abstrakte Grundrechtsabwägung, deren Ergebnis maßgeblich für die Verfassungsmäßigkeit des Gendiagnostikgesetzes ist, bei nicht-invasiven Maßnahmen anders ausfallen lässt als bei invasiven Maßnahmen.[39]

Im Rahmen dieser Abwägung ist zu beachten, dass nicht-invasive Maßnahmen zwar mit weniger Fehlgeburten, aber quantitativ mit

---

[38] Hufen: Zur verfassungsrechtlichen Beurteilung (Anm. 16), S. 20.

[39] Dagegen: Heinrichs, Spranger, Tambornino: Ethische und rechtliche Aspekte (Anm. 35), S. 629.

mehr Schwangerschaftsabbrüchen verbunden sind.[40] Die Feststellung einer Behinderung führt in nahezu 100 % der Fälle zu einem Abbruch.[41] Durch die risikofreie Möglichkeit könnten mehr NIPT als invasive Maßnahmen durchgeführt werden, was zu einer quantitativen Erhöhung der Abbrüche führen könnte.[42] Dies wird durch die mögliche Aufnahme von NIPT in den Leistungskatalog der gesetzlichen Krankenversicherung verstärkt.[43] Der Blick in ein anderes europäisches Land zeigt: Seitdem in Dänemark seit 2005 alle Schwangeren ihr Kind als Kassenleistung auf eine Down-Syndrom-Erkrankung testen lassen können, hat sich die Zahl der mit Down-Syndrom geborenen Kinder halbiert.[44]

Die Unterschiede zu den invasiven Maßnahmen führen aber wie bereits erörtert zu keiner Grundrechtsverletzung des Embryos. Insbesondere ist hier Hufen beizupflichten, der die Meinung vertritt, dass es nicht möglich sei, über ein Verbot der nicht-invasiven pränataldiagnostischen Maßnahmen die grundrechtlichen Erwägungen zur Zulässigkeit von Schwangerschaftsabbrüchen zu ändern.[45] Auch Tolmein ist zuzustimmen, wenn er sagt, dass nicht-invasive Pränataltests in rechtlicher Hinsicht als Fortführung der Pränataldiagnostik anzusehen sind.[46] Allein aus der nicht-invasiven Vorgehensweise bei NIPT ergäben sich keine neuen rechtlichen Probleme. Es sei schwer nachzuvollziehen, nicht-invasive Maßnahmen allein aus dem Grund zu verbieten, damit sie weniger angewandt würden.[47]

Diesem Ergebnis stehen nach verfassungsrechtlicher Analyse keine Einwände entgegen. Um ein Verbot invasiver sowie nicht-invasiver Pränataldiagnostik verfassungsrechtlich begründen zu können, müsste sich die Abwägung der Grundrechte im Zusammenhang mit dem Schwangerschaftsabbruch grundlegend ändern. Würde dem un-

---

[40] Heinrichs, Spranger, Tambornino: Ethische und rechtliche Aspekte (Anm. 35), S. 627.

[41] Heinrichs, Spranger, Tambornino: Ethische und rechtliche Aspekte (Anm. 35), S. 626.

[42] Kiworr, Bauer, Cullen: Pränataldiagnostik auf dem Prüfstand (Anm. 1), S. 18.

[43] Kiworr, Bauer, Cullen: Pränataldiagnostik auf dem Prüfstand (Anm. 1), S. 19.

[44] Deutscher Bundestag: Kleine Anfrage der Abgeordneten. In: Bundestag-Drucksache 18/4406 (20.3.2015), S. 1–8, hier S. 2. http://dip21.bundestag.de/dip21/btd/18/044/1804406.pdf (abgerufen am 8.1.2018).

[45] Hufen: Zur verfassungsrechtlichen Beurteilung (Anm. 16), S. 46.

[46] Tolmein: Selbstbestimmungsrecht der Frau (Anm. 22), S. 430.

[47] Tolmein: Selbstbestimmungsrecht der Frau (Anm. 22), S. 430.

geborenen Leben hier Vorrang eingeräumt, könnte diese Grundsatzentscheidung auf die Pränataldiagnostik übertragen werden.

3. Gesetzliche Regelung in §15 Gendiagnostikgesetz

Zwar führt die verfassungsrechtliche Analyse zu keinem grundsätzlich anderen Ergebnis, sodass nicht-invasive Maßnahmen grundrechtlich zulässig sind. Dies ändert aber nichts daran, dass nicht-invasive Tests trotzdem nicht in Einklang mit dem geltenden §15 Gendiagnostikgesetz stehen können. Möglicherweise sind Anpassungen des Gendiagnostikgesetzes notwendig, um dem verfassungsrechtlich gefundenen Ergebnis ausreichend Rechnung tragen zu können.

3.1 Wortlaut

Erster Anknüpfungspunkt in diesem Zusammenhang ist der Wortlaut des §15 Gendiagnostikgesetzes, da umstritten ist, ob dieser nicht-invasive Maßnahmen umfasst.

Die in §15, Absatz 1, Satz 1 Gendiagnostikgesetz vorausgesetzte genetische Untersuchung wird in §3, Absatz 1 Gendiagnostikgesetz legal definiert. Eine genetische Untersuchung wird entweder als eine genetische Analyse zur Feststellung genetischer Eigenschaften (§3, Nummer 1a Gendiagnostikgesetz) oder als vorgeburtliche Risikoabklärung (§3, Nummer 1b Gendiagnostikgesetz) definiert. Was unter einer genetischen Analyse zu verstehen ist, legt §3, Nummer 2 Gendiagnostikgesetz fest. Da bei einem NIPT keine Feststellung genetischer Eigenschaften erfolgt, sondern ein Wahrscheinlichkeitsurteil im Hinblick auf das Vorliegen bestimmter genetischer Eigenschaften gefällt wird[48], ist keine der dortigen Alternativen erfüllt. Damit liegt keine genetische Analyse gemäß §3, Nummer 1a Gendiagnostikgesetz vor.[49] Allerdings handelt es bei NIPT um eine vor-

[48] Josef Franz Lindner: Fällt der »PraenaTest« in den Anwendungsbereich des §15 GenDG? In: Medizinrecht 31 (2013), S. 288–291, hier S. 289.

[49] Lindner: Fällt der »PraenaTest« (Anm. 48), S. 289; andere Ansicht: Regine Cramer: Gendiagnostikgesetz – eine Bestandsaufnahme nach drei Jahren. In: Medizinrecht 31 (2013), S. 763–767, hier S. 766.

geburtliche Risikoabklärung gemäß § 3, Nummer 1b Gendiagnostikgesetz. § 3, Nummer 3 Gendiagnostikgesetz setzt eine Untersuchung des Fötus voraus. Zwar wird das Blut der Mutter abgenommen, untersucht wird aber fetales Erbmaterial (cell-free fetal DNA), sodass die Voraussetzungen von § 3, Nummer 1b Gendiagnostikgesetz erfüllt sind.[50]

3.2 Untersuchung zu medizinischen Zwecken

Außerdem schreibt § 15, Absatz 1 Gendiagnostikgesetz vor, dass die Diagnosemaßnahmen nur zu medizinischen Zwecken angewandt werden dürfen. Die Frage ist, ob ein NIPT eine Untersuchung zu medizinischen Zwecken darstellt. Dafür ist entscheidend, was unter dem Begriff des medizinischen Zwecks verstanden wird.

Zum einen wird der medizinische Zweck mit einem Heilzweck verknüpft. Der NIPT erfolge nicht zu medizinischen Zwecken, da eine Behandlung der Trisomie 21 nicht möglich sei, der Test damit keinem Heilzweck diene.[51] Der von § 15 Gendiagnostikgesetz geforderte medizinische Zweck liege nur dann vor, »wenn eine negative Abweichung vom Gesundheitszustand beseitigt oder vermindert oder einer genetisch bedingten Verschlechterung des Gesundheitszustandes entgegengewirkt wird.«[52]

Dieser engen Auffassung wird entgegengehalten, dass die Verengung des medizinischen auf einen therapeutischen Zweck mit dem Bestimmtheitsgrundsatz aus Artikel 103, Absatz 2 Grundgesetz nicht vereinbar sei.[53] Der Begriff des medizinischen Zwecks umfasse auch

---

[50] 8. Mitteilung der Gendiagnostik-Kommission (12. 3. 2014). https://www.rki.de/DE/Content/Kommissionen/GendiagnostikKommission/Mitteilungen/GEKO_Mitteilungen_08.html (abgerufen am 8. 1. 2018); Deutscher Bundestag: Antwort der Bundesregierung auf eine kleine Anfrage Abgeordneten. In: Bundestag-Drucksache 18/4574 (9. 4. 2015), S. 1–12, hier S. 8–9. http://dipbt.bundestag.de/doc/btd/18/045/1804574.pdf (abgerufen am 8. 1. 2018); Regine Cramer: Sechs Jahre Gendiagnostikgesetz: Zur Bedeutung des Gesetzes in der ärztlichen Praxis für die Erkennung und Behandlung genetisch-bedingter Erkrankungen unter Bezugnahme auf die Aufgabe der Gendiagnostikkommission. In: Medizinrecht 34 (2016), S. 512–516, hier S. 514; andere Ansicht: Lindner: Fällt der »PraenaTest« (Anm. 48), S. 289.

[51] Gärditz: Gutachterliche Stellungnahme (Anm. 19), S. 22.

[52] Gärditz: Gutachterliche Stellungnahme (Anm. 19), S. 14.

[53] Hufen: Zur verfassungsrechtlichen Beurteilung (Anm. 16), S. 13–14.

diagnostische Zwecke wie zum Beispiel die Feststellung von Chromosomenstörungen, die durch den NIPT untersucht werden.[54]

Insgesamt kann der Einwand, ein NIPT erfolge nicht zu medizinischen Zwecken, nicht überzeugen. Dies lässt sich durch die Heranziehung der Gesetzesbegründung zu §15 Gendiagnostikgesetz belegen.

> Zulässig ist eine vorgeburtliche genetische Untersuchung eines Embryos oder Fötus während der Schwangerschaft nur dann, wenn die Untersuchung darauf gerichtet ist, genetische Eigenschaften festzustellen, die die Gesundheit des Embryos oder Fötus vor oder nach der Geburt beeinträchtigen, *oder* darauf, im Hinblick auf eine vorgesehene medikamentöse Behandlung des Embryos oder Fötus festzustellen, ob die Wirkung eines Arzneimittels durch genetische Eigenschaften beeinflusst wird, also zur Ermöglichung einer optimalen medikamentösen Therapie.[55]

NIPT sind gerade darauf gerichtet, eine mögliche Behinderung festzustellen. Sie erfolgen mithin zu medizinischen Zwecken.

3.3 Notwendige Änderung beziehungsweise Anpassung des §15 Gendiagnostikgesetz

Zwar umfasst der Wortlaut NIPT und die nicht-invasiven Maßnahmen erfolgen auch zu medizinischen Zwecken. Trotzdem erscheint eine Änderung des geltenden Gendiagnostikgesetzes in zweierlei Hinsicht notwendig, um den verfassungsrechtlichen Erwägungen Rechnung zu tragen. Zum einen sollte eine Pflicht zur umfassenden genetischen Beratung bei der Durchführung von einem NIPT, das heißt ohne die Möglichkeit eines Aufklärungsverzichts, bestehen (Kapitel 3.3.1). Ergänzend hierzu könnte die Einhaltung einer zwingenden Zeitspanne zwischen Beratung und Durchführung des Tests eingeführt werden (Kapitel 3.3.2).

---

[54] Hufen: Zur verfassungsrechtlichen Beurteilung (Anm. 16), S. 14.

[55] Deutscher Bundestag: Gesetzentwurf der Bundesregierung. Entwurf eines Gesetzes über genetische Untersuchungen bei Menschen (Gendiagnostikgesetz – GenDG). In: Bundestag-Drucksache 16/10532 (13.10.2008), S. 1–52, hier S. 32. http://dip21.bundestag.de/dip21/btd/16/105/1610532.pdf (abgerufen am 8.1.2018); Deutscher Bundestag: Antwort der Bundesregierung (Anm. 50), S. 5, Hervorhebung durch F. H.

3.3.1 Umfassende genetische Beratung ohne Verzichtsmöglichkeit

Als angemessenes Instrument des Güterausgleichs erscheint deshalb die Aufklärung in Form einer intensiven Beratungspflicht.[56] Eine Beratung sehen zwar auch § 10, Absätze 2 und 3 Gendiagnostikgesetz vor. Deren Anwendung bedarf jedoch einer Konkretisierung.

Umfassende Aufklärung

Zum einen ermöglicht die Aufklärung dem Arzt, auf die Folgen des Testergebnisses hinzuweisen. Der Schwangeren kann so vor der Durchführung einer pränataldiagnostischen Maßnahme ausreichend deutlich gemacht werden, wie schwerwiegend sich ein etwaiges Ergebnis auf das Leben der Schwangeren und des Fötus auswirken kann. Schon vor der Durchführung der pränataldiagnostischen Maßnahme sollte darauf hingewiesen werden, dass bei der Feststellung einer Behinderung in fast 100 % der Fälle[57] ein Schwangerschaftsabbruch erfolgt.

Zudem kann der Arzt die Mutter bzw. die Eltern auf ihr Recht auf Nichtwissen hinweisen. Es muss deutlich gemacht werden, dass in keinem Fall die Durchführung einer pränataldiagnostischen Maßnahme erwartet wird. Dieser Hinweis ist insbesondere deshalb wichtig, da bei nicht-invasiven Maßnahmen die Risikoabwägung unterbleibt. Weder für die Mutter noch für das Kind ist ein NIPT mit Risiken verbunden. Gerade deshalb darf der Mutter bzw. den Eltern nicht das Gefühl gegeben werden, dass die Durchführung eines solchen Tests erwartet wird.

Aufklärungsverzicht

Die Möglichkeit, auf eine umfassende Aufklärung zu verzichten, ist ebenso Ausdruck des Selbstbestimmungsrechts, wie eine Aufklärung zu erhalten. Bei einem Aufklärungsverzicht trifft der Patient ausdrücklich die Entscheidung, nicht oder nicht umfassend über die Umstände des bevorstehenden ärztlichen Eingriffs aufgeklärt zu

---

[56] Für die Umwandlung der bisherigen Beratungsmöglichkeiten auch: Hufen: Zur verfassungsrechtlichen Beurteilung (Anm. 16), S. 42–43; für eine umfassende Beratung und Aufklärung auch: Gemeinsamer Bundesausschuss: Antrag auf Bewertung (Anm. 8), S. 9 und S. 14.

[57] Heinrichs, Spranger, Tambornino: Ethische und rechtliche Aspekte (Anm. 35), S. 626.

werden.[58] Die Situation vor Durchführung eines NIPT weicht jedoch von der typischen Arzt-Patienten-Konstellation ab: Sind in der Regel lediglich Arzt und Patient an der Behandlung beteiligt, wirkt sich die Entscheidung über die Durchführung eines NIPT gegebenenfalls mittelbar schwerwiegend auf einen Dritten – den Fötus – aus. Bei einem positiven Testergebnis werden weitere Untersuchungen notwendig, an die sich in der Regel, wenn eine Behinderung festgestellt wird, der Schwangerschaftsabbruch anschließt. Verfassungsrechtlich kann der NIPT nicht verboten werden. Die Frage, ob vor der Durchführung eines NIPT nicht auf die Aufklärung verzichtet werden kann, setzt jedoch zu einem früheren Punkt an. Gebietet die Schutzpflicht des Staates für das Leben des Fötus eine informierte Entscheidung der Mutter beziehungsweise der Eltern, bei der nicht auf eine umfassende Aufklärung verzichtet werden kann?

Vorüberlegung

Hinter dieser Frage steht folgende Überlegung: zwar birgt die Durchführung eines NIPT keine Risiken, die Folgen des Testergebnisses können aber weitreichend sein. In der Abwägung vor Durchführung eines NIPT bleibt damit ein gewichtiger Grund außer Betracht, der bei invasiven Maßnahmen beachtet wird: die Gefährdung eines möglicherweise gesunden Fötus bei der Durchführung einer invasiven Maßnahme. Diese Gefährdung führt dazu, dass sich die Mutter beziehungsweise die Eltern bereits vor der Durchführung einer invasiven Maßnahme mit der Frage auseinandersetzen, zu was ein positives Ergebnis der Pränataldiagnostik – also die Feststellung einer Behinderung – führen würde. Ist eine Behinderung ein Grund, die Schwangerschaft abzubrechen? Diese Auseinandersetzung unterbleibt bei einem NIPT. Die risikolose Untersuchung birgt die Gefahr, den Test erst zu machen und sich danach die Konsequenzen eines positiven Ergebnisses zu überlegen. Die erstmalige Befassung mit der Frage, ob die Behinderung des Fötus zum Schwangerschaftsabbruch führt, wenn das Testergebnis vorliegt, lässt eine objektive Entscheidung zweifelhaft erscheinen. Die Konfrontation mit Außeneinflüssen und den Prozentsätzen der Schwangerschaftsabbrüche bei Behinderungen von beinahe 100 % können leicht das Bild erwecken, dass eine Behinderung heute »nicht mehr sein muss«. Außerdem können die Mutter

58 Lena S. Harmann: Das Recht des Patienten auf Aufklärungsverzicht. In: Neue juristische Online Zeitschrift (2010), S. 819–825, hier S. 820.

beziehungsweise die Eltern sich zu einem Abbruch gedrängt fühlen, wenn sich die deutliche Mehrheit der Betroffenen in einer solchen Situation für die Beendigung der Schwangerschaft entscheidet. Die Pflicht zu einer umfassenden Aufklärung vor der Durchführung eines NIPT ermöglicht eine ergebnisunabhängige, abstrakte Befassung der Mutter beziehungsweise der Eltern über die Folgen eines etwaig positiven Testergebnisses.

Rechtliche Zulässigkeit

Ob eine Pflicht zu einer umfassenden Aufklärung rechtlich möglich ist, wird zunächst anhand der geltenden Rechtslage dargestellt und anschließend am Verfassungsrecht überprüft.

§§ 8 Gendiagnostikgesetz/§ 630e, Absatz 3 Bürgerliches Gesetzbuch

Das Gendiagnostikgesetz enthält spezielle Vorschriften über Einwilligung, § 8 Gendiagnostikgesetz, und Aufklärung, § 9 Gendiagnostikgesetz sowie für die genetische Beratung bei diagnostischen oder prädiktiven genetischen Untersuchungen, § 10 Gendiagnostikgesetz. Bei vorgeburtlichen genetischen Untersuchungen wie den NIPT ist die Schwangere gemäß § 15, Absatz 3 Gendiagnostikgesetz vor und nach der Durchführung des Tests nach § 10, Absatz 2 und 3 Gendiagnostikgesetz genetisch zu beraten sowie auf den Beratungsanspruch nach § 2 Schwangerschaftskonfliktgesetz hinzuweisen.

Nach § 10, Absatz 2 Gendiagnostikgesetz kann die Schwangere nach vorheriger schriftlicher Information über die Beratungsinhalte auf die genetische Beratung schriftlich verzichten. Ebenso sieht § 630e, Absatz 3 Bürgerliches Gesetzbuch die Möglichkeit eines Aufklärungsverzichts vor.

Statistische Aussagen darüber, wie oft bei einem NIPT von dem Recht auf Aufklärungsverzicht Gebrauch gemacht wird, gibt es nicht.[59] Die Gesetzesbegründung des Gendiagnostikgesetzes sieht den Aufklärungsverzicht als Ausnahmeregelung an.[60]

Verfassungsrecht

Auf verfassungsrechtlicher Ebene gilt es, die Kollision zwischen dem Selbstbestimmungsrecht der Schwangeren aus Artikel 2, Absatz 2, Satz 1 Grundgesetz beziehungsweise Artikel 2, Absatz 1 in Verbin-

---

[59] Deutscher Bundestag: Antwort der Bundesregierung (Anm. 50), S. 9.

[60] Deutscher Bundestag: Gesetzentwurf der Bundesregierung (Anm. 55), S. 32.

dung mit Artikel 1, Absatz 1 Grundgesetz und der Schutzpflicht des Staates für das Leben des Fötus nach Artikel 2, Absatz 2, Satz 1 Grundgesetz aufzulösen.

Rechte der Schwangeren

Das Recht, über bestimmte Umstände nicht aufgeklärt zu werden, das Recht auf Nichtwissen, ist ebenso Teil des Selbstbestimmungsrechts als Ausprägung des Allgemeinen Persönlichkeitsrechts aus Artikel 2, Absatz 1 in Verbindung mit Artikel 1, Absatz 1 Grundgesetz des Patienten, wie das Recht alle relevanten Umstände zu kennen.[61] Das Recht auf Nichtwissen beinhaltet das Recht des Grundrechtsinhabers, bestimmte wahre Informationen nicht zu erhalten.[62] Das Selbstbestimmungsrecht besteht damit aus zwei gleichwertigen Komponenten. Zum einen hat der Patient das Recht, alle gesundheitsrelevanten Informationen zu erfahren. Genauso wie er das Recht hat, diese Informationen bewusst nicht zu erfahren.

Rechte des Fötus

Demgegenüber hat der Fötus ein Recht auf Leben aus Artikel 2, Absatz 2, Satz 1 Grundgesetz, das der Staat zu schützen verpflichtet ist. Das Lebensrecht des Fötus ist mittelbar tangiert, wenn auf die genetische Beratung verzichtet wird und die Schwangere dadurch nicht über Chancen und Risiken des NIPT informiert wird, deshalb uninformiert den Test durchführt und sich erstmalig mit den Konsequenzen bei Vorliegen eines positiven Testergebnisses beschäftigt. In der Regel kommt es sodann zu einem Schwangerschaftsabbruch, der das Leben des Fötus beendet. Die genetische Beratung soll – un-

---

[61] Kommentar von Gerhard Wagner zu § 630e Bürgerliches Gesetzbuch. In: Münchener Kommentar Bürgerliches Gesetzbuch. 7. Aufl. München 2016, Randnummer 55; Kommentar von Christian Katzenmeier zu § 630e Bürgerliches Gesetzbuch. In: Heinz Georg Bamberger, Herbert Roth (Hg.): Beck'scher Online-Kommentar Bürgerliches Gesetzbuch. 43. Aufl. 2016, Randnummer 54. https://beck-online.beck.de/Dokument?vpath=bibdata%2Fkomm%2Fbeckok_43_bandbgb%2Fbgb%2Fcont%2Fbeckok.bgb.p630e.htm&pos=1&hlwords=on (abgerufen am 8.1.2018); Harmann: Das Recht des Patienten auf Aufklärungsverzicht (Anm. 58), S. 823; Florian Schwill: Aufklärungsverzicht und Patientenautonomie. Baden-Baden 2007, S. 310.

[62] Dies wird insbesondere bei der Gendiagnostik als Fallgruppe des Rechts auf informationelle Selbstbestimmung relevant: Kommentar Di Fabio (Anm. 29); Kommentar von Adolf Laufs zu § 129. In: Adolf Laufs, Bernd-Rüdiger Kern: Handbuch des Arztrechts. 4. Aufl. München 2010, Randnummer 81–82.

abhängig von Tatsachen im konkreten Einzelfall – eine objektive Auseinandersetzung mit einem möglicherweise positiven Ergebnis ermöglichen. Aus diesem Grund könnte die Schutzpflicht des Staates für das Leben des Fötus verletzt sein, wenn die Schwangere auf eine genetische Beratung vor Durchführung von NIPT verzichtet und damit gegebenenfalls die Wahrscheinlichkeit eines Schwangerschaftsabbruchs bei einer festgestellten Behinderung erhöht, indem sie nicht über Chancen und Risiken eines NIPT vor Durchführung informiert wurde.

Abwägung

Bei einer Kollision zwischen dem Selbstbestimmungsrecht des Patienten und dem Leben beziehungsweise der körperlichen Unversehrtheit Dritter wird in der Regel den Rechten der Dritten Vorrang eingeräumt.[63] Beispielsfall ist hier das Vorliegen einer schwerwiegenden, ansteckenden Krankheit, zum Beispiel HIV, über die der oder die Betroffene nicht aufgeklärt werden möchte und damit durch seine Unkenntnis Dritte gefährdet. Bei einem NIPT stellt sich die Situation hingegen anders dar. Es geht nicht darum, dass die Schwangere über etwaige ansteckende Krankheiten, die auf den Fötus übertragen werden könnten, nicht aufgeklärt werden möchte. Vielmehr soll die genetische Beratung auf mögliche Folgen des Testergebnisses hinweisen. Die genetische Beratung hat den Sinn, Vor- und Nachteile vorgeburtlicher genetischer Untersuchungen ergebnisoffen gegenüberzustellen. Der NIPT kann mittelbar schwerwiegende Folgen haben, da es in der Regel bei einem positiven Ergebnis im weiteren Verlauf zu einem Schwangerschaftsabbruch kommt. Wird auf die genetische Beratung verzichtet, verzichtet die Schwangere auf einen entscheidenden, objektiven Abwägungsvorgang, der im Einzelfall für die Fortführung der Schwangerschaft entscheidend sein kann. Die Schwangere gefährdet also nicht in dem gleichen Sinne wie bei ansteckenden Krankheiten das Leben des Fötus, aber auch die Durchführung eines solchen Tests mit dem sich möglicherweise anschließenden positiven Ergebnis stellt eine Gefahr für das Leben des Fötus dar. Eine ergebnisoffene Beratung ist umso wichtiger, als dass es bei einem NIPT zunächst kein Argument gibt, wie beispielsweise das

[63] Schwill: Aufklärungsverzicht und Patientenautonomie (Anm. 61), S. 340–341 und S. 354; Harmann: Das Recht des Patienten (Anm. 58), S. 823.

Risiko bei invasiven Maßnahmen, sich gegen einen solchen Test zu entscheiden.

Das Verbot eines Aufklärungsverzichts stellt einen schwerwiegenden Eingriff in das Selbstbestimmungsrecht der Schwangeren dar. Zu beachten ist jedoch, dass das Selbstbestimmungsrecht nicht uneingeschränkt gilt. Deshalb ist auch das Recht auf Aufklärungsverzicht einschränkbar. So ist es anerkannt, dass ein sogenannter Blankoverzicht unzulässig ist.[64] Das heißt, der Patient muss immer im Groben wissen, worauf er verzichtet – eine Grundaufklärung des Arztes ist zwingend.[65] Dahinter steht der Gedanke, dass eine selbstbestimmte Entscheidung ein gewisses Maß an Information verlangt, die Aufklärung damit eine solide Grundlage für die Ausübung des Selbstbestimmungsrechts bildet[66]. Gerade bei einer Entscheidung, die mittelbar Folgen für den Fötus als Dritten hat, darf die Aufklärung nicht unter Berufung auf das Selbstbestimmungsrecht der Schwangeren außer Acht gelassen werden.

Entscheidend für die Abwägung ist auch Sinn und Zweck des Aufklärungsverzichts. Die Zulässigkeit eines solchen Verzichts folgt aus der Überlegung, dass der Patient sich nicht selbst durch eine schonungslose Aufklärung über etwaige Risiken beunruhigen muss, wenn er von der Notwendigkeit der Inkaufnahme der Gefahren überzeugt ist.[67] Bei einem NIPT hingegen gibt es keine nennenswerten Risiken. Die Gefahr eines NIPT liegt darin, mit den Folgen des Ergebnisses nicht zurechtzukommen. Die Möglichkeit des Aufklärungsverzichts verfolgt demnach das Ziel, den Patienten schützen zu können. Bei einem NIPT ändert sich die Situation: Die genetische Beratung

[64] Kommentar Katzenmeier (Anm. 61); Harmann: Das Recht des Patienten (Anm. 58), S. 824; Kommentar von Albin Eser, Detlev Sternberg-Lieben zu § 223 Strafgesetzbuch. In: Adolf Schönke, Horst Schröder: Strafgesetzbuch. 29. Aufl. München 2014, Randnummer 42c; andere Ansicht: Kommentar von Christoph Knauer, Johannes Brose zu § 223 Strafgesetzbuch. In: Andreas Spickhoff: Medizinrecht, 2. Aufl. München 2014, Randnummer 78.

[65] Kommentar Eser, Sternberg-Lieben (Anm. 64); Harmann: Das Recht des Patienten (Anm. 58), S. 824.

[66] Kommentar von Christian Förster zu § 823 Bürgerliches Gesetzbuch. In: Heinz Georg Bamberger, Herbert Roth (Hg.): Beck'scher Online-Kommentar Bürgerliches Gesetzbuch. 43. Aufl. 2016, Randnummer 863. https://beck-online.beck.de/Dokument?vpath=bibdata%2Fkomm%2Fbeckok_43_bandbgb%2Fbgb%2Fcont%2Fbeckok.bgb.p823.gliii.htm&pos=18&hlwords=on (abgerufen am 8. 1. 2018).

[67] Bundesgerichtshof. In: Neue Juristische Wochenschrift (1973), S. 556–558, hier S. 558.

dient insbesondere auch dazu, den Fötus zu schützen und die Mutter beziehungsweise die Eltern vor einer übereilten und uninformierten Entscheidung zu schützen. Der Aufklärungsverzicht in der Pränataldiagnostik kann nicht damit begründet werden, dass auf eine genetische Beratung verzichtet werden kann, weil bei Kenntnis der möglichen Folgen eines positiven Ergebnisses der NIPT nicht durchgeführt würde. Zwar kann ein solcher Test in Einzelfällen notwendig sein, aber auch bei Vorliegen einer Indikation darf das Interesse des Fötus nicht außer Acht gelassen werden. Die Konstellation ändert sich entscheidend, wenn der Eingriff auch (mittelbare) Folgen für einen Dritten, das heißt den Fötus, hat. In dieser Situation gilt es zwei Interessen zu schützen: zum einen das Interesse der Schwangeren, aber zum anderen insbesondere auch das Interesse des Fötus.

Ein Aufklärungsverzicht bei NIPT geht deshalb fehl. Auch nach der allgemeinen Regelung des §630e, Absatz 3 Bürgerliches Gesetzbuch kann der Patient nur auf die Aufklärung verzichten, wenn er Chancen und Risiken des Eingriffs kennt.[68] Gerade die Aufklärung über Chancen und Risiken bildet hingegen den Kernpunkt der genetischen Beratung.

Ergebnis

Die Schutzpflicht für das Leben des Fötus gebietet, dass sich die Schwangere umfassend mit den Vor- und Nachteilen sowie Konsequenzen eines NIPT auseinandersetzt. Die Möglichkeit eines Aufklärungsverzichts sollte bei einem NIPT nicht bestehen. Dies könnte mittels einer Einfügung eines Satzes 2 bei §15, Absatz 3 Gendiagnostikgesetz geschehen: »Ein Verzicht auf die genetische Beratung vor und nach der vorgeburtlichen genetischen Untersuchung ist nicht möglich.«

3.3.2 Bedenkzeit zwischen Aufklärung und Durchführung des NIPT

Zusätzlichen Schutz könnte die zwingende Einhaltung einer bestimmten Zeitspanne zwischen Aufklärung und Durchführung des

[68] Deutscher Bundestag: Gesetzentwurf der Bundesregierung. Entwurf eines Gesetzes zur Verbesserung der Rechte von Patientinnen und Patienten. In: Bundestag-Drucksache 17/10488 (15.8.2012), S. 1–60, hier S. 22. http://dip21.bundestag.de/dip21/btd/17/104/1710488.pdf (abgerufen am 8.1.2018); kritisch zur Möglichkeit des Aufklärungsverzichts bei genetischer Beratung auch Angie Genenger: Das neue Gendiagnostikgesetz. In: Neue Juristische Wochenschrift 63 (2010), S. 113–117, hier S. 115.

Tests bieten.[69] Bisher schreibt § 10, Absatz 2, Satz 2 Gendiagnostikgesetz nur vor, dass der betroffenen Person eine angemessene Bedenkzeit bis zur Untersuchung einzuräumen ist. Diese sehr unbestimmte Regelung sollte für nicht-invasive Maßnahmen konkretisiert werden und zudem als obligatorische Voraussetzung in das Gendiagnostikgesetz aufgenommen werden. In Anlehnung an die Anforderungen der Beratung beim Schwangerschaftsabbruch in § 218a, Absatz 1, Nummer 1a Strafgesetzbuch ist eine Bedenkzeit von drei Tagen zwischen Beratung und Durchführung des Tests möglich. Insbesondere erscheint eine solche Bedenkzeit auch deshalb sinnvoll, da ein NIPT bereits ab der zehnten Woche durchgeführt werden kann. Dies hat zur Folge, dass die Entscheidung der Schwangeren über die Fortführung der Schwangerschaft in sehr kurzer Zeit nach Ergebnismitteilung getroffen werden muss, sofern noch vor der zwölften Schwangerschaftswoche und damit nach § 218a, Absatz 1 Strafgesetzbuch ohne Indikation die Schwangerschaft abgebrochen werden soll. Die Entscheidung über einen Schwangerschaftsabbruch wird mithin in Einzelfällen auch unter Zeitdruck getroffen. Eine Bedenkzeit zwischen Beratung und vor Durchführung des Tests kann hier Abhilfe schaffen.

4. Fazit

Nicht-invasive Pränataltests sind Teil des medizinischen Fortschritts in der Pränataldiagnostik. Sie bieten der Schwangeren eine risikoarme und unkomplizierte Möglichkeit, die Wahrscheinlichkeit einer Behinderung des Fötus abzuklären. Konsequenz ist die häufige Durchführung des Tests, der bei Feststellung einer Behinderung im weiteren Verlauf fast immer zu einem Schwangerschaftsabbruch führt. Dies führt jedoch zu keinem anderen Ergebnis der Grundrechtsabwägung. Solange ein Schwangerschaftsabbruch verfassungsrechtlich zulässig ist, ist auch eine Vielzahl solcher Abbrüche möglich. Die Quantität ändert nichts an der grundrechtlichen Abwägung, solange jeder einzelne Abbruch auf einem zulässigen Grund beruht.

Trotz der verfassungsrechtlichen Zulässigkeit nicht-invasiver Maßnahmen, ist eine Anpassung des geltenden Gendiagnostikgeset-

---

[69] Hufen: Zur verfassungsrechtlichen Beurteilung (Anm. 16), S. 43 spricht von »Karenztagen«.

zes notwendig. Insbesondere die Einführung einer zwingenden genetischen Beratung vor der Durchführung eines NIPT könnte die kollidierenden verfassungsrechtlichen Vorgaben – zum einen das Selbstbestimmungsrecht der Schwangeren und zum anderen die Schutzpflicht für das Leben des Fötus – in Einklang bringen. Die Beratung sollte um eine zwingende Zeitspanne zwischen Gespräch und Test ergänzt werden, um übereilte Entscheidungen zu vermeiden.

Barbara Krzyżewska

Prenatal diagnostics and the right to information

An analysis from the perspective of the Polish legal system

Abstract:
Although in Poland the right to prenatal diagnostics is guaranteed in several legal acts, women seeking access to this medical procedure frequently encounter obstacles. An analysis of current jurisprudence in this area shows that medical professionals often incorrectly comprehend the status of prenatal diagnostics. Prenatal diagnostics is treated as an initial procedure for abortion and physicians refuse to provide referral for prenatal testing because of moral reservations or because of possible shock and risk of miscarriage. In such cases they invoke two rules: »conscience clause« and »therapeutic privilege«, both of which are codified in the Polish law. Recent verdicts of Polish courts show that these rules are inadmissible for the issue of prenatal diagnostics. The right to prenatal diagnostics is one of the realizations of the patient's right to information. As such, it should in any case be guaranteed for patients.

1. Introduction

Modern medicine provides many possibilities. It allows not only to get to know the sex of a child even before it is born but also to diagnose genetic disorders already in the prenatal phase. Genetic diagnostics can take place even in the pre-implantation period (in case of in vitro procedure). Chorionic Villus Sampling is possible already between the 9. and the 12. week of gestation[1]; later, further medical diagnostic procedures can be conducted and provide medical information about the genetic disorders and health status of the fetus.

It is beyond doubt that such possibilities invoke multiple ethical and legal challenges. Among these are questions of obligations and rights of the pregnant woman, privileges of parents, and physician's

---

[1] Gerard Drewa, Tomasz Ferenc: Genetyka medyczna [Medical genetics]. Wrocław 2011, p. 643.

duties. In the focus of this article is the analysis of the issue of prenatal diagnostics in Poland from the legal point of view.

The article is structured as follows. First, I provide short information about the aims and methods of prenatal diagnostics (section 2). In the next step, I offer a description of the Polish legal context in which the right to prenatal diagnostics is nested (section 3). In the following subsections, I analyze problems of access to prenatal diagnostics with special concentration on issues of abortion (section 3.1), »conscience clause« (section 3.2), and regulations of the »therapeutic privilege« (section 3.3). Section 4 examines prenatal diagnostics in Poland as a realization of the right to information. Final remarks conclude the argumentation.

2. Prenatal diagnostics

As stated by Drewa and Ferenc, the aim of prenatal diagnostics is to:

> obtain information about health of the child to be born [...]. [Prenatal diagnostics] allows to specify the causes for developmental disorders that can be observed in the fetus, to determine the prognosis of the pregnancy and to optimize the further course of treatment of the child during the pregnancy and after the birth.[2]

Within the framework of prenatal diagnostics, distinction can be made between invasive and non-invasive diagnostics. Invasive diagnostics requires acquisition of biological sample from the fetus. Non-invasive techniques include, among others, ultrasound image scans and genetic screening of the cell-free fetal DNA in maternal blood.

Based on the statistical data, it has been specified that the risk of genetic defects in the fetus increases with the age of the women, especially if she is over 35 years old.[3] In such cases, carrying out of invasive prenatal diagnostics has been recommended. Common techniques of invasive prenatal diagnostics are amniocentesis, fetoscopy or percutaneous umbilical cord blood sampling.

It has been pointed out in the medical literature on the topic that prenatal diagnostics should be performed especially when:

---

[2] Drewa, Ferenc: Genetyka medyczna [Medical genetics] (note 1), pp. 649–650.

[3] Drewa, Ferenc: Genetyka medyczna [Medical genetics] (note 1), p. 651.

- The risk of complications in the course of invasive prenatal procedure is lower than the risk of appearance of grave disease;
- The pregnant woman already had a child with a genetic defect;
- One of the parents has chromosome aberration;
- Medical family history shows occurring genetic defects.[4]

These indicators are recommended by both medical specialists and international medical organizations.

3. Legal analysis

The most important legal basis that provides women with the right to acquire medical service in form of prenatal diagnostics is written down in the »Constitution of the Republic of Poland«.[5] Article 68 of the Constitution states that everyone has the right to health protection, notwithstanding his financial situation. Access to medical service provision should be equal for everyone. Apart from this, specific groups of patients should be under special medical care – these include children, pregnant women, disabled and aged persons.

In the Polish legal system, the term »medical service« is defined by several legal acts. For the further use within the scope of this article, I will use the definition provided by the »Act on Professions of Doctor and Dentist«.[6] According to article 2, section 1 of this Act: »Medical service includes in particular: examination of the health status, diagnostics of diseases and their prevention, treatment and rehabilitation of the ill, provision of medical advice and issuing of medical statements«.[7] Prenatal diagnostics is included within the term of diagnostics and comprises »examination of the health status« and »diagnostic of the diseases«.

Prenatal diagnostics and the right to provision of this medical

[4] Drewa, Ferenc: Genetyka medyczna [Medical genetics] (note 1), p. 651.

[5] Konstytucja Rzeczypospolitej Polskiej z dnia 2 kwietnia 1997 r. Dziennik Ustaw Rzeczypospolitej Polskiej z 1997 r., numer 78, pozycja 483 [Constitution of the Republic of Poland of 2. April 1997. In: Journal of Laws of the Republic of Poland of 1997, number 78, position 483].

[6] Ustawa o zawodach lekarza i lekarza dentysty z dnia 5 grudnia 1996 r. Dziennik Ustaw Rzeczypospolitej Polskiej z 1996 r., numer. 28, pozycja 152 [The Act on Professions of Doctor and Dentist of 5. December 1996. In: Journal of Laws of the Republic of Poland of 1996, number 28, position 152].

[7] Ustawa o zawodach lekarza [The Act on Professions of Doctor] (note 6).

service is »expressis verbis« indicated in two legal acts: in the »Act on Family Planning, Protection of the Human Fetus and the Provisions of Abortion«[8] (further shortened as the »Act on Family Planning«) and in the »Act on Support for Pregnant Women and Families Pro Life«[9] (further shortened as the »Act Pro Life«). The genesis of legal creation of both acts is diametrically different. The first one entered into force in the year 1993 – although the norms concerning prenatal diagnostics have only been introduced in 1997 – and is the result of a compromise between conservative and liberal political parties on the issue of legal abortions. The second one entered into force early in the year 2017 and is the effect of pressure from »pro-life« activists. The aim of the act is to encourage women not to conduct an abortion and to give birth to a child, even if the fetus has genetic defects that cause its disability.

In the article 2, section 1 of the »Act on Family Planning«, the organs of the state and district administration have been obligated to provide pregnant women with medical, social and legal care, in particular with prenatal care of the fetus and medical care of the pregnant women.[10] In addition, article 2, section 2a of the »Act on Family Planning« obligates the abovementioned organs to provide unconstrained access to information and prenatal diagnostics, especially if there is high risk of aberrations, suspicion of genetic or developmental defects of the fetus or suspicion of untreatable disease that endangers the life of the fetus.[11] Yet, the mentioned regulations are not implemented in praxis in accord with their legal meaning. Although this legal act provides premises for legal abortion, one of which is the »embryopathological« premise (genetic defect of the fetus), it does not provide ground for automatic abortion. The decision about the start of the procedure rests with the women.

---

[8] Ustawa o planowaniu rodziny, ochronie płodu ludzkiego i warunkach dopuszczalności przerywania ciąży z dnia 7 stycznia 1993 r. Dziennik Ustaw Rzeczypospolitej Polskiej z 1993 r., numer. 17, pozycja 78 [The Act on Family Planning, Protection of the Human Fetus and the Provisions of Abortion of 7. January 1993. In: Journal of Laws of the Republic of Poland of 1997, number 17, position 78].

[9] Ustawa o wsparciu kobiet w ciąży i rodzin »Za życiem« z dnia 4 listopada 2016 r. Dziennik Ustaw Rzeczypospolitej Polskiej z 2016 r., pozycja 1860 [The Act on Support for Pregnant Women and Families »Pro-life« of 4. November 2016. In: Journal of Laws of the Republic of Poland of 2016, position 1860].

[10] Ustawa o planowaniu rodziny [The Act on Family Planning] (note 9).

[11] Ustawa o planowaniu rodziny [The Act on Family Planning] (note 9).

In the second of the mentioned legal acts – the »Act Pro Life« – the article 4, section 1 provides regulations for support of the pregnant women, which should be fulfilled through »provision of access to prenatal diagnostics for pregnant women«.[12] Yet, as codified in this Act, prenatal diagnostics does not serve the diagnostical aim. It is only a premise that allows women to receive: »[...] financial support for giving birth to a child, who has been diagnosed in the prenatal phase with severe and irreversible disability or with an untreatable life-threatening disease«.[13] According to the article 10, section 1 of this act, this financial support amounts to 4.000 PLN (approximately 1.000 Euro) and has a non-recurrent character.[14]

The »Act Pro Life« is a relatively new normative act and there is still no statistical assessment on implementation of its regulations. However, provision of the financial support for women who decide to give birth to children with severe and irreversible disability must be negatively evaluated. It could lead to situations in which women's partners – especially in case of families with financial difficulties – will put pressure on women for completing the pregnancy and giving birth to the child. According to the article 10, section 2 of the »Act Pro Life«: »To the non-recurrent financial support is allowed mother or father of the child, legal or factual guardian, notwithstanding the income of this person«.[15] The negative evaluation of this legal act could be different, if it included continuous periodical financial provisions for rehabilitation and medical treatment of disabled children. Non-recurrent payment cannot finance the required therapy. Two further conditions have been included in the »Act Pro Life«. First, prenatal diagnostics must provide information about genetic defect of the child before its birth. Second, the child must be born alive and the mother must stay under the medical care at least from the 10. week of the pregnancy until the birth.[16]

---

[12] Ustawa o wsparciu kobiet w ciąży [The Act on Support for Pregnant Women] (note 9).
[13] Ustawa o wsparciu kobiet w ciąży [The Act on Support for Pregnant Women] (note 9).
[14] Ustawa o wsparciu kobiet w ciąży [The Act on Support for Pregnant Women] (note 9).
[15] Ustawa o wsparciu kobiet w ciąży [The Act on Support for Pregnant Women] (note 9).
[16] Ustawa o wsparciu kobiet w ciąży [The Act on Support for Pregnant Women] (note 9).

Analysis of Polish courts' jurisprudence in this area shows that a significant number of medical professionals incorrectly comprehend the status of prenatal diagnostics. Examination of the legal and practical situation in Poland shows following factual problems:

- Treatment of the prenatal diagnostics as an initial procedure for abortion;
- Refusal to provide referral for prenatal diagnostics because of religious reservations of the medical professional (so called »conscience clause«, included in the article 39 of the »Act on Professions of Doctor and Dentist«);[17]
- Invocation of the possible shock for the pregnant women and harm to her health in a situation of referral for invasive or non-invasive diagnostics. This shock could result in miscarriage (so called therapeutic privilege, included in the article 31, section 4 of the »Act on Professions of Doctor and Dentist«).[18]

In my opinion, the reason for observance of these problems, which resulted in some recent dramatic situations, was the fact that prenatal diagnostics in Poland is currently not regarded as the realization of the right to information. In my analysis of the issue, I will start with the discussion of the three abovementioned problems from the legal perspective.

3.1 Abortion

The regulations currently in force in Poland legally limit the procedure of abortion. This is the legal reality since 1997. For a woman to legally abort the pregnancy, one of three premises is necessary. According to the article 4a of the »Act on Family Planning«:

> Abortion can be performed only by a doctor in situation when: 1. The pregnancy constitutes a danger to life or health of the pregnant women, 2. Prenatal diagnosis or other medical premises indicate with high probability a severe and irreversible defect of fetus or an untreatable disease that endangers the life of fetus, 3. There is a justified suspicion that the pregnancy is a result of a criminal action.[19]

[17] Ustawa o zawodach lekarza [The Act on Professions of Doctor] (note 6).

[18] Ustawa o zawodach lekarza [The Act on Professions of Doctor] (note 6).

[19] Ustawa o planowaniu rodziny [The Act on Family Planning] (note 9).

Not every of these premises has a specifically defined deadline. In the first case – when the pregnancy constitutes a danger to life or health of the pregnant women – the legislator did not provide a specific deadline; however, the situation of »danger to the life or health« must be confirmed by another doctor, least the danger is immediate. The second premise is often mistakenly called »eugenic provision«; yet, the right name that would not invoke false correlations should rather call it an »embryo-pathological premise«. In case that prenatal diagnostics or other medical indications show high probability, however not certainty, of a severe and irreversible defect of the fetus or an untreatable disease that endangers its life, an abortion is legally allowed until the moment when the fetus reaches the ability for self-sufficient life outside the organism of the mother. This premise is based on current medical knowledge and for the moment sets the date for abortion at the 24. week of pregnancy. However, it needs be remarked at this point that each and every pregnancy has an individual character and every fetus has its own developmental progress. The fetus can be stronger or weaker and it is difficult to choose a rigid time deadline for the »embryo-pathological« premise. Because of this difficulty, Polish legislator bases the deadline on the current medical knowledge.

The last of these premises concerns pregnancy as a result of a criminal act which has to be confirmed by a prosecutor. According to the Polish law, such an act includes rape or incest. The deadline for abortion in this case is clearly stated and allows the procedure, at the latest, in the 12. week of pregnancy.

In each case of abortion, a consent form signed by the pregnant women is required. Article 4b of the Act about Family Planning guarantees free of charge abortion in a public medical institution if the woman has a health insurance and has acquired the right for free medical service.[20]

None of these premises for legal abortion assumes an automatic action. Although, depending on the situation, abortion might be legal, the decision about termination of pregnancy lies within the prerogatives of the pregnant women. If, based on the results of prenatal diagnostics, woman obtains information about the defect of the fetus, physician cannot proceed with the abortion procedure without woman's consent. Results of prenatal diagnostics provide only an infor-

---

[20] Ustawa o planowaniu rodziny [The Act on Family Planning] (note 9).

mation about the condition of the fetus. In woman's hands remains the decision about the further course of action.

3.2 »Conscience clause«

According to article 39 of the »Act on Professions of Doctor and Dentist«:

> A doctor can withdraw from the medical services that are contrary to his conscience [...], except in case of emergency; however, he or she has the obligation to indicate feasible possibilities for acquiring such service from another doctor or in another medical facility and to register this fact in the medical documentation of the patient.[21]

This regulation relates to the personal moral values, strongly internalized by the physician. In practice, it is often referred to in cases of refusal to perform an abortion or prenatal diagnostics.

Is it admissible to invoke »conscience clause« in case of prenatal diagnostics? The answer to this question should be negative. Carrying out of such diagnostic procedure serves only for provision of information about the condition of the fetus. Obtaining the knowledge about the medical state does not conflict with personal values and conscience. In several legal cases from the last few years, Polish courts provided verdicts on a physician's refusal to provide a referral for prenatal diagnostics.[22] In these cases, the doctors did not refuse to perform a prenatal test, they denied their patients a referral to such procedure. In my opinion, justified could be to invoke the »conscience clause« in case of an invasive prenatal test, such as amniocentesis, which involves a risk, although a small one, of miscarriage. Referral for a risk-free prenatal test does not carry moral conflicts. It only enables the pregnant women to obtain information about correct development of fetus.

---

[21] Ustawa o zawodach lekarza [The Act on Professions of Doctor] (note 6).

[22] Wyrok Sądu Najwyższego z dnia 12 czerwca 2008 r., sygnatura III CSK 16/08 [The verdict of the Highest Court of 12. June 2008, signature III CSK 16/08]; Wyrok Sądu Najwyższego z dnia 13 października 2005 r., sygnatura IV CK 161/05 [The verdict of the Highest Court of 13. October 2005, signature IV CK 161/05].

3.3 *»Therapeutic privilege«*

Further legal institution of the Polish medical law which oftentimes is misused by doctors in the context of prenatal diagnostics is, so called, »therapeutic privilege«. This rule constitutes an exception from the obligation to provide medical information to the patient. The »therapeutic privilege« has been codified in the article 31, section 4 of the »Act on Professions of Doctor and Dentist«. According to this regulation:

> In exceptional cases, if the prognosis is unfavorable for a patient, the attending physician can restrict the information about the health and the prognosis of the patient, if, according to doctor's estimation, such restriction would serve for the good of the patient. In such cases, the physician should inform the patient's legal representative, or a person authorized by the patient. However, on the demand of the patient, the physician is obligated to provide this information to him.[23]

It is important to consider carefully conditions included in this regulation. The rule of the therapeutic privilege can be invoked when: firstly, the prognosis is unfavorable for the patient; secondly, if the physician considers that the restriction of the information about the health status and prognosis would serve for the good of the patient. In current Polish jurisprudence, a legal contention exists as to the status of this regulation. In my opinion, this rule has paternalistic character and can provide possibility for abuse. This law includes several unclear concepts and it is opened to multiple interpretations.

Taking under consideration that the general rule of medical ethics requires provision of information to the patient, and that the patient is responsible for determining the further course of treatment, the »therapeutic privilege« can have important implications in the context of prenatal diagnostics. Polish legal doctrine and jurisprudence refuses the physician's right to invoke the rule of the »therapeutic privilege« in case of selection of diagnostic or therapeutic method:

> If a patient qualifies for treatment […] with the use of several therapeutic methods, he or she should be informed in detail by the attending physician about all consequences resulting from the application of each particular method […] so, that the patient can deliberately participate in the selection of the best treatment for himself.[24]

---

[23] Ustawa o zawodach lekarza [The Act on Professions of Doctor] (note 6).

[24] Wyrok Sądu Apelacyjnego w Gdańsku z dnia 26 lutego 2010 r., sygnatura I ACa 51/

This verdict was pronounced in case of a woman who had been denied a referral for prenatal testing. In refusing the referral, the attending physician invoked the »therapeutic privilege« and motivated his action by attention to the woman's well-being. In particular, in this case, a shock caused by a negative result of prenatal diagnosis could have impaired the woman's health and influenced the progress of her pregnancy. Yet, if we consider the court's ruling in this lawsuit, the »therapeutic privilege« is unfounded and inadmissible for procedures of prenatal diagnostics. Invocation of this privilege in such case constitutes a breach of the patient's rights and a breach of standards of the doctor's profession. As a result, the physician can face civil lawsuits and professional disciplinary actions.

4. Prenatal diagnostics in the context of the right to information

The right to information is one of the basic rights of the patient. At the same time, it is a part of the patient's right for autonomous choice.[25] The obligation for provision of the information is included in the »Act on Professions of Doctor and Dentist«. The right to obtain information is guaranteed by the »Act on Rights of the Patient and on the Ombudsman for Patient's Rights«.[26]

According to the article 31, section 1 of the »Act on Professions of Doctor and Dentist«:

> Doctor has obligation to provide to the patient […] plain information about the patient's health status, diagnosis, proposed and possible diagnostic and therapeutic methods, anticipated consequences of using or renunciation of these methods, results of medical treatment and prognosis.[27]

Physicians can be exempted from this obligation only by the wish of the patient. In the »Act on Rights of Patient and on the Ombudsman

10 [The verdict of the Court of Appeals in Gdańsk of 26. February 2010, signature I ACa 51/10].

[25] Tom L. Beauchamp, James F. Childress: Principles of Biomedical Ethics. 7. Edition. Oxford 2012.

[26] Ustawa o prawach pacjenta i Rzeczniku Praw Pacjenta z dnia 6 listopada 2008 r. Dziennik Ustaw Rzeczypospolitej Polskiej z 2009 r., numer 52, pozycja 417 [The Act on Rights of the Patient and on the Ombudsman for Patient's Rights of 6. November 2008. In: Journal of Laws of the Republic of Poland of 2009, number 52, position 417].

[27] Ustawa o zawodach lekarza [The Act on Professions of Doctor] (note 6).

for Patient's Rights«, the issue of the patient's right to information is codified in the article 9 which states that the patient has the right to: »[…] plain information about [his or hers] health status, diagnosis, diagnostic and therapeutic methods and results of the treatment«.[28] These regulations provide several specific characteristics of the information that should be provided to patient. First, this information should be »plain« which means that physician should adjust the form of the statement to patient's intellectual level. Usually, the patients do not possess specialist medical knowledge – misuse of the form of this information could constitute a barrier for the patient. In this regard, physicians are obliged to provide information according to cognitive abilities of patients. Second, provided information should not only encompass diagnosis but also possibilities of diagnostics and therapy. Third, it also should include guidance to the benefits and risks of the diagnostic and therapeutic methods. As stated in the verdict of the Polish Highest Court: »[…] the obligation for provision of information comprises not only methods applied in the particular medical institution in which the patient stays but should also include methods applied in other medical institutions«.[29]

The right to prenatal diagnostics – similarly as the right to other forms of diagnostics in general – is one of the realizations of the patient's right to information. In its verdict of 12. June 2008, the Polish Highest Court directly stated that: »The right to conduct prenatal diagnostics results from the pregnant woman's right to information about the status of the fetus, possible diseases and defects and possibilities of their treatment in the prenatal period«.[30] The right to prenatal diagnostics do not have to invoke the procedure of abortion and it is not the derivative of the right to »embryo-pathological« abortion.

In the legal case that was the basis for this verdict, a pregnant woman had been refused referral for invasive prenatal testing. Prenatal ultrasound in the 18. week of pregnancy showed irregularities that might have suggested a genetic disease of her fetus. The woman has been refused a referral for prenatal testing based on the evaluation of the attending physician which stated that this specific disease does not provide a sufficient ground for abortion. The woman gave

---

28 Ustawa o prawach pacjenta [The Act on Rights of the Patient] (note 26).

29 Wyrok Sądu Najwyższego z dnia 24 września 2015 r, sygnatura V CSK 738/14 [The verdict of the Highest Court of 24. September 2015, signature V CSK 738/14].

30 Wyrok Sądu Najwyższego [The verdict of the Highest Court] (note 22).

birth to the daughter with Turner syndrome. This case clearly shows that among some groups of Polish gynecologists prenatal diagnostics is directly related to the issue of abortion. The Polish Highest Court in justification of the verdict emphasized that the: »Obligation for thorough information should be fulfilled in such way that provides to patient sufficient and understandable information needed for autonomous decision about further treatment.«[31] Furthermore, the verdict states that the physician is obligated to issue a referral for diagnostics which could allow correct diagnosis. Analysis of this verdict allows to assert that there are no circumstances that would justify refusal for prenatal diagnostics. Even if the fetus reaches age that allows it independent life outside the uterus, a pregnant woman cannot be deprived her right to information through prenatal diagnostics.

A further legal problem that has been raised in context of the right to prenatal diagnostics is the question of person who is allowed to receive the information about the status of the fetus. According to Maria Boratyńska: »As long as fetus is inside the mother's organism, the only person that is entitled to apply for prenatal testing, to give assent to such procedure and to receive the results, is women«.[32] According to article 61 of the »Family and Protection Code«, mother is the woman that gave birth to the child.[33] It is a legal norm that has its source in the Roman law – »mater semper certa est« (»mother is always certain«). There is no legal entitlement for the child's father to decide about prenatal diagnostic procedures. The medical documentation carries the name of the pregnant women as a patient, not the name of the child or of parents. The father of the child: »[…] has only the right of information about asserted diseases or disabilities if they could constitute a premise for abortion. In such case the father can express his willingness to care for the disabled child and to bear cost of such care.«[34]

---

31 Wyrok Sądu Najwyższego [The verdict of the Highest Court] (note 22).

32 Maria Boratyńska: Wolny wybór. Gwarancje i granice prawa pacjenta do samodecydowania [Free choice. Guarantees and limits of the patient's right to autonomy]. Warszawa 2012, p. 566.

33 Ustawa Kodeks rodzinny i opiekuńczy z dnia 25 lutego 1964 r. Dziennik Ustaw Rzeczypospolitej Polskiej z 1964 r., numer 9, pozycja 59 [The Act Family and Protection Code of 25. February 1964. In: Journal of Laws of the Republic of Poland of 1964, number 9, position 59].

34 Boratyńska: Wolny wybór [Free choice] (note 32), p. 567.

As has been showed above, prenatal diagnostics constitutes the realization of the right to information. To provide such information, a prenatal diagnostics program has been introduced in Poland. Women that fulfill certain criteria are allowed access to prenatal diagnostics, costs of which are covered by national common insurance plan.[35] These criteria especially are: age over 35 years, chromosome aberration in the previous pregnancy, an incorrect result of the ultrasound or biochemical examination.

The program of prenatal diagnostics includes: counseling, biochemical diagnostics, ultrasound scan for assertion of congenital defects, and prenatal genetic diagnostics including invasive and noninvasive methods. Women that do not fulfill the criteria listed in the program still can request prenatal testing from the attending physician. Yet, it has to be pointed out that in such case the cost of the diagnostics will not be covered by the national health insurance.

5. Conclusion

The sources of the problematic status of prenatal diagnostics in Poland base on the barriers to access to this procedure. Polish legislation guarantees women the option of using prenatal testing to confirm the health status of their prospective child; however, these regulations are often misinterpreted. Some physicians show paternalistic tendencies in their relationship with pregnant women which sometimes result in refusal to provide a referral for prenatal testing. These actions are motivated by belief that these women will use acquired information to terminate pregnancy. The central characteristics of the woman's right to prenatal diagnostics derives from the right to information. Based on this information, that should in any case be provided to the patient, the pregnant women and not the physician should be allowed to make an autonomous decision about the further course of the pregnancy.

---

[35] Rozporządzenie Ministra Zdrowia w sprawie świadczeń gwarantowanych z zakresu programów zdrowotnych z dnia 6 listopada 2013 r. Dziennik Ustaw Rzeczypospolitej Polskiej z 2013 r., pozycja 1505 [Executive Act of the Minister of Health on guaranteed services within the programs of healthcare of 6. November 2013. In: Journal of Laws of the Republic of Poland of 2013, position 1505].

Krisztina Vinter-Orzechowski und Marcin Orzechowski

Umstrittene Testung – die gesetzlichen Regelungen und politischen Debatten um die Pränataldiagnostik in Polen

Abstract:
In the focus of the article are legal, social and ethical aspects of prenatal diagnostics in Poland. Currently, legislation in this area is characterized by imprecise regulations, which allow many interpretations. Several recent events and judgments of the Polish and international courts show that prenatal diagnostics in Poland is often seen in the context of a possible abortion. This leads to the limitation of the patient's rights and the curtailment of their autonomy. The pressure of the Catholic Church and the conservative groups of the society on the medical professionals leads to the instrumentalization of the conscience clause and to a limited access to prenatal testing. Current proposals to tighten the so called »abortion compromise« clearly show that questions of abortion and prenatal diagnostics remain a heated object of politically dominated debate in Poland.

1. Einführung

Im Herbst 2016 erschütterte Polen eine landesweite Welle an Demonstrationen. In mehr als 140 Städten protestierten Frauen und Männer in sogenannten »Schwarzen Protesten« gegen eine Verschärfung des geltenden Rechts auf Schwangerschaftsabbruch und Pränataldiagnostik. Schätzungen zufolge gingen mehr als 200.000 Menschen auf die Straße, um ihre Einstellung zur aktuellen Debatte über Bevölkerungspolitik zu demonstrieren.[1] Diese Proteste wurden vom Großteil der polnischen Gesellschaft unterstützt. Auslöser der Protestaktionen war ein Gesetzesentwurf konservativer Organisationen,

---

[1] Renata Grochal: Kobiety znów protestują. »Żyjemy w lęku i strachu«. Ponad sto demonstracji w całym kraju [Frauen protestieren erneut. »Wir leben in Furcht und Angst«. Über hundert Proteste im ganzen Land]. In: Gazeta Wyborcza (24. 10. 2016). http://wyborcza.pl/7,75398,20882361,kobiety-znow-protestuja-zyjemy-w-leku-i-strachu-ponad-demonstracji.html (abgerufen am 8. 1. 2018).

demzufolge Schwangerschaftsabbrüche kriminalisiert und pränataldiagnostische Untersuchungen deutlich erschwert werden sollten. Diese Proteste führten zwar dazu, dass der Gesetzesentwurf im polnischen Parlament nicht verabschiedet wurde. Dennoch stellen in Polen Fragen der Bevölkerungspolitik nach wie vor ein kontrovers diskutiertes und aktuelles Thema dar.

Der Streit über eine moderne und gesellschaftlich akzeptierte Regulierung des Bereiches der Pränataldiagnostik ist in vielen europäischen Ländern präsent. In Polen erlangt das Thema jedoch eine besondere Bedeutung. Die Intensität und Reichweite der Proteste haben gezeigt, dass die bevölkerungspolitische Debatte in Polen immer schärfer geführt wird. Dies hat dazu geführt, dass der Dialog zwischen Politik und Gesellschaft immer geringer wird. Die Pränataldiagnostik ist in Polen Teil des sogenannten »Abtreibungskompromisses«, der 1993 mit dem »Gesetz über Familienplanung, Schutz des menschlichen Fetus und die Bedingungen für erlaubte Abtreibung« (im Folgenden abgekürzt zu: »Gesetz über Familienplanung«) erarbeitet wurde.[2] Der Abtreibungskompromiss ist also ein juristischer und gesellschaftlicher *modus vivendi,* der seit 25 Jahren die Fragen des Schwangerschaftsabbruchs reguliert und der Pränataldiagnostik eine besondere Rolle einräumt.[3] Das Besondere der polnischen Regelungen ist, dass Ergebnisse pränataler genetischer und nichtgenetischer Testung Schwangerschaftsabbrüche erlauben. Das verleitet dazu, dass Pränataldiagnostik sowohl aus politischer als auch öffentlicher Sicht mit einem Schwangerschaftsabbruch assoziiert wird. Jeder Versuch, die Situation zu ändern, führt zu einer impulsiven Debatte über persönliche Entscheidungen in der vorgeburtlichen Medizin, über die Selbstbestimmung von Frauen, die Säkularisierung des Staates und die Grenzen staatlicher Regulierungsmöglichkeiten.

Die Debatte um Schwangerschaftsabbruch und Pränataldiagnostik wird in Polen derzeit vor allem auf einer religiösen Bezugsebene geführt. Dabei werden juristische, gesellschaftliche und ethische As-

---

[2] Ustawa o planowaniu rodziny, ochronie płodu ludzkiego i warunkach dopuszczalności przerywania ciąży z dnia 7 stycznia 1993 r. Dziennik Ustaw Rzeczypospolitej Polskiej Nr. 17, pozycja 78 [Gesetz über Familienplanung, Schutz des menschlichen Fetus und die Bedingungen für eine erlaubte Abtreibung vom 7. Januar 1993. In: Gesetzblatt der Republik Polen vom 1993, Nr. 17, Stelle 78].

[3] Andrzej M. Kaniowski: Naturrecht oder Machtanspruch? Pränatalmedizin als Kampffeld. In: Florian Steger, Jan C. Joerden, Andrzej M. Kaniowski (Hg.): Ethik in der Pränatalen Medizin. Frankfurt am Main 2016, S. 85–96, hier S. 89.

pekte der Pränataldiagnostik nur selten berücksichtigt. Eine explizite Verbindung der Pränataldiagnostik mit dem Schwangerschaftsabbruch steht im Widerspruch zu gegenwärtigen gesellschaftlichen Einstellungen. Daraus ist zu folgern, dass die Funktion und der Anwendungsbereich von Pränataldiagnostik in Polen genauer definiert und gesetzlich gezielt reguliert werden müssen. Vor diesem Hintergrund werden im folgenden Beitrag die juristischen Regelungen, gesellschaftlichen Einstellungen und ethischen Dimensionen der Pränataldiagnostik in Polen untersucht. Zunächst werden die entsprechenden rechtlichen Grundlagen erörtert (Kapitel 2). Dabei wird besonders auf die Engführung der Pränataldiagnostik mit einem Schwangerschaftsabbruch fokussiert. Im Anschluss daran wird die aktuelle Debatte über die Bedeutung der Gewissensklausel im Kontext der Pränataldiagnostik eingegangen (Kapitel 3). Schließlich werden die gesellschaftlichen Einstellungen und aktuellen politischen Debatten zu Fragen des Schwangerschaftsabbruchs und Pränataldiagnostik analysiert (Kapitel 4). Die Ergebnisse des Beitrags werden in einem Fazit zusammengeführt (Kapitel 5).

2. Rechtliche Grundlagen der Pränataldiagnostik in Polen

2.1 »Gesetz über Familienplanung«

Der Einsatz pränataler Diagnostik innerhalb der verfügbaren diagnostischen und therapeutischen Möglichkeiten ist in Polen über Artikel 4 des »Arzt- und Zahnarztgesetzes« vom 5. Dezember 1996 geregelt.[4] Dieser Artikel hält die ethische und berufliche Pflicht des Arztes zur bestmöglichen Versorgung der Patienten nach anerkannten Standards der medizinischen Wissenschaft fest:

> Der Arzt ist verpflichtet, den Beruf nach den Weisungen der aktuellen medizinischen Kenntnisse auszuüben und verfügbare Methoden und Mittel der Prävention, Diagnose und Behandlung zur Verfügung zu stellen, in Übereinstimmung mit den Regeln der Berufsethik und mit der gebotenen Sorgfalt.[5]

[4] Ustawa o zawodzie lekarza i lekarza dentysty z dnia 5 grudnia 1996 r. Dziennik Ustaw Rzeczypospolitej Polskiej z 1996r, Nr 28, pozycja 152 [Gesetz über den Beruf des Arztes und Zahnarztes vom 5. Dezember 1996. In: Gesetzblatt der Republik Polen vom 1996, Nr. 28, Stelle 152].

[5] Ustawa o zawodzie lekarza [Gesetz über den Beruf des Arztes] (Anm. 4).

Die ärztliche Pflicht, in Diagnose und Therapie auch pränatale Testungsmöglichkeiten zu nutzen, ist in der polnischen »Ärztlichen Ethikordnung« festgehalten:

> Der Arzt ist dazu verpflichtet, die Patienten mit den Möglichkeiten der modernen medizinischen Genetik sowie der pränatalen Diagnostik und Therapie vertraut zu machen. Durch die Übermittlung der oben genannten Informationen ist der Arzt verpflichtet, über die mit dem pränatalen Screening verbundenen Risiken zu berichten.[6]

Gesonderte Bestimmungen zur Pränataldiagnostik finden sich im Gesetz über Familienplanung von 1993 sowie in der Änderung dieses Gesetzes vom 30. August 1996.[7] In der ursprünglichen Form des »Gesetzes über Familienplanung« von 1993 wurde im Artikel 2, Absatz 2 der freie Zugang zu Pränataldiagnostik nur dann eingeräumt, wenn die geplante Untersuchung das Risiko einer Fehlgeburt nicht erhöht und es wahrscheinlich ist, dass der Fetus an einem genetischen Fehler leidet.[8] Dieser Artikel wurde am 30. August 1996 geändert, um einen breiteren Zugang zu Pränataldiagnostik zu ermöglichen. In Artikel 2a des Gesetzes heißt es hierzu nun:

> Die Organe der staatlichen Administration sowie der regionalen Administration sind in ihren Kompetenzen dazu verpflichtet, freien Zugang zur Information und Pränataldiagnostik zu gewähren, vor allem in Situationen des erhöhten Risikos eines genetischen Schadens oder einer für das Leben des Fetus gefährlichen Krankheit.[9]

Durch diese neue Gesetzgebung ist der kostenfreie Zugang zur Pränataldiagnostik prinzipiell möglich. Doch durch spezifizierende Vorschriften dieser Gesetzgebung von Seiten des Gesundheitsministeri-

---

[6] Naczelna Izba Lekarska: Kodeks Etyki Lekarskiej – Uchwała Nadzwyczajnego II Krajowego Zjazdu Lekarzy z 14 grudnia 1991 r. z późniejszymi zmianami [Ärztehauptkammer: Ärztliche Ethikordnung – Beschluss der II. Außerordentlichen Konferenz der Ärzte vom 14. Dezember 1991 mit späteren Änderungen]. http://www.nil.org.pl/__data/assets/pdf_file/0003/4764/Kodeks-Etyki-Lekarskiej.pdf (abgerufen am 8.1.2018).

[7] Ustawa o zmianie ustawy o planowaniu rodziny, ochronie płodu ludzkiego i warunkach dopuszczalności przerywania ciąży z dnia 30 sierpnia 1996 r. Dziennik Ustaw Rzeczypospolitej Polskiej Nr 139, pozycja 646 [Gesetz über die Änderung des Gesetzes über Familienplanung, Schutz des menschlichen Fetus und Bedingungen für eine erlaubte Abtreibung vom 30. August 1996. In: Gesetzblatt der Republik Polen vom 1996, Nr. 139, Stelle 646].

[8] Ustawa o planowaniu rodziny [Gesetz über Familienplanung] (Anm. 2).

[9] Ustawa o zmianie ustawy [Gesetz über die Änderung des Gesetzes] (Anm. 7).

ums wurde der Zugang wiederum eingeschränkt: Eine kostenfreie pränatale Untersuchung wird gewährleistet, wenn: 1. die Mutter älter als 35 Jahre ist, 2. in früheren Schwangerschaften Chromosomendefekte aufgetreten sind, 3. die Eltern an einem genetischen Fehler leiden oder 4. frühere Untersuchungen ergeben haben, dass der Fetus einen Chromosomendefekt hat.[10]

Artikel 4a, Absatz 1, Punkt 2 des »Gesetzes über Familienplanung« von 1993 reguliert zudem Gründe für einen erlaubten Schwangerschaftsabbruch. Ein genetischer Schaden des Fetus ist dabei einer von drei rechtlich anerkannten Gründen für einen legalen Schwangerschaftsabbruch. Dieses Gesetz stellt in der neuesten polnischen Geschichte einen besonderen politischen und gesellschaftlichen Kompromiss dar. Vor 1989 galt in Polen das Abtreibungsgesetz von 27.4.1956.[11] Aufgrund der Vorschriften dieses Gesetzes war ein Schwangerschaftsabbruch nur dann erlaubt, wenn es 1. dafür medizinische Gründe gab, 2. die Schwangerschaft die Folge einer kriminellen Tat war oder 3. sich die Schwangere in einer problematischen Lebenssituation befand. In der Praxis wurde dieser letzte Grund häufig geltend gemacht und führte zur weitverbreiteten »Abtreibung nach Wunsch«.

Das Abtreibungsgesetz von 1956 und deren Folgen erregten den Widerspruch der katholischen Kirche in Polen.[12] Im Jahr 1989 wurde in Zusammenarbeit mit dem polnischen Episkopat ein Änderungsgesetz vorgeschlagen, um künftig Schwangerschaftsabbrüche zu verhindern. Dieser Entwurf wurde jedoch nicht beschlossen. Die weitere Debatte über Regelungen zum Schwangerschaftsabbruch war ohne Zweifel einer der wichtigen und stark polarisierenden Punkte auf der

---

[10] Rozporządzenie Ministra Zdrowia z dnia 30 sierpnia 2009 r. w sprawie świadczeń gwarantowanych z zakresu programów zdrowotnych. Dziennik Ustaw Rzeczypospolitej Polskiej z 2009 r., Nr 140, pozycja 1148 [Verordnung des Gesundheitsministeriums vom 30. August 1996 über garantierte Medizinleistungen im Rahmen der Gesundheitsprogramme. In: Gesetzblatt der Republik Polen vom 1996, Nr. 140, Stelle 1148].

[11] Ustawa z dnia 27 kwietnia 1956 r. o warunkach przerywania ciąży. Dziennik Ustaw Polskiej Republiki Ludowej z 1956 r., Nr 12, pozycja 61 [Gesetz vom 27. April 1956 über die Bedingungen des Schwangerschaftsabbruchs. In: Gesetzblatt der Polnischen Volksrepublik vom 1956, Nr. 12, Stelle 61].

[12] Krzysztof Kowalczyk: Partie polityczne i ich elektoraty wobec kwestii nowelizacji ustawy antyaborcyjnej w Polsce (2007–2011) [Positionen der politischen Parteien und ihrer Wählerschaft in der Frage der Novellierung des Anti-Abtreibungsgesetzes in Polen (2007–2011)]. In: Opuscula Sociologica 2 (2014), S. 19–29, hier S. 21.

polnischen politischen Bühne zwischen 1991 und 1993.[13] Zwei verschiedene Perspektiven waren dabei dominant: Auf der einen Seite forderten rechtskonservative Parteien mit Unterstützung der katholischen Kirche die Kriminalisierung von Schwangerschaftsabbrüchen. Auf der anderen Seite plädierten linksliberale Parteien für eine Zulässigkeit des Schwangerschaftsabbruchs bis zur 12. Schwangerschaftswoche ohne Nennung von Gründen. Die parlamentarische Debatte über die beiden Gesetzvorschläge begleiteten Proteste und Auseinandersetzungen der »pro-life« und »pro-choice« Gruppen.[14] Das am 7. Januar 1993 verabschiedete »Gesetz über Familienplanung« stellte einen Kompromiss zwischen diesen beiden Positionen dar. Teilweise schwer kritisiert, schuf das Gesetz dennoch eine Grundlage für die Koexistenz eigentlich entgegengestellter Positionen. So legalisierte das Gesetz den Schwangerschaftsabbruch für drei Fälle, wenn: 1. die Schwangerschaft die Folge einer Vergewaltigung ist, 2. die Schwangerschaft eine Gefahr für das Leben der Mutter bedeutet und 3. eine vorgeburtliche Untersuchung mit hoher Wahrscheinlichkeit darauf hinweist, dass der Fetus an einer schweren und nichttherapierbaren Krankheit leidet, die eine Bedrohung für sein Leben darstellt.[15]

Dieser dritte Punkt hat einen expliziten Bezug zur Möglichkeit einer vorgeburtlichen Untersuchung und verbindet zwei voneinander getrennte Sachverhalte: Pränataldiagnostik bezieht sich auf das Recht auf Information, Schwangerschaftsabbruch liegt im Bereich der bewussten Familienplanung. Die problematische Verbindung dieser beiden Bereiche hat dazu geführt, dass Pränataldiagnostik sowohl in der öffentlichen als auch in der politischen Debatte mit Schwangerschaftsabbruch assoziiert wird. Erschwerend kommt hinzu, dass das »Gesetz über Familienplanung« nicht eindeutig die Ziele von Pränataldiagnostik definiert. Die Möglichkeit einer Therapie ist aus diesem Grund im Gesetz nicht explizit festgehalten.

Darüber hinaus ist die vom Gesetzgeber verwendete Formulierung nicht eindeutig. Im Gesetzestext wird nicht definiert, was unter einer »hohe[n] Wahrscheinlichkeit« zu verstehen ist, wie eine »schwere und nichttherapierbare Krankheit« definiert ist und auf

---

[13] Mirosław Chałubiński (Hg.): Polityka i aborcja [Politik und Abtreibung]. Warszawa 1994.

[14] Ewelina Wejbert-Wąsiewicz: Aborcja w dyskursie publicznym. Monografia zjawiska [Abtreibung im öffentlichen Diskurs. Monographie des Phänomens]. Łódź 2012.

[15] Ustawa o planowaniu rodziny [Gesetz über Familienplanung] (Anm. 2).

welche Weise eine Krankheit eine Bedrohung für das Leben des Fetus bedeuten kann. Schon auf den ersten Blick ist an dieser Stelle ersichtlich, dass die Kriterien für einen Schwangerschaftsabbruch unpräzise sind und viel Interpretationsspielraum zulassen. Durch die fehlende sprachliche und inhaltliche Präzision überträgt der Staat die Verantwortung für die Interpretation pränataldiagnostisch gewonnener Ergebnisse den Ärzten. Da deren Entscheidung zu einem Schwangerschaftsabbruch führen kann, und sich Ärzte zusätzlich mit dem wachsenden Druck von konservativen Kräften und der katholischen Kirche konfrontiert sehen, fühlen sich viele Ärzte dazu gezwungen, die Ergebnisse einer Pränataldiagnostik zu verschweigen.[16] Dabei berufen sie sich auf die sogenannte Gewissensklausel.

2.2 *Gewissensklausel und Zugang zur Pränataldiagnostik in Polen*

Das »Gesetz über Familienplanung« von 1993 räumt den schwangeren Frauen ein Recht auf Pränataldiagnostik ein. In der Praxis wird dieses Recht unter Berufung auf die Gewissensklausel von Seiten der Ärzte unterminiert. Die Gewissensklausel ist explizit im Artikel 39 des »Arzt- und Zahnarztgesetzes« festgehalten: »Ein Arzt darf sich von der Ausübung jener Gesundheitsleistungen zurückhalten, deren Ausübung sich nicht mit seinem Gewissen vereinbaren lässt«.[17] Diese Vorschrift, die einen breiten Interpretationsspielraum einräumt, wird durch die Pflicht zur Patientenfürsorge ergänzt, die ebenfalls im Artikel 39 festgehalten ist:

> Der Arzt ist verpflichtet, reale Möglichkeiten des Erhaltens dieser Leistungen von einem anderen Arzt oder an einer anderen medizinischen Einrichtung anzuweisen, und er ist verpflichtet, diesen Sachverhalt zu begründen und in der ärztlichen Dokumentation zu vermerken.[18]

Die Berufung auf die Gewissensklausel ist nicht für Situationen erlaubt, die zur ärztlichen Hilfeleistung verpflichten, beispielsweise im Falle einer lebensbedrohlichen Notfallsituation, einer schweren Verletzung des Körpers oder schwerem gesundheitlichen Schaden.

---

[16] Kaniowski: Naturrecht oder Machtanspruch (Anm. 3).
[17] Ustawa o zawodzie lekarza [Gesetz über den Beruf des Arztes] (Anm. 4).
[18] Ustawa o zawodzie lekarza [Gesetz über den Beruf des Arztes] (Anm. 4).

Dennoch ist zu beobachten, dass die Gewissensklausel im Zusammenhang mit der Pränataldiagnostik zur Anwendung kommt. Mit der Begründung, dass Pränataldiagnostik zum Schwangerschaftsabbruch führen kann, versuchen Ärzte immer wieder, Schwangere daran zu hindern, pränatale Tests durchführen zu lassen. Das führt dazu, dass Informationen über genetische Fehler des Fetus gar nicht oder nur verzögert entdeckt und weitergegeben werden, so dass die Frist für einen legalen Schwangerschaftsabbruch abläuft. Dadurch wird das Recht auf Information, das in der »Ärztlichen Ethikordnung« und im »Gesetz über Familienplanung« von 1993 festgeschrieben ist, verletzt. Zudem wird das Recht der Frau auf Selbstbestimmung nicht gewährt. In einigen Fällen wird dabei auch gegen das Prinzip des Nichtschadens verstoßen. Pränatale Untersuchungen informieren über den gesundheitlichen Zustand eines Fetus und weisen auf mögliche Bedrohungen für das Leben der Mutter hin. Durch die Unterschlagung entsprechender Informationen kann nicht nur der Fetus, sondern auch die Mutter zu Schaden kommen.

Die Gewissensklausel steht zwischen den politisch motivierten Regelungen des Abtreibungskompromisses und der religiösen Orientierung der einzelnen Ärzte.[19] Das Recht auf Information beinhaltet für Patientinnen schließlich auch das Recht, in Abhängigkeit der Testergebnisse selbst zu entscheiden, ob eine Schwangerschaft fortgesetzt oder abgebrochen werden soll. Dieser Aspekt wird auch in der polnischen Rechtsprechung und juristischen Praxis hervorgehoben. Im Folgenden werden zwei Fälle geschildert, in denen solche Praktiken als Beschneidung des Rechts auf Information und Selbstbestimmung gesehen werden können.

Beispiel 1

Beispielhaft ist hier ein Urteil des polnischen Obersten Gerichtshofs aus dem Jahr 2008.[20] Die betreffende Entscheidung bezog sich auf eine Patientin, welcher der Zugang zu genetischer Pränataldiagnostik

[19] Maria Boratyńska: Informacja i swobodny dostęp do genetycznych badań prenatalnych a klauzula sumienia i przywilej terapeutyczny [Information und ungehinderter Zugang zur genetischen Pränataldiagnostik versus Gewissensklausel und Therapieprivileg]. In: Etyka 47 (2013), S. 34–49, hier S. 34.

[20] Wyrok Sądu Najwyższego z dnia 12 czerwca 2008 r., Sygnatura III CSK 16/08. In: Radosław Tymiński: Odpowiedzialność prawna w praktyce. Wybór orzeczeń Sądu Najwyższego z lat 2000–2012. [Urteil des Obersten Gerichtshof vom 12. Juni 2008, Signatur III CSK 16/08. In: Radosław Tymiński: Rechtliche Verantwortlichkeit in der

mehrmals verweigert wurde, obwohl für den Fetus der Verdacht auf ein Turner-Syndrom bestand. Obwohl in der 18. Schwangerschaftswoche eine mögliche Missbildung des Fetus festgestellt wurde, überwiesen die behandelnden Ärzte die Patientin nicht zur genetischen Untersuchung und verzögerten durch weitere unnötige Untersuchungen die korrekte Diagnose. Als schließlich eine genetische Untersuchung erfolgte, war ein legaler Schwangerschaftsabbruch nicht mehr möglich. Ihre Entscheidung begründeten die Ärzte damit, dass die Patientin im Fall eines genetischen Fehlers zum Schwangerschaftsabbruch bereit gewesen wäre.

In seinem Urteil zu dieser Fragestellung entschied das polnische Oberste Gericht, dass sich das Recht auf pränatale genetische Untersuchungen aus dem Recht der Schwangeren ergibt, über den Zustand eines Fetus, über dessen mögliche genetische Defekte und Krankheiten und deren Behandlungsmöglichkeiten in der Fetalperiode Auskunft zu erhalten. Das Recht auf Pränataldiagnostik, so das Oberste Gericht weiter, leite sich zudem nicht vom Recht auf Schwangerschaftsabbruch ab, sondern basiere auf dem Recht auf Information. Die Informationspflicht sei insofern wichtig, als sie der Frau die Vorbereitung auf die Geburt und Pflege eines behinderten Kindes ermögliche. Ärzte sind gesetzlich verpflichtet, Patienten über ihren Gesundheitszustand zu informieren. Da ein pränataler Gentest die einzige Untersuchungsmethode ist, die das Turner-Syndrom bei einem Fetus bestätigen oder ausschließen kann, waren die Ärzte folglich gesetzlich verpflichtet, eine Untersuchungsüberweisung zu erteilen und die Patientin über die Bedeutung und die Konsequenzen einer Anwendung oder Ablehnung des pränatalen Tests zu informieren. Krankenhausinterne Verfahren entbinden Ärzte dabei nicht von dieser Pflicht, da nichtgesetzliche Regelungen die Rechte des Patienten nicht einschränken dürfen.

Die Klage der Patientin wurde auch vom Europäischen Gerichtshof für Menschenrechte in Straßburg geprüft.[21] In seiner Schlussfolgerung betonte der Europäische Gerichtshof für Menschenrechte, dass Ärzte einem Patienten Informationen über seinen Gesundheits-

---

Praxis. Auswahl der Entscheidungen des Obersten Gerichtshof vom 2000–2012], Kraków 2013, S. 140–145.

21 European Court of Human Rights: Case of R. R. v. Poland, Application no. 27617/04 (26.5.2011). http://www.globalhealthrights.org/wp-content/uploads/2016/05/CASE-OF-R.R.-v.-POLAND.pdf (abgerufen am 8.1.2018).

zustand nicht aufgrund eigener moralischer oder religiöser Überzeugungen vorenthalten dürfen. Das Recht auf Information in Form einer pränatalen Diagnostizierung müsse durch den Staat garantiert werden:

> States are obliged to organize the health services system in such a way as to ensure that an effective exercise of the freedom of conscience of health professionals in the professional context does not prevent patients from obtaining access to services to which they are entitled under the applicable legislation.[22]

Beispiel 2

Das zweite Beispiel, aus dem Jahr 2014, bezieht sich auf eine Frau, die in der 22. Schwangerschaftswoche erfuhr, dass ihr Fetus keine Schädeldecke hat und sein Gehirn kaum ausgebildet war. Der Leiter der Klinik hatte, obwohl er nicht der leitende Arzt war, durch weitere Untersuchungen die Möglichkeit eines Schwangerschaftsabbruchs verzögert, sodass die Zeit für einen legalen Schwangerschaftsabbruch verstrichen war. Dabei hatte er sich auf die Gewissensklausel berufen. In dieser Zeit hatte er die Patientin nicht an einen anderen Arzt überwiesen und ihr nicht die notwendigen Informationen erteilt, damit sie selbst entscheiden konnte, ob sie die Behandlung in einem anderen Krankenhaus fortsetzen beziehungsweise den Schwangerschaftsabbruch vornehmen lassen möchte. Die Frau war aus diesem Grund gezwungen, das Kind zu gebären. Die genetischen Fehler des Kindes waren auch nach der Geburt nicht therapierbar, und es ist zehn Tage später gestorben.[23]

Die Entscheidung des Klinikleiters stellte eine gängige, wenn auch bis dahin eher verschwiegene Praxis ins öffentliche Licht: Polnische Ärzte neigen dazu, schwangeren Frauen, selbst in gesetzlich erlaubten Fällen, das Recht auf einen legalen Schwangerschaftsabbruch zu verweigern. Diese Praxis ergibt sich, nicht zuletzt durch den Druck der katholischen Kirche. Das Besondere des hier beschriebenen Beispiels ist, dass durch die Instrumentalisierung der Gewissensklausel diese auf den Bereich der pränatalen Diagnostik aus-

---

[22] European Court of Human Rights: Case of R. R. v. Poland (Anm. 21), S. 12.

[23] Marcin Goettig, Aneta Pomieczyńska: Poland asks: should a doctor serve God, or patients? In: Reuters (9.7.2014). http://www.reuters.com/article/us-poland-abortion/poland-asks-should-a-doctor-serve-god-or-patients-idUSKBN0FE1VF20140709 (abgerufen am 8.1.2018).

geweitet wurde. Damit wurde sowohl die Selbstbestimmung der Patientin in Fragen der eigenen Gesundheit beschnitten als auch ihr psychisches Wohlbefinden. Ein wochenlanges juristisches Verfahren und die Geburt eines lebensunfähigen Kindes führten bei der Frau und ihrer Familie zu einer psychischen Traumatisierung, mit deren Folgen sie bis jetzt zu kämpfen haben.[24]

In diesem Kontext muss ein Blick darauf geworfen werden, welche gesellschaftliche Einstellung in Polen zur Frage der Gewissensklausel im Kontext der Pränataldiagnostik vorherrscht. In einer öffentlichen Befragung aus dem Jahr 2014 sprachen sich mehr als 70 % der befragten Bürger gegen das gewissensmotivierte Recht des Arztes auf Ablehnung der pränatalen Untersuchung des Fetus mit möglichen genetischen Fehlern aus. Nur 12 % der Befragten waren der Meinung, dass sich der Arzt in einer solchen Situation auf die Gewissensklausel berufen dürfte.[25] Dieses Ergebnis zeigt, dass die Mehrheit der polnischen Bevölkerung befürwortet, dass Schwangere selbst über die Fortführung oder den Abbruch der Schwangerschaft entscheiden können. Die Selbstbestimmung der Patientin und die persönliche Entscheidung in Gewissensfragen werden in der polnischen Gesellschaft als ein wichtiger Aspekt der Gesundheitsversorgung betrachtet.

Der Streit um die Gewissensklausel zeigt, dass die Engführung der Pränataldiagnostik mit der Frage des Schwangerschaftsabbruchs in der polnischen Gesetzgebung und in der öffentlichen Debatte schwerwiegende Auswirkungen auf das ärztliche Handeln hat. Die Stellungnahmen der katholischen Kirche zu bio- und medizinethischen Fragen sowie der öffentliche Druck von Seiten konservativer Bevölkerungsgruppen bringen viele Ärzte in Konflikt mit medizinethischen Prinzipien. Denn ein ethisch neutraler Bereich (Information) wird dabei mit einem ethisch aufgeladenen Bereich (Schwanger-

---

[24] Magdalena Rigamonti: Rodzice dziecka, którym prof. Chazan odmówił aborcji: Po urodzeniu lekarze bali nam się je pokazać [Eltern, bei denen Dr. Chazan die Abtreibung abgelehnt hat: Nach der Geburt hatten die Ärzte Angst, uns das Kind zu zeigen]. In: Gazeta Prawna.pl (24. 9. 2016). http://serwisy.gazetaprawna.pl/zdrowie/artykuly/878315,rodzice-dziecka-ktorym-prof-chazan-odmowil-aborcji-po-urodzeniu-lekarze-bali-nam-sie-je-pokazac.html (abgerufen am 8. 1. 2018).

[25] Centrum Badania Opinii Społecznej: Klauzula sumienia lekarza i farmaceuty [Gewissensklausel des Arztes und Pharmazeuts]. In: Komunikat z badań Centrum Badania Opinii Społecznej 94 (2014). http://www.cbos.pl/SPISKOM.POL/2014/K_094_14.PDF (abgerufen am 8. 1. 2018).

schaftsabbruch) verbunden. Diese Verknüpfung trägt wesentlich dazu bei, dass Ärzte Gefahr laufen, ihre Informationspflicht zu umgehen. Die Gewissensklausel bezieht sich auf medizinische Leistungen, die einen moralischen Konflikt zwischen der persönlichen Überzeugung und der beruflichen Pflicht des Arztes darstellen. Die Information über den Gesundheitszustand gehört nicht dazu. Zwar kann ein negativer Befund zum Schwangerschaftsabbruch führen, diese Entscheidung muss aber von Patienten im Rahmen des geltenden Rechts getroffen werden. Das Hauptziel der Pränataldiagnostik sollte die Beschaffung von Informationen sein, die Nutzung dieser Informationen muss abhängig bleiben von der Entscheidung der informierten Person.

3. Zugang zur Pränataldiagnostik in Polen – wird das Recht auf Information begrenzt?

Pränataldiagnostik stellt eine der maßgeblichen Maßnahmen dar, mit deren Hilfe sich Schwangere über den gesundheitlichen Zustand des Fetus informieren können. Sie ermöglicht es, dass genetische Fehler früh erkannt werden können, hat eine Schlüsselbedeutung in späteren medizinischen Entscheidungen und bei der Versorgung von Neugeborenen. Den Eltern erlauben entsprechende Testergebnisse zudem, sich rechtzeitig auf die Betreuung eines kranken Kindes vorbereiten zu können. Denn das Wissen über mögliche genetische Fehler ihres Kindes erlaubt den Eltern die psychische, organisatorische aber auch finanzielle Vorbereitung für die Zeit nach der Geburt. Die Zeit vor der Geburt können die Eltern alternativ auch nutzen, um die Möglichkeit einer Adoption abzuwägen.[26] In diesem Kontext hat der Gesetzgeber im »Gesetz über Familienplanung« von 1993 das Recht auf genetische Pränataldiagnostik als eines der wichtigsten Instrumente der Selbstbestimmung der Patientinnen im Bereich der Fortpflanzung definiert.

In der Praxis ist der Zugang zu Information im Sinn einer kostenlosen Pränataldiagnostik jedoch problematisch. Oft wird Patientinnen der Weg zu Informationen durch administrative und organisatorische Hürden erschwert. Obwohl das Gesundheitsministerium

---

[26] Jan Domaradzki: Genetyczne badania prenatalne, retoryka wyboru a prawo do ignorancji [Genetische Pränataldiagnostik, Entscheidungsrhetorik und das Recht auf Nichtwissen]. In: Nowiny Lekarskie 80 (2011), S. 139–146.

die finanziellen Mittel für diesen Bereich jährlich erhöht (von ca. 5 Millionen Euro im Jahr 2009 auf bis zu 10 Millionen Euro im Jahr 2014), ist diese Summe zu gering, um einen breiten Zugang zu entsprechenden Untersuchungen zu gewährleisten. Eine Erhebung der polnischen Obersten Kontrollkammer zur Verfügbarkeit der Pränataldiagnostik hat gezeigt, dass die Anzahl der Frauen, die Pränataldiagnostik in Anspruch nehmen, bei nur 19 % liegt. In manchen Regionen sind das nur 8 % aller schwangeren Frauen.[27] Die Ursache dafür liegt vor allem in der geringen Anzahl von medizinischen Einrichtungen, die eine staatlich finanzierte Pränataldiagnostik anbieten. In manchen Regionen des Landes gibt es nur zwei oder drei gynäkologische Zentren, in denen eine solche Untersuchung möglich ist. Beispielsweise in den Woiwodschaften (Verwaltungsbezirken) Podkarpackie und Warmińsko-Mazurskie boten im Jahr 2015 nur jeweils zwei staatlich finanzierte Zentren Pränataldiagnostik an. Die Anzahl der Frauen, die in diesen beiden Regionen eine pränatale Testung in Anspruch nahmen, lag bei über 9.000 Schwangeren.[28] Das bedeutet, dass Frauen aus diesen Regionen zu anderen Woiwodschaften reisen müssen, um sich untersuchen zu lassen. In vielen Fällen verhindern finanzielle Barrieren diese Möglichkeit.[29]

Problematisch ist in diesem Kontext auch die Informationspolitik des polnischen Gesundheitsministeriums. Materialien, die vom Ministerium für Patientinnen zur Verfügung gestellt werden, verweisen nicht auf die prinzipiellen Möglichkeiten kostenloser pränataler Untersuchungen. Dadurch wissen viele Schwangere nicht, dass sie hierzu eigentlich berechtigt sind. Das trägt dazu bei, dass manche Frauen komplett auf Pränataldiagnostik verzichten oder die Untersuchung selbst finanzieren, die in privaten gynäkologischen Zentren durchgeführt werden.[30]

---

[27] Najwyższa Izba Kontroli: Badania Prenatalne w Polsce. Informacja o wynikach kontroli [Pränataldiagnostik in Polen. Information zu den Ergebnissen der Prüfung]. Warszawa 2016. https://www.nik.gov.pl/plik/id,10793,vp,13126.pdf (abgerufen am 8.1.2018).

[28] Sprawozdanie Rady Ministrów z wykonwania ustawy o planowaniu rodziny [Bericht des Ministerrates über die Durchführung des Gesetzes über Familienplanung]. Warszawa 2014.

[29] Karol Więckiewicz: Czy w Polsce istnieje prawo kobiety do badań prenatalnych? [Besteht in Polen das Recht auf Pränataldiagnostik?]. In: Prawo i Medycyna 4 (2011), S. 94–106.

[30] Najwyższa Izba Kontroli: Badania Prenatalne w Polsce [Pränataldiagnostik in Polen] (Anm. 27).

Das Verhalten polnischer Ärzte trägt ein weiteres dazu bei, dass der Zugang zu Pränataldiagnostik nach wie vor erschwert ist. Oft informieren Ärzte ihre Patientinnen nicht über die Möglichkeit einer pränatalen Untersuchung oder stellen ihnen nicht die hierfür notwendige Überweisung aus.[31] In diesem Zusammenhang wurde das Recht auf Pränataldiagnostik als Recht auf Patienteninformation durch ein Urteil des polnischen Obersten Gerichts bestätigt.[32] Diese Entscheidung bezog sich auf den Fall einer Patientin, deren erstes Kind mit einem unheilbaren genetischen Fehler geboren wurde. Bei der zweiten Schwangerschaft hatte der leitende Gynäkologe eine pränatale Untersuchung mit der Begründung abgelehnt, dass die genetische Krankheit des ersten Kindes hierfür keine zwingende Voraussetzung wäre. Nach sechs Monaten, in denen keine Untersuchung des Fetus vorgenommen wurde, wurden bei einer Standardprozedur die gleichen genetischen Fehler wie bei dem ersten Kind festgestellt. Das Oberste Gericht entschied in seinem Urteil vom 13. Oktober 2005, dass die genetische Missbildung des ersten Kindes auf die mögliche genetische Erkrankung des zweiten Kindes hingewiesen hatte. Demnach wäre der Arzt dazu verpflichtet gewesen, der Patientin eine Überweisung zu einer genetischen Untersuchung auszustellen, sowie ihr Informationen über ihren Gesundheitszustand, die genetische Gesundheitsgefährdung des Fetus und die Notwendigkeit mehrfacher pränataler Untersuchungen zu erteilen. In diesem Urteil hat das Oberste Gericht das Recht auf Pränataldiagnostik als das grundsätzliche Recht auf Information der Schwangeren eingeräumt. Obwohl die festgestellte genetische Missbildung des Fetus nicht therapierbar war, trug die Entscheidung des Arztes, keine Überweisung für weitere genetische Untersuchungen zu erteilen, dazu bei, dass die Schwangere die notwendige Zeit verlor, sich auf die Geburt und die nachgeburtliche Betreuung des Kindes vorbereiten zu können.

Der in Polen vorherrschende problematische und begrenzte Zugang zu Pränataldiagnostik ist sehr kritisch zu sehen. Bestimmte Altersgruppen von der prinzipiellen Möglichkeit genetischer Pränataldiagnostik auszuschließen, bedeutet, dass die Mehrheit der

---

[31] Maria Boratyńska: Wolny wybór. Gwarancje i granice prawa pacjenta do samodecydowania [Freie Wahl. Garantien und Grenzen des Rechts der Patienten auf Selbstbestimmung]. Warszawa 2012.

[32] Wyrok Sądu Najwyższego z dnia 13 października 2005 r., Sygnatura IV CK 161/05 [Urteil des Obersten Gerichtshof vom 13. Oktober 2005, Signatur IV CK 161/05]. https://www.saos.org.pl/judgments/163611 (abgerufen am 8.1.2018).

Schwangeren in Polen keinen freien Zugang zu diesem wichtigen Bereich des Gesundheitswesens bekommt und in ihrem Recht, über den Gesundheitszustand des Fetus informiert zu werden, eingeschränkt wird. Die geringe Anzahl an Institutionen, in denen genetische Pränataldiagnostik angeboten wird, und die langen Wartezeiten auf die Ergebnisse der Testung beschneiden sowohl die Rechte der Frauen auf Pränataldiagnostik, die in der gültigen Gesetzgebung garantiert sind, als auch die medizinethischen Prinzipien der Selbstbestimmung und Fürsorge. Ähnlich wird diese Situation von staatlichen Kontrollorganen eingeschätzt.[33] In ihrem Report plädiert die polnische Oberste Kontrollkammer für eine allgemeine Verfügbarkeit pränataler Testungen unabhängig vom Alter der Schwangeren oder der Wahrscheinlichkeit eines genetischen Defekts beim Fetus. In diesem Kontext muss auch betont werden, dass die Pflicht, über die Möglichkeiten einer Pränataldiagnostik zu informieren, in der »Ärztlichen Ethikordnung« implizit festgehalten ist. Eine Unterlassung oder Verweigerung der Information stellt demzufolge eine Verletzung ärztlicher Pflichten dar.

4. Gesellschaftliche Einstellung zur Pränataldiagnostik in Polen

4.1 Aktuelle Umfragen zur Pränataldiagnostik

In Bezug auf den in Polen feststellbaren begrenzten Zugang zu pränatalen Testungen ist es von besonderer Bedeutung, auch die gesellschaftliche Einstellung zu dieser Thematik zu analysieren. Der generelle Zugang zu Pränataldiagnostik wird vom Großteil der polnischen Gesellschaft befürwortet. Eine Umfrage, die unter den Patienten eines Krankenhauses in Łódź durchgeführt wurde, hat gezeigt, dass 95 % der Befragten der Meinung sind, dass Schwangere prinzipiell Zugang zu Pränataldiagnostik bekommen sollten.[34] Nur 4 % der Be-

[33] Najwyższa Izba Kontroli: Badania Prenatalne w Polsce [Pränataldiagnostik in Polen] (Anm. 27).

[34] Konrad Wroński, Roman Bocian, Łukasz Dziki, Adam Depta, Jarosław Cywiński, Adam Dziki: Czy każda kobieta w ciąży powinna mieć swobodny dostęp do badań prenatalnych? Prawne aspekty wykonywania badań prenatalnych w Polsce [Soll jede Schwangere Zugang zu Pränataldiagnostik haben? Juristische Aspekte der Pränataldiagnostik in Polen]. In: Borgis – Medycyna Rodzinna 1 (2009), S. 2–10, hier S. 3.

fragten lehnten dies ab. Interessant ist, dass diese Meinung unabhängig vom Ausbildungsgrad, Geschlecht, Wohnsitz (Großstadt oder kleine Ortschaft) oder der sozialen Position der Befragten ist. Dass die Frage der Pränataldiagnostik prinzipiell mit dem Recht auf freie Entscheidung über einen Schwangerschaftsabbruch verbunden ist, wird in Meinungsumfragen mehrheitlich unterstützt: 61 % der Befragten spricht sich für die Möglichkeit eines Schwangerschaftsabbruchs nach einer pränatalen Untersuchung aus, 23 % der Befragten lehnen dies ab.[35] Tatsächlich ist der Hauptteil der Schwangerschaftsabbrüche heute die Reaktion auf pränatale Testung: Daten des polnischen Gesundheitsministeriums vom Jahr 2016 zeigen, dass seit dem Jahr 2002 die Mehrheit der erlaubten Schwangerschaftsabbrüche damit begründet wurde, dass beim Fetus eine Missbildung oder eine schwere, unheilbare Krankheit festgestellt wurde. Im Jahr 2015 betrug der Prozentsatz der legalen Schwangerschaftsabbrüche nach einer pränatalen Untersuchung 98 % aller solcher Eingriffe.[36]

Diese Zahlen zeigen, dass pränatal erhobene Testergebnisse die Entscheidung für einen Schwangerschaftsabbruch begünstigen. Diese Tendenz ist einerseits sowohl mit einer wachsenden Anzahl entsprechender Untersuchungen als auch mit immer breiteren diagnostischen Möglichkeiten verbunden. Andererseits zeigt sie eine Veränderung in der polnischen Gesellschaft zum Schwangerschaftsabbruch. Neue Generationen werdender Mütter und Väter brechen mit den traditionellen Einstellungen zu Familie und Elternschaft, die von der katholischen Kirche unterstützt und propagiert werden. Eine der Hauptursachen hierfür liegt in der Befürchtung der Eltern, dass die Fürsorge für ein krankes Kind ihre finanziellen und persönlichen Möglichkeiten übersteigt.[37]

Dieser Wandel spiegelt sich auch in der gesellschaftlichen Wahrnehmung des geltenden Rechts. Umfragen zur gesellschaftlichen Ein-

---

[35] Centrum Badania Opinii Społecznej: Dopuszczalność aborcji w różnych sytuacjach [Zulassung der Abtreibung unter verschiedenen Aspekten]. In: Komunikat z badań Centrum Badania Opinii Społecznej 71 (2014) http://www.cbos.pl/SPISKOM.POL/2016/K_071_16.PDF (abgerufen am 8.1.2018).

[36] Renata Grohal: Legalne aborcje w Polsce [Legale Schwangerschaftabbrüche in Polen]. In: Gazeta Wyborcza (19.10.2016). http://biqdata.wyborcza.pl/aborcje-gdzie-i-z-jakich-powodow (abgerufen am 8.1.2018).

[37] Patrycja Frączek, Magdalena Jabłońska, Jakub Pawlikowski: Medyczne, etyczne, prawne i społeczne aspekty badań prenatalnych w Polsce [Medizinische, ethische, juristische und gesellschaftliche Aspekte der Pränataldiagnostik in Polen]. In: Medycyna Ogólna i Nauki o Zdrowiu 19 (2013), S. 103–109, hier S. 108.

stellung zum »Abtreibungskompromiss« zeigen, dass dieses Gesetz zunehmend an Unterstützung gewinnt. Während im Jahr 2003 41 % der Befragten mit dem Kompromiss zufrieden waren[38], ist die Zahl der Befürworter im Jahr 2016 auf 57 % gestiegen.[39] Dagegen ist die Anzahl der Personen, die eine Verschärfung des geltenden Rechts fordern, von 27 % auf 9 % gesunken. Diese Ergebnisse deuten auf eine wachsende Akzeptanz der Kompromisshaltung hin. Die Mehrheit der polnischen Gesellschaft spricht sich für den vorgeburtlichen Schutz von Kindern aus, will aber auf die Möglichkeit eines Schwangerschaftsabbruchs nicht verzichten. Deutlich gestiegen ist auch die Anzahl derer, die nach einer Liberalisierung des Rechts streben. Während sich hierfür im Jahr 2003 nur 9 % der Befragten aussprachen, stieg die Gruppe der Befürworter im Jahr 2016 auf 27 %.[40]

Diese Entwicklung stellt in Bezug auf die Abtreibungsfrage deutlich dar, dass die polnische Gesellschaft einer Liberalisierung des bestehenden Rechts zunehmend positiv gegenübersteht. Nichtsdestoweniger wird das Thema des Schwangerschaftsabbruchs und der Pränataldiagnostik weiterhin kontrovers diskutiert. Besonders neue Vorschläge zur Änderung des bestehenden »Abtreibungskompromisses« und zur Verschärfung der gesetzlichen Vorschriften über den Zugang zu Pränataldiagnostik sorgen sowohl auf politischer als auch auf gesellschaftlicher Ebene für eine Zuspitzung dieser Diskussion. Neuere Entwicklungen zeigen, dass die Meinungen, die zu diesem Thema innerhalb der polnischen Öffentlichkeit vorherrschen, immer weiter auseinanderklaffen.[41] In der öffentlichen Debatte über Pränataldiagnostik stoßen dabei zwei Grundpositionen aufeinander: katholische und säkulare. Rechtsorientierte politische Gruppierungen berufen sich auf religiöse Argumente, zitieren Äußerungen des Papstes

---

[38] Ośrodek Badania Opinii Publicznej: Polacy o aborcji i o ustawie antyaborcyjnej [Polen über Abtreibung und über das Abtreibungsgesetz]. In: Komunikat z badań (2003), S. 6. http://tnsglobal.pl/archiv_files/064–03.pdf (abgerufen am 8. 1. 2018).

[39] Centrum Badania Opinii Społecznej: Opinie o dopuszczalnosci aborcji [Meinungen über die Zulässigkeit der Abtreibung]. In: Komunikat z badań Centrum Badania Opinii Społecznej 51 (2016) http://www.cbos.pl/SPISKOM.POL/2016/K_051_16.PDF (abgerufen am 8. 1. 2018).

[40] Ośrodek Badania Opinii Publicznej: Polacy o aborcji [Polen über Abtreibung] (Anm. 38); Centrum Badania Opinii Społecznej: Opinie o dopuszczalnosci [Meinungen über die Zulässigkeit] (Anm. 39).

[41] O. A.: Polen: Parlament lehnt Verschärfung des Abtreibungsrechts ab. In: Deutsches Ärzteblatt (25. 10. 2012). https://www.aerzteblatt.de/nachrichten/52161 (abgerufen am 8. 1. 2018).

Johannes Paul II. oder beziehen sich auf die Lehre der katholischen Kirche. Die linksorientierten Gruppen reagieren hierauf mit der Befürchtung, dass es zu einer Konfessionalisierung des säkularen Staates kommen könne und warnen davor, dass den konfessionslosen Teilen der Gesellschaft religiöse Weltanschauungen aufgedrängt werden können. Wenig sichtbar ist in dieser Debatte die Stimme der Medizinethiker, Genetiker und Biologen, welche die Debatte um eine wissenschaftlich fundierte Argumentation erweitern könnten.

4.2 Aktuelle politische Debatten über die Frage der Pränataldiagnostik in Polen

In den letzten zwei Jahren hat die Debatte über den Schwangerschaftsabbruch und den Zugang zu Pränataldiagnostik in Polen neue Brisanz gewonnen, vor allem durch verschiedene politische Initiativen zur Abschaffung des »Abtreibungskompromisses«. Besondere Aufmerksamkeit verdienen dabei zwei Bürgerinitiativen, die im Jahr 2016 eine Änderung des »Gesetzes über Familienplanung« vorgeschlagen und dabei Bezug auf die Pränataldiagnostik genommen haben. Beide Initiativen richteten sich gegen die geltende Gesetzeslage, wobei der erste Vorschlag auf eine Verschärfung der Rechtsvorschriften und der zweite Vorschlag auf eine Liberalisierung des Gesetzes abzielte.

Die erste Änderung wurde vom Komitee »Stop Aborcji« (»Stoppt Abtreibung«) und dem politisch rechtsorientierten »Institut für Rechtskultur – Ordo Iuris« vorgeschlagen.[42] Nachdem das Komitee mehr als 450.000 Unterschriften gesammelt hatte, wurde am 14. März 2016 der Entwurf einer Gesetzesänderung im polnischen Parlament eingereicht. In der ersten Lesung im Unterhaus des Parlaments (»Sejm«) am 23. September 2016 bekam der Gesetzesentwurf die Mehrheit der Stimmen der Abgeordneten (267 von 460 Stimmen) und wurde als weitere Grundlage für die Arbeit an einem neuen Abtreibungsgesetz akzeptiert. Eine wichtige Änderung des Entwurfs be-

[42] Projekt ustawy o zmianie ustawy o planowaniu rodziny, ochronie płodu ludzkiego i warunkach dopuszczalności przerywania ciąży [Gesetzesprojekt zur Änderung des Gesetzes über Familienplanung, Schutz des menschlichen Fetus und Bedingungen für erlaubte Abtreibung vom 7. Januar 1993]. http://www.ordoiuris.pl/sites/default/files/inline-files/pd1_0.pdf (abgerufen am 8.1.2018).

zog sich auf die Folgen der Pränataldiagnostik. Ein Schwangerschaftsabbruch sollte in jedem Fall verboten werden, auch wenn ein genetischer Test zeigt, dass der untersuchte Fetus schwer- oder todkrank ist. Die Initiative wollte zudem die im »Gesetz zur Familienplanung« von 1993 festgehaltenen staatlichen Maßnahmen zur Förderung der Pränataldiagnostik einschränken. So sollte Artikel 2a ersetzt werden durch eine Vorschrift zur Unterstützung von Familien mit schwerbehinderten Kindern: »Organe der Regierung und der örtlichen Verwaltung sind verpflichtet, materielle Hilfe und Schutz für Familien mit Kindern mit schwerer Beeinträchtigung oder Krankheit zu leisten.«[43] Die Initiative »Stop Aborcji« plante nicht nur, Abtreibung zu kriminalisieren, sondern auch Fehlgeburten als verdächtig einzustufen. So forderte die Initiative, dass eine Fehlgeburt eine polizeiliche Untersuchung und für die verantwortlichen Personen gegebenenfalls eine Gefängnisstrafe nach sich ziehen solle. Illegale Schwangerschaftsabbrüche sollten mit bis zu fünf Jahren Haft für die Ärzte und die Schwangere bestraft werden.[44]

Dieser Gesetzesentwurf ist sowohl aus juristischer als auch aus medizinethischer Perspektive zu kritisieren. Obwohl die Initiative sich den Schutz des (auch vorgeburtlichen) Lebens als Ziel setzt, werden durch ihre Forderungen die menschliche Würde und die persönlichen Grundrechte, beispielsweise das Fortpflanzungsrecht und das Recht auf Selbstbestimmung, bedroht. Problematisch ist zudem, dass der Gesetzesentwurf wesentlich bestimmt ist durch die politische und weltanschauliche Position von »Ordo Iuris« und der sie unterstützenden Regierungspartei Prawo i Sprawiedliwość (PiS, »Recht und Gerechtigkeit«). Vor allem eine mögliche Kriminalisierung biologischer Prozesse, wie etwa eine Fehlgeburt, würde jede schwangere Frau unter die Kontrolle des Staates stellen. In diesem Kontext wäre auch das begrenzte Recht auf Information über den eigenen Gesundheitszustand als Eingriff in die Sphäre der individuellen Selbstbestimmung einzustufen. Eine Streichung der Vorschrift über den allgemeinen Zugang zu pränatalen Testungen könnte die Möglichkeiten der

---

[43] Ustawa o zmianie ustawy [Gesetz über die Änderung des Gesetzes] (Anm. 7).

[44] Uzasadnienie do projektu ustawy o zmianie ustawy o planowaniu rodziny, ochronie płodu ludzkiego i warunkach dopuszczalności przerywania ciąży [Begründung zum Gesetzesentwurf zur Änderung des Gesetzes über Familienplanung, Schutz des menschlichen Fetus und Bedingungen für eine erlaubte Abtreibung vom 7. Januar 1993]. http://www.ordoiuris.pl/sites/default/files/inline-files/pd2.pdf (abgerufen am 8.1.2018).

Pränataldiagnostik in Polen zusätzlich erschweren. In Folge könnte das Leben und die Gesundheit der Schwangeren ernstlich bedroht werden.[45]

Diese kritischen Stimmen haben nichts an der Tatsache geändert, dass diese Änderung von der Regierungspartei Recht und Gerechtigkeit (PiS) durchgeführt wurde. Die Möglichkeit der Verschärfung der geltenden Gesetzlage hat zu landesweiten Protesten geführt. Unter dem Namen »Czarny Protest« (»Schwarzer Protest«) demonstrierten mehrere Tausend Frauen und Männer gegen die Einführung des Gesetzes. Aus den vereinzelten Protesten ist eine selbstorganisierte gesellschaftliche Bewegung entstanden, die zu nationalen Demonstrationen aufgerufen hat. Unter dem Druck dieser Proteste wurde der Gesetzesentwurf des Instituts »Ordo Iuris« in der zweiten Lesung im Parlament zurückgezogen. Die Regierungspartei Recht und Gerechtigkeit (PiS) schlug vor, den Entwurf durch ein weniger radikales Gesetz zu ersetzen. Bis heute wurde kein entsprechender Gesetzesentwurf eingereicht, jedoch wird die Verknüpfung der Pränataldiagnostik mit Fragen des Schwangerschaftsabbruchs wahrscheinlich auch in künftigen Gesetzesentwürfen bestehen bleiben. Diesen Kurs hat der Parteivorsitzende der PiS, Jarosław Kaczyński vorgegeben: »Wir müssen auf jeden Fall damit aufhören, Kinder zu töten, die Fehlbildungen haben. Das ist etwas Unmenschliches und diese Eugenik muss man in Polen beenden.«[46]

Die zweite Gesetzesänderungsinitiative stammte von der »pro-choice« Seite, den Aktivistinnen des Komitees »Ratujmy kobiety« (»Rettet die Frauen«). Diese schlugen eine deutliche Liberalisierung des geltenden Gesetzes vor, vergleichbar mit der Rechtslage in Deutschland.[47] Ihre Petition, die von über 200.000 Menschen unterschrieben wurde, sah vor, dass ein Schwangerschaftsabbruch bis zur

---

[45] Monika Płatek: Wstępne uwagi do opinii prawnej na temat projektu ustawy o zmianie ustawy o planowaniu rodziny, ochronie płodu ludzkiego i warunkach dopuszczalności przerywania ciąży [Einleitende Bemerkungen zur rechtlichen Analyse des Gesetzesentwurfs zur Änderung des Gesetzes über Familienplanung, Schutz des menschlichen Fetus und Bedingungen für eine erlaubte Abtreibung]. In: Instytut Spraw Publicznych. Opinie Prawne 147 (2016), S. 9. http://www.isp.org.pl/uploads/pdf/26043646.pdf (abgerufen am 8.1.2018).

[46] Monika Kupczyk: »Bügelmärsche« in Polen. In: Graswurzelrevolution 413 (November 2016). http://www.graswurzel.net/413/polen.php (abgerufen am 8.1.2018).

[47] Projekt ustawy o prawach kobiet i świadomym macierzyństwie [Gesetzesentwurf über Frauenrechte und bewusste Familienplanung]. http://partiazieloni.pl/wp-content/uploads/2016/04/ustawa_aborcja_projekt.pdf (abgerufen am 8.1.2018).

12. Schwangerschaftswoche ohne Nennung von Gründen erlaubt wird. Nach dem Ablauf der 12. Schwangerschaftswoche wäre eine Abtreibung nur dann erlaubt, wenn die Schwangerschaft eine Bedrohung für das Leben und die Gesundheit der Frau darstellt, sie aus einer kriminellen Tat herrührt oder eine schwere Missbildung des Fetus festgestellt wurde. Im Bereich der Pränataldiagnostik wurde ein für alle schwangeren Frauen kostenloser Zugang zu genetischen Testungen gefordert. Eine Einschränkung des Zugangs zu Pränataldiagnostik aufgrund von religiösen Überzeugungen der Ärzte, beispielsweise auf Grund der Gewissensklausel, wäre dementsprechend nicht erlaubt. Dieser Vorschlag wurde damit begründet, dass Schwangere in ihrem Recht auf Informationen über ihren Gesundheitszustand zurzeit beschränkt sind – obwohl im Jahr 2014 über 33.000 Frauen einen gesetzlichen Anspruch auf kostenlose genetische Pränataldiagnostik hatten, wurden nur knapp 6.000 Untersuchungen durchgeführt.[48] Die Ursache hierfür liegt laut des Komitees »Ratujmy kobiety« an der mangelnden Bereitschaft der Ärzte, eine Überweisung zur Untersuchung auszustellen. Diese Gesetzesänderung wurde vom polnischen Parlament am 23. September 2016 abgelehnt, was auch einer der Gründe war, die zu den »Schwarzen Protesten« geführt haben.

Beide Beispiele zeigen deutlich, dass Fragen des Schwangerschaftsabbruchs und der Pränataldiagnostik in Polen weiterhin Gegenstand öffentlicher, politischer und gesetzgeberischer Debatten bleiben. Vorschläge zur Verschärfung oder Liberalisierung des Abtreibungskompromisses werden oft durch die aktuelle Zusammensetzung politischer Kräfte im polnischen Parlament bestimmt. Beide Gesetzesentwürfe stehen exemplarisch für die Kontroverse um Fragen der vorgeburtlichen Medizin und der pränatalen Diagnostik in Polen. Trotz wachsender Unterstützung des Abtreibungskompromisses in der polnischen Gesellschaft besteht weiterhin der Drang zur Neuregulierung dieses Bereiches. Diese Entwicklung wurde von Andrzej Kaniowski treffend als ein am Körper einer schwangeren Frau geführter Machtkampf bezeichnet.[49] Dieser Machtkampf ist vor allem durch politische und religiöse Argumente bestimmt. Stimmen

[48] Projekt ustawy o prawach kobiet [Gesetzesentwurf über Frauenrechte] (Anm. 47), S. 5.

[49] Kaniowski: Naturrecht oder Machtanspruch (Anm. 3), S. 89.

von Medizinethikern und Naturwissenschaftlern sind, wenn überhaupt, nur selten zu hören.

5. Fazit

Die aktuellen öffentlichen Proteste in Polen bringen erneut die Fragen der Fortpflanzungsmedizin und der Pränataldiagnostik in die juristische, gesellschaftliche und ethische Debatte ein. Eine Analyse der geltenden rechtlichen Regelungen in diesem Bereich zeigt deutlich, dass die gesetzlich verankerte Engführung der Pränataldiagnostik mit dem Recht auf Abbruch der Schwangerschaft problematische Konsequenzen nach sich zieht. Denn hierbei handelt es sich um zwei grundlegend verschiedene Sachverhalte: Die Regulierung des Schwangerschaftsabbruchs bezieht sich auf eine aus ethischer Sicht problematische Entscheidung im Rahmen der geltenden Gesetzgebung. Die Pränataldiagnostik dagegen soll der Patientin neutral und im Sinn der Menschenrechte Informationen bereitstellen. Ebenfalls problematisch sind unpräzise Regulierungen der aktuellen Gesetze zu sehen, die zu viele Interpretationsmöglichkeiten zulassen. Notwendig ist ein gesondertes Gesetz, das die Funktion der Pränataldiagnostik, ihren Anwendungsbereich und ihre Zugangsmöglichkeiten möglichst genau und zügig reguliert. Neue Entwicklungen auf diesem Gebiet werden auch künftig Herausforderungen an Ärzte, Bürger und Staat stellen und präzise Normsetzungen verlangen. Eine klare Stellung der Ärzteschaft und ihres Entscheidungsbereiches ist in diesem Kontext besonders wichtig. Eine Instrumentalisierung der Pränataldiagnostik in Verbindung mit der Gewissensklausel bedeutet einen Konflikt zwischen den Prinzipien der Medizinethik und den persönlichen Einstellungen von Ärzten. Verschiedene aktuelle Entwicklungen und Urteile der polnischen und internationalen Gerichte zeigen, dass die Pränataldiagnostik in Polen oft mit der Möglichkeit des Schwangerschaftsabbruchs assoziiert wird. Das führt zur Begrenzung von Patientenrechten und zur Einschränkung des Rechts auf Selbstbestimmung. Der begrenzte Zugang zu genetischen pränatalen Testungen aufgrund von mangelnden finanziellen Mitteln und einer defizitären Informationspolitik stellt ein zusätzliches Problem dar. Es sollten daher administrative Institutionen und nichtstaatliche Organisationen gefördert werden, die die Pränataldiagnostik im Rahmen der kostenlosen Gesundheitsvorsorge anbieten. Dadurch wird es nicht nur möglich, bestimmte Krankheiten bereits im pränatalen Stadium zu therapieren, sondern dies erlaubt es Schwangeren zudem, sich auf die Geburt eines Kindes mit einem genetischen Defekt vorzubereiten. Zahlreiche Meinungsumfragen in Polen machen deutlich, dass solche Ziele vorgeburtlicher Diagnostik von breiten Teilen der polnischen Gesellschaft unterstützt werden. Eine explizite Verbindung der Pränataldiagnostik mit dem Schwangerschaftsabbruch steht im Widerspruch zu gesellschaftlichen Einstellungen in Polen. Deswegen sind die aktuellen Versuche, den bestehenden »Abtreibungskompromiss« zu verschärfen, negativ zu bewerten. Jeglicher Änderung der Gesetzlage in Polen sollte eine öffentliche Debatte vorangehen, in der nicht nur religiöse und weltanschauliche Meinungen angeführt werden, sondern auch die Stimmen der Ärzte, Genetiker, Ethiker und Biologen, deutlich hörbar sind.

III. Gesellschaftliche Aspekte

Jasmin Dittmar

Ethische Bildungsprozesse in der professionalisierten pränataldiagnostischen Praxis

Abstract:
Physicians specialized in prenatal diagnosis are often confronted with problems that cannot be solved by applying medical knowledge. When the mere application of scientific knowledge does not imply any routine of problem solving the quality of the according practice is ensured by profession-specific ethics. But how does an according ethical attitude emerge or change? The aim of this article is to explore the process of ethical learning on the basis of a hermeneutic interpretation of an expert interview with a physician. By analyzing a typical case of crisis regarding a potential maternal indication for termination of pregnancy, I will reconstruct how moral demarcation yields to a mode of ethics of empathy.

1. Einleitung: Routinen der Krise in der ärztlichen Praxis

Sowohl im Hinblick auf die Nutzung bestimmter diagnostischer Maßnahmen wie auch auf die damit verknüpfte Frage nach den möglichen Konsequenzen ist die Pränataldiagnostik charakterisiert durch eine Kette an genuinen Entscheidungskrisen. Mit jedem auffälligen Befund werden Varianten einer möglichen Zukunft konstruiert, zwischen denen gemäß dem unabweisbaren Prinzip, dass man nicht entscheiden kann, eine Entscheidung ins Ungewisse hinein getroffen werden muss.[1] Dies gilt nicht nur für die Eltern, sondern auch für den Pränataldiagnostiker, der in diesem Fall durch das Konsultationsgesuch der Schwangeren mit der »problematisierenden Bearbeitung

[1] Ulrich Oevermann: »Krise und Routine« als analytisches Paradigma in den Sozialwissenschaften. In: Roland Becker-Lenz, Andreas Franzmann, Axel Jansen, Matthias Jung (Hg.): Die Methodenschule der Objektiven Hermeneutik. Eine Bestandsaufnahme. Wiesbaden 2016, S. 43–114, hier S. 64.

von Geltungsfragen«[2] hinsichtlich der Fragen »Was soll ich tun?« und »Wie geht es weiter?« betraut wird.

Das Gesetz schreibt in dieser Hinsicht eine nichtdirektive Beratung vor, doch dass der Schwangeren nicht gesagt werden darf, was zu tun und was zu unterlassen ist, schränkt den Möglichkeitsspielraum der kommunikativen Praxis nur bedingt ein. Jede Problemlage erfordert individuelle, nichtstandardisierte, nichtroutinierte Lösungen, die sich dem Arzt zwar im Rückgriff auf sein Fach- und Erfahrungswissen, aber keineswegs schematisch erschließen.[3] Dies ist vor allem der Fall, wenn wissenschaftliches Wissen an seine Grenzen stößt und daher vom Modus »Wissen« auf den Modus »Werte« umgestellt werden muss.[4] In solchen Fällen, wo die reine Anwendung von Fachwissen aus sich heraus keine routinemäßig-standardisierbare Problemlösung impliziert und somit auch die Qualität entsprechender Berufsarbeit nur bedingt in Input-Output-Kategorien überführbar ist, ist eine gesteigerte Binnenkontrolle ärztlicher Praxis gefordert, die sich in Form einer berufsspezifischen Professionsethik manifestiert.[5] Während sich die klassischen Ansätze der Professionssoziologie mit der Analyse der Erscheinungsformen und Bedeutung einer solchen Professionsethik begnügen und von der Annahme ausgehen, dass der akademische Nachwuchs im Zuge des Studiums in diese quasi hineinsozialisiert wird, bleibt letztlich jedoch die Frage nach dem Muster ihrer Entstehung und ihres Wandels unbeantwortet.[6]

Dieser Frage auf Basis einer qualitativen empirischen Untersuchung nachzugehen, ist daher Ziel des vorliegenden Beitrags. Zur Realisierung dieses Vorhabens werden zunächst in Kapitel 2 die handlungstheoretischen und in Kapitel 3 die methodologischen

---

[2] Ulrich Oevermann: Theoretische Skizze einer revidierten Theorie professionalisierten Handelns. In: Arno Combe, Werner Helsper (Hg.): Pädagogische Professionalität. Untersuchungen zum Typus pädagogischen Handelns. Frankfurt am Main 1996, S. 70–182, hier S. 84.

[3] Michaela Pfadenhauer, Tobias Sander: Professionssoziologie. In: Georg Kneer, Markus Schroer (Hg.): Handbuch Spezielle Soziologien. Wiesbaden 2010, S. 361–378, hier S. 364–365.

[4] Alexander Bogner: Das individualisierte Risiko und die Grenzen des Wissens. Ungewissheit und Gewissheitsäquivalente im Bereich der vorgeburtlichen Diagnostik. In: Claudia Peter, Dorett Funcke (Hg.): Wissen an der Grenze. Frankfurt am Main 2013, S. 341–366, hier S. 342.

[5] Andreas Wernet: Pädagogische Permissivität. Schulische Sozialisation und pädagogisches Handeln jenseits der Professionalisierungsfrage. Opladen 2003, S. 22.

[6] Oevermann: Theoretische Skizze (Anm. 2), S. 70–71.

Grundlagen sowie das methodische Vorgehen erläutert. Die daran anschließende Auswertung stützt sich auf Interviewmaterial aus dem Gespräch mit einer Pränataldiagnostikerin, das im Rahmen eines laufenden Dissertationsprojekts zur professionalisierten Praxis pränataler Diagnostik und Beratung geführt wurde. Durch die exemplarische Rekonstruktion[7] der Struktur eines typischen Falls professionalisierter Krisenbewältigung bezüglich der Frage, ob eine Indikation zum Abbruch befürwortet wird oder nicht, wird nachgezeichnet, nach welchem Muster fixe »moralische Grenzziehungen« im Zuge praktischer Erfahrungen in eine »Ethik der Empathie« überführt werden.

2. Theoretischer Hintergrund: pränatale Diagnostik und Beratung als Kunstlehre

Aus professionssoziologischer Sicht stellt die Unauslöschbarkeit von Unsicherheiten ein zentrales Merkmal ärztlicher Praxis dar. Anders als beispielsweise in den Ingenieurwissenschaften geht es hier nicht um die technische Anwendung von Wissenschaft, sondern um eine Vermittlung von Theorie und Praxis, deren struktureller Ort das Arbeitsbündnis zwischen Arzt und Patient ist.[8] Wie alle Professionen ist die Pränataldiagnostik in dieser Funktion charakterisiert durch die widersprüchliche Einheit aus »fallspezifischem Verstehen« auf der einen und »universalistischer theoretischer Geltungsbegründung« auf der anderen Seite.[9] Unter dem Gesichtspunkt theoretischer Bezugspunkte sind neben dem wissenschaftlichen Kenntnisstand vor allem technische Möglichkeiten und rechtliche Vorgaben zu berücksichtigen. Sie stellen sich dem Arzt als objektive Sinnstruktur dar, die von seinem subjektiven Bewusstsein und persönlichen Wissen insofern unabhängig ist, als von ihm zu erwarten ist, dass er ihr gerecht wird.[10] Dies bedeutet, was im Einzelfall zu tun ist, lässt sich im Moment des Entscheidens nicht anhand einer allgemeinen Formel

---

[7] Heinz Bude: Die individuelle Allgemeinheit des Falls. In: Hans-Werner Franz (Hg.): Soziologie und gesellschaftliche Entwicklung. Opladen 1985, S. 884–886, hier S. 886.

[8] Oevermann: Theoretische Skizze (Anm. 2), S. 124.

[9] Ulrich Oevermann: Klinische Soziologie: Konzeptualisierung, Begründung, Berufspraxis und Ausbildung, S. 15. http://nbn-resolving.de/urn/resolver.pl?urn:nbn:de:hebis:30–5344 (abgerufen am 8.1.2018).

[10] Werner Vogd: Professionalisierungsschub oder Auflösung ärztlicher Autonomie. Die Bedeutung von Evidence Based Medicine und der neuen funktionalen Eliten in

ableiten, muss aber im Nachhinein im Zuge der Begründungsverpflichtung gemäß dem Gebot der Rationalität gerechtfertigt werden können.[11]

Vor allem die Frage, ob eine Schwangerschaft fortgeführt werden soll oder nicht, stellt in diesem Zusammenhang einen »krisenhafte[n] Grenzfall«[12] dar. Sieht sich eine Frau aus psychischen oder sozialen Gründen mit der Option konfrontiert, ihre Schwangerschaft abzubrechen, kann sie zwar versuchen, zu einem für sie möglichst tragfähigen Entschluss zu gelangen, eine einfache Rezeptlösung gibt es jedoch nicht. Auch wenn der Entscheidungsprozess mitunter mehrere Wochen dauern und die Inanspruchnahme verschiedener Beratungsangebote umfassen kann – der konkrete Zugang zur Zukunft bleibt im Entscheidungsmoment selbst verschlossen.[13]

Die prinzipielle Unzugänglichkeit der Zukunft trifft allerdings nicht nur auf die werdenden Eltern, sondern auch auf den Pränataldiagnostiker zu, der mit der stellvertretenden Krisenbewältigung durch die Paare betraut ist. Dass er zugleich Sachverwalter der Interessen der Schwangeren wie auch der mutmaßlichen Interessen des ungeborenen Kindes ist, diese Interessen aber nicht unbedingt kongruent sind, kann sich für ihn als zentrale ethische Herausforderung darstellen.[14] Der konkrete soziale Ablauf der Problemlösung – in diesem Fall die Schließung der Krise durch die Entscheidung, ob eine Indikation zum Schwangerschaftsabbruch ausgestellt wird oder nicht – ist analytisch betrachtet vorstrukturiert durch zwei Komponenten: zum einen durch die Regeln, die theoretisch und damit nach dem Gesichtspunkt »objektiver Vernünftigkeit« determinieren, welche Handlungen oder Äußerungen ausgeschlossen sind; zum anderen durch die konkrete Lebenspraxis des Arztes als handelnde Instanz im Sinne einer »praktische[n] Vernünftigkeit«.[15] Die Fallstrukturiertheit

---

der Medizin aus system- und interaktionstheoretischer Perspektive. In: Zeitschrift für Soziologie 31 (2002), S. 294–315, hier S. 306.

[11] Ulrich Oevermann: Genetischer Strukturalismus und das sozialwissenschaftliche Problem der Erklärung der Entstehung des Neuen. In: Stefan Müller-Doohm (Hg.): Jenseits der Utopie. Theoriekritik der Gegenwart. Frankfurt am Main 1991, S. 267–336, hier S. 297.

[12] Oevermann: Genetischer Strukturalismus (Anm. 11).

[13] Niklas Luhmann: Das Risiko der Versicherung gegen Gefahren. In: Soziale Welt 47 (1996), S. 273–283, hier S. 279.

[14] Hans Joachim Schindelhauer-Deutscher, Wolfram Henn: Genetische Beratung bei Pränataldiagnostik. In: Medizinische Genetik 26 (2014), S. 374–381, hier S. 374.

[15] Oevermann: Genetischer Strukturalismus (Anm. 11), S. 271.

dieser Lebenspraxis bildet sich ab in der Charakteristik, mit der die sich nach den Regeln »objektiver« Vernünftigkeit eröffneten Optionen in »praktische« Vernünftigkeit überführen.[16] Diese Überführung wird durch den Pränataldiagnostiker vermittelt, weshalb professionalisiertes Handeln auch als »Kunstlehre«[17] bezeichnet werden kann.

3. Methodologie und methodisches Vorgehen: die Suche nach der Typik des interessanten Falls im Akteur-Netzwerk praktischer Geltungsfragenbearbeitung

Um vor diesem Hintergrund der Entstehung und dem Wandel einer professionsethischen Haltung auf die Spur zu kommen, gilt es zu untersuchen, wie durch Handlungsoptionen eröffnete Spielräume in praktische Entscheidungen übersetzt werden. An welchen Stellen und aus welchem Grund brechen Geltungsfragen auf und wie werden sie eigenständig bearbeitet? Zur Erfassung der Komplexität des Praxisfeldes in seiner vollen Breite habe ich bei der Beantwortung dieser initialen Fragen die Perspektive einer »Soziologie der Assoziationen«[18] im Sinne der Akteur-Netzwerk-Theorie nach Bruno Latour eingenommen. Dieser Ausrichtung wohnt methodologisch betrachtet in zweierlei Hinsicht ein großes Potenzial inne, um Neues zu entdecken. Erstens wird mit Blick auf gesellschaftliche Phänomene nicht von einem strukturalistischen Begriff des Sozialen ausgegangen, bei dem sich das Individuum in einem sozialen Kontext befindet, der sein Handeln prägt und ihn somit nicht als Akteur im Sinne einer Ursprungsquelle seiner Handlungen versteht.[19] Nach Latour ist das Soziale demgegenüber »eine sehr eigentümliche Bewegung des Wiederversammelns und erneuten Assoziierens«[20] und damit sowohl umfassender als gewöhnlich als auch streng begrenzt auf das Verfolgen neuer Assoziationen.[21] Zweitens werden auch Objekte zu Beteiligten an einer Handlung, wenn sie im Verlauf der Handlung einen

[16] Oevermann: Genetischer Strukturalismus (Anm. 11), S. 271.
[17] Oevermann: Klinische Soziologie (Anm. 9), S. 15.
[18] Bruno Latour: Eine neue Soziologie für eine neue Gesellschaft. Einführung in die Akteur-Netzwerk-Theorie. Berlin 2010, S. 28.
[19] Latour: Eine neue Soziologie (Anm. 18), S. 14–15.
[20] Latour: Eine neue Soziologie (Anm. 18), S. 19.
[21] Latour: Eine neue Soziologie (Anm. 18).

Unterschied machen, wobei es keine Rolle spielt, ob es sich dabei um menschliche oder nicht-menschliche Entitäten handelt.[22]

Zur Untersuchung des Sozialen genügt es daher nicht zu beschreiben, welche Entitäten in einer Situation präsent sind – es ist die Art und Weise, wie sie eingebracht werden, die einen Unterschied macht.[23] Diese lässt sich herausarbeiten, indem der Blick auf »das Spektrum von Mittlern«[24] gerichtet wird. Mittler können sowohl Dinge oder Menschen als auch Daten, Gesetze, Erinnerungen usw. sein, sofern sie, metaphorisch gesprochen, als Transportmittel fungieren, die andere Handlungsträger in Bewegung setzen.[25] Indem sie Dinge dazu bringen, etwas anderes zu tun, als erwartet wurde, legen Mittler allerdings nicht eine konkrete vorhersagbare Wirkung nahe, sondern sie bereiten einer Vielzahl unvorhersehbarer Situationen den Weg.[26]

Die Perspektive einer Soziologie der Assoziationen ist somit besonders fruchtbar, wenn es darum geht, möglichst unvoreingenommen und offen an einen Forschungsgegenstand heranzutreten. Ich habe ihre Prämissen daher sowohl bei der Generierung der Daten als auch beim ersten Zugang zur Auswertung berücksichtigt. Konkret bedeutete dies, nicht bestimmte Situationen von vornherein als krisenhaft oder analysewürdig zu antizipieren, sondern wachsam zu sein dafür, was Pränataldiagnostiker selbst im Hinblick auf ihre Arbeit als Herausforderung beschreiben. Um entsprechende Narrationen zu generieren, habe ich im Rahmen meines laufenden Dissertationsprojekts in den vergangenen zwei Jahren bisher 13 leitfadengestützte Experteninterviews[27] mit in Berlin, Hessen, Niedersachen, Nordrhein-Westfalen und Bayern praktizierenden Pränataldiagnostikerinnen und Pränataldiagnostikern realisiert. Die Frage nach Situationen, die als persönlich-beruflich besonders herausfordernd empfunden wurden und werden, stellte dabei einen zentralen Knotenpunkt in den Gesprächen dar. Die von mir interviewten Ärztinnen und Ärzte wurden teils durch Kaltakquise und teils nach dem

[22] Latour: Eine neue Soziologie (Anm. 18), S. 124–125.
[23] Latour: Eine neue Soziologie (Anm. 18), S. 142.
[24] Latour: Eine neue Soziologie (Anm. 18), S. 101.
[25] Latour: Eine neue Soziologie (Anm. 18), S. 103.
[26] Latour: Eine neue Soziologie (Anm. 18).
[27] Michael Meuser, Ulrike Nagel: Experteninterview und der Wandel der Wissensproduktion. In: Alexander Bogner, Beate Littig, Wolfgang Menz (Hg.): Experteninterviews. Theorien, Methoden, Anwendungsfelder. 3. Aufl. Wiesbaden 2009, S. 35–60.

Schneeballprinzip gewonnen, wobei sich auf Rückfrage vor allem mein Interesse an ihren berufsspezifischen Erfahrungsprozessen, aber auch der Wunsch, dem überwiegend kritischen öffentlichen Diskurs eine Stimme aus der Praxis entgegenzusetzen, als Türöffner erwiesen. Geführt wurden die Gespräche in den jeweiligen Praxisräumen der Interviewten nach schriftlicher Zusicherung meinerseits darüber, dass Auszüge nur in anonymisierter Form und zu wissenschaftlichen und didaktischen Zwecken veröffentlicht würden. Die Rechte der Interviewpersonen gemäß dem Ethik-Kodex der Deutschen Gesellschaft für Soziologie[28] wurden zu jeder Zeit gewahrt.

Da mein Forschungsinteresse dem Prozess professionsethischer Entwicklung gilt, habe ich bei der Auswertung der entsprechend generierten Interviewtranskripte zunächst im Pool des gesamten mir vorliegenden Textmaterials insbesondere die Stellen sondiert, in denen meine Interviewpartner »Begründungen« für Veränderungen ihrer Haltung ins Feld geführt haben, um diese dann genauer zu untersuchen. Mein Anliegen dabei war weder im Sinne der Deduktion zu beweisen, dass etwas der Fall sein »muss«, noch im Sinne der Induktion zu zeigen, dass aufgrund empirischer Evidenz etwas tatsächlich wirksam »ist« – vielmehr ging es mir darum, gemäß dem Prinzip der Abduktion Vermutungen einzuführen, dass etwas der Fall sein »könnte«.[29] Die nachfolgend dargestellte Interviewanalyse folgt daher einem hermeneutisch-interpretativen Ansatz[30], bei dem es darum geht, die latenten Sinnstrukturen der Krisenbewältigung auf Basis einer Methodologie exemplarischer Allgemeinheit freizulegen. Unter latenten Sinnstrukturen kann man die »stillen Vorentscheidungen verstehen, die unsere Vorstellungen von dem, was real, wahr, möglich und wahrscheinlich ist, regieren«[31]. »Exemplarische Allgemeinheit« bedeutet in diesem Zusammenhang, einen Fall nicht in seiner Singularität und Individualität, sondern in seiner Spezifität zu begreifen.[32]

---

[28] Vgl. Ethik-Kodex der Deutschen Gesellschaft für Soziologie und des Berufsverbandes Deutscher Soziologinnen und Soziologen. http://www.soziologie.de/de/die-dgs/ethik/ethik-kodex.html (abgerufen am 8.1.2018).

[29] Heinz Bude: Die Kunst der Interpretation. In: Uwe Flick (Hg.): Qualitative Forschung. Ein Handbuch. Reinbek bei Hamburg 2008, S. 569–578, hier S. 571.

[30] Jo Reichertz: Qualitative und interpretative Sozialforschung. Eine Einladung. Wiesbaden 2016, S. 277–279.

[31] Heinz Bude: Das Latente und das Manifeste: Aporien einer »Hermeneutik des Verdachts«. In: Detlef Garz, Klaus Kraimer (Hg.): Die Welt als Text. Theorie, Kritik und Praxis der objektiven Hermeneutik. Frankfurt am Main 1994, S. 114–124, hier S. 118.

[32] Bude: Die Kunst der Interpretation (Anm. 29), S. 577.

Unabhängig davon, wie oft der Fall auftritt – denn Seltenheit ist kein Widerspruch zum Typischen –, ist der Nachweis für dessen Typik und damit für seine Allgemeinheit erbracht, wenn er als Fall seines Erzeugungsmusters dechiffriert wurde.[33]

Wie aber findet man Fälle, um das Typische im Allgemeinen aufzudecken? Heinz Bude[34] zufolge lebt die Forschung von der Untersuchung interessanter Fälle, da der interessante Fall eine gesellschaftliche Realität aufschließt. Die Antwort auf die Frage nach dem konkreten Vorgehen ist jedoch nicht methodisierbar, denn interessante Fälle findet man nur durch Zufall – »sie fallen einem zu«[35]. Im Hinblick auf den Fokus dieses Beitrags stellt die Erzählung einer meiner Interviewpartnerinnen, die im Zuge der Anonymisierung in Frau K. umbenannt wurde, einen solchen interessanten Fall dar. Interessant ist die Erzählung der Pränataldiagnostikerin vor allem deshalb, weil sie nicht nur die detaillierte Reflexion einer Entwicklungserfahrung umfasst, sondern sich analytisch betrachtet als Schlüsselerlebnis für die Bildung einer erfahrungsbasierten Professionsethik darstellt. Die im nachfolgenden Abschnitt vorgenommene Rekonstruktion der entsprechenden Argumentationsstruktur ermöglicht so zum einen den Zugang zur Erklärung des Wandels professionsethischer Auffassungen, zum anderen aber auch zum Komplex der Entstehung ebenjener durch eigenständige professionalisierte Krisenbewältigung und Geltungsfragenbearbeitung.

4. Ergebnisse der empirischen Untersuchung: Assoziationen der Überführung theoretisch-objektiver Optionen in praktische Vernünftigkeit

Frau K. ist zum Zeitpunkt des Interviews seit zehn Jahren im Bereich pränataler Diagnostik tätig. Ihre fachspezifische Ausbildung hat sie in einer Uniklinik absolviert, an der sie auch im Anschluss noch einige Jahre gearbeitet hat. Heute arbeitet sie in einem interdisziplinär aufgestellten Praxisteam, das ausschließlich auf Pränataldiagnostik spezialisiert ist. Um sicherzustellen, dass die durch meine Fragen angestoßenen Erzählungen thematisch möglichst wenig vorformatiert

[33] Bude: Die individuelle Allgemeinheit des Falls (Anm. 7), S. 86.
[34] Bude: Die individuelle Allgemeinheit des Falls (Anm. 7), S. 86.
[35] Bude: Die individuelle Allgemeinheit des Falls (Anm. 7), S. 86.

werden, wurde sie im Vorfeld des Gesprächs lediglich darüber informiert, dass mein Interesse der beruflichen Praxis und den Erfahrungsprozessen des professionellen Personals gilt. Im Gespräch artikuliert Frau K. – zum Teil manifest, zum Teil latent – eine Reihe von Auffassungen darüber, wie sie vorgeht beziehungsweise wie ihrer Ansicht nach in Krisenfällen vorzugehen ist, wenn wissenschaftliches Wissen, rechtliche Vorgaben und technische Möglichkeiten keine technokratische Problemlösung implizieren. Inwiefern diese Auffassungen, die in die professionsethische Haltung einfließen und damit die Funktion der beruflichen Binnenkontrolle übernehmen, an praktische Erfahrung gebunden sind und sich aus ihr heraus entwickeln, wird in den folgenden Abschnitten genauer erläutert.

4.1 Die grundsätzliche Fragilität moralischer (Selbst-)Ansprüche

Dass professionsethische Überzeugungen keineswegs automatisch routinisierte Problemlösungen nach einem feststehenden Richtig-Falsch-Schema nach sich ziehen, zeigt sich an einem Schlüsselerlebnis des Falls Frau K. Der entsprechend interessanten Erzählung der Pränataldiagnostikerin geht die initiierende Frage voraus, ob es Dinge gebe, die sie auf Basis irgendwelcher Erfahrungen heute ganz bewusst anders mache als früher. Nach kurzem Überlegen antwortet die Ärztin zunächst mit einer kritischen Reflexion zum Phänomen des moralischen Urteilens bezogen auf Schwangerschaftsabbrüche in Folge einer Down-Syndrom-Diagnose:

> Ich kann das […] nee, ich kann das jetzt nicht an einem bestimmten Fall […] Ja pff, ja einen, ja eine Situation weiß ich noch, dass ich, also […] die Tatsa… Also, was ich für mich und was ich auch so spannend an dem Beruf finde ist, dass man ständig seine ethisch – moralischen Grenzen verschiebt. Also wenn ich eine 16-Jährige, mit der spreche, dann sagt die, das kann sie überhaupt nicht verstehen, ein Kind mit Down-Syndrom abzutreiben; das ist doch […], ja?! Und wenn man aber eine 35-Jährige fragt, dann reagieren die meistens anders. Also, es ist so. Der moralische Anspruch ist, wenn man weit weg ist von der Situation, sehr *hoch*. […] Wenn man in der Situation steckt, ist es meistens anders.[36]

[36] Interview mit Frau K., geführt von Jasmin Dittmar, Dezember 2015, Zeilen 207–214.

In ihrer unmittelbaren Reaktion auf die von mir gestellte Interviewfrage erwidert Frau K. nach ihrem einführenden »nee«, dass sie nicht an einem bestimmten Fall festmachen könne, ob sie heute Dinge bewusst anders mache als früher. Dass sie heute etwas anders macht, stellt sich dergestalt als eine Selbstverständlichkeit dar, während das Zögern im Hinblick auf die Bezugnahme auf ein konkretes Beispiel darauf verweist, dass die entsprechenden Entwicklungsprozesse sich eher unter der Oberfläche der alltäglichen Praxis abspielen und daher erst hervorgeholt werden müssen. Im daran anschließenden Halbsatz lässt Frau K. sogleich wissen, dass es doch eine Situation gibt, die ihr diesbezüglich einfällt. Statt jedoch direkt mit der Beschreibung dieser Erfahrung fortzusetzen, springt sie auf die Ebene der Abstraktion und stellt der konkreten Schilderung dieser Erfahrung eine kritische Reflexion über das Phänomen des Moralisierens im Allgemeinen voran. Diese wird eingeführt mit der Feststellung, dass man als Pränataldiagnostikerin ständig seine ethisch-moralischen Grenzen verschiebt. Diese Verschiebung manifestiert sich der wörtlichen Formulierung nach weder als Option, noch als Pflicht, noch als Desiderat – weder »muss« man seine Grenzen verschieben, noch »kann« man sie verschieben, noch »sollte« man sie verschieben. Man tut es. Die Grenzverschiebung in ethisch-moralischer Hinsicht stellt sich somit als ein generalisierbarer Fakt pränataldiagnostischer Praxis dar – generalisierbar deshalb, weil Frau K. nicht in der Ichform spricht, sondern mit der Subjektwahl des »man« auf die Ebene der Verallgemeinerung abhebt.

Was die Ärztin genau meint, wenn sie von einer ständigen Verschiebung entsprechender Grenzen spricht, illustriert sie nun zunächst nicht in Bezug auf ihre eigene Person, sondern anhand eines aus der Beobachterposition betrachteten Beispiels. Während eine 16-jährige Schwangere »überhaupt nicht« verstehen könne, dass man im Falle der Diagnose Down-Syndrom eine Schwangerschaft abbricht, sei die Reaktion einer 35-Jährigen in dieser Hinsicht »meistens anders«. Bei genauerer Betrachtung zeichnet sich in dieser Beschreibung die Konstruktion zweier Typen ab: Rein statistisch gesehen hat die Jüngere ein vielfach geringeres Risiko ein Kind mit Down-Syndrom zu bekommen als die Ältere. Auch wenn aus wissenschaftlicher Sicht heute die enge Kopplung zwischen Risiko und Alter durch feindiagnostisch ermittelte Werte zunehmend zugunsten individualisierter Berechnungen aufbricht,[37] stellt das Alter zumindest für die Schwangere ein risikorelevantes Merkmal da, dessen sie sich bereits »vor« der Untersuchung sicher sein kann.

Der Grund, warum die Jüngere nicht verstehen kann, »ein Kind mit Down-Syndrom abzutreiben«, liegt bei näherer Betrachtung des von Frau K. Gesagten nicht in einer von der Lebenspraxis losgelösten moralischen Überzeugung, sondern in ihrem sehr jungen Alter. Die Bedeutung der Referenz auf das Alter lässt an dieser Stelle zwei Lesarten zu: Zum einen ist damit für die 16-Jährige bezogen auf den spezifischen fachlichen Kontext der Aspekt verbunden, davon ausgehen zu können, mit hoher Wahrscheinlichkeit selbst nicht betroffen zu sein. Zum anderen könnte der Altersunterschied von beinahe 20 Jahren zwischen den beiden Frauen darauf verweisen, dass der Aspekt der Lebenserfahrung im allgemeinen Sinne als differenzbildendes Merkmal fungiert. Ob man nun der ersten oder der zweiten Lesart folgt – in jedem Falle steckt nur die 35-Jährige wirklich »in der Situation«, während die 16-Jährige aufgrund ihres Alters von der Ärztin irgendwo außerhalb ebenjener verortet wird.

Diese Auslegung wird durch die schlussfolgernde Abstraktion des Vergleichsbeispiels unterstrichen, gemäß welcher der moralische Anspruch »dann« sehr hoch ist, »wenn man weit weg ist von der Situation« und »meistens anders«, wenn man drinsteckt. Eine dogmatische, moralisierende Haltung, die hier als hoher moralischer Anspruch bezeichnet wird, erweist sich dieser Logik nach als bedingt durch eine persönliche Distanz zur beurteilten Handlung. Dies bedeutet jedoch nicht, dass die Verwobenheit in eine Situation im Umkehrschluss eine kategorische Zurückweisung moralischer Ansprüche zur Folge haben muss. Nimmt man die Formulierung von Frau K. wörtlich, so ist die Haltung der älteren Schwangeren vielmehr durch eine grundlegende Unschärfe gekennzeichnet. Aus der Aussage, dass sie »meistens anders« reagiert, lässt sich auf den ersten Blick lediglich ablesen, dass ihre Haltung nicht moralisierend und nicht dogmatisch ist. Eine Ausstattung dieses Typus mit konkreten Attributen über diese Negativdefinition hinaus nimmt Frau K. nicht vor. Dass die 35-Jährige anders reagiert, ist dergestalt offensichtlich keine unumstößliche Regel, was darin zum Ausdruck kommt, dass dies, nur, »meistens« – und damit eben nicht immer – so sei.

---

[37] Alexander Bogner: Grenzpolitik der Experten. Vom Umgang mit Ungewissheit und Nichtwissen in pränataler Diagnostik und Beratung. Weilerswist 2005, S. 154.

Aus der Interviewsequenz lässt sich demnach ableiten, dass moralische (Selbst-)Ansprüche äußerst fragil sind, wenn sie mit der eigenen Verstrickung in die beurteilte Lebenspraxis konfrontiert werden. Diese Erkenntnis der Pränataldiagnostikerin führt dazu, dass sich ihr die Verschiebung ethisch-moralischer Grenzen als ein permanentes Faktum beruflicher Praxis darstellt. Im weiteren Erzählverlauf erläutert Frau K. die Entfaltung dieser Erkenntnis nun durch eine Reflexion ihrer eigenen Haltung im Hinblick auf den Umgang mit der Möglichkeit einer Reduktion von Zwillingsschwangerschaften.

4.2 Krisenbewältigung und Wandel der Haltung

Frau K.s Haltung zum Thema »Mehrlingsschwangerschaften« war im Hinblick darauf, was für sie selbst als aktiv Eingreifende vorstellbar ist, in der Vergangenheit zunächst gekennzeichnet durch eine fixe Grenzziehung:

> Und die […] ich habe zum Beispiel mich immer gegen Reduktionen ausgesprochen. Also Mehrlingsschwangerschaften kann man ja reduzieren […] und […] und also, nee, bei Drillingen kann man, kann ich das durchaus verstehen, weil es ein hohes Risiko ist für die Drillinge, ja. Bei Vierlingen noch mehr. Aber bei Zwillingen konnte ich das […] habe ich gesagt »Das würde ich nie machen«, ja. Zwillinge, also da […] ist dann Pech halt, dann hat man halt Zwillinge, ja, aber […] oder dann muss man sie zur Adoption freigeben oder einen Abbruch machen, ja. Kann man ja auch vor zwölf Wochen noch machen.[38]

In diesem Erzählabschnitt beschreibt und begründet die Ärztin ihre frühere grundlegend ablehnende Haltung im Hinblick auf eine mögliche Reduktion von Zwillingsschwangerschaften, gegen die sie sich »immer« ausgesprochen habe. Ihre Argumentation für die Ablehnung selektiver Schwangerschaftsabbrüche in einem solchen Fall verweist auf eine quasi-rationale Rechtfertigungslogik, die sich in der graduellen Abstufung bezogen auf die Anzahl der erwarteten Kinder ausdrückt – genauer gesagt in dem für diese mit der Mehrlingsschwangerschaft verbundenen Risiko für prä- und perinatale Probleme, das mit jedem weiteren Kind steigt. Bei Drillingen kann die Pränataldiagnostikerin einen solchen Eingriff daher »durchaus ver-

[38] Interview (Anm. 36), Zeilen 214–221.

stehen«, bei Vierlingen »noch mehr« – »nie« habe sie einen entsprechenden Eingriff jedoch bei Zwillingen durchführen wollen. Quasi-rational ist diese Form der Rechtfertigung aufgrund des »Paradox der Statistik«[39], das Gültigkeit bei großen Zahlen, aber Ungewissheit im Einzelfall bedeutet. Demzufolge lassen Risiken letztlich für den konkret vorliegenden Fall keine deterministischen Aussagen zu, sondern stellen lediglich konstruierte Möglichkeiten dar, die statistische Regelmäßigkeiten in der Masse zeigen.[40] Die Interpretation des Risikos als hoch oder niedrig, als relevant oder nicht relevant für die konkrete Einzelfallentscheidung ist damit immer auch eine Frage der Bewertung. Dieser Umstand bleibt jedoch auf der manifesten Ebene von Frau K.s Argumentation ausgeblendet. Indem sie auf das statistische Risiko als vermeintlich belastbaren rationalen Rechtfertigungsmodus rekurriert, wird die Wertfrage, die der Situation innewohnt, verdeckt.

Eine weitere Repräsentation dieser Argumentationsstruktur findet sich in der Anmerkung der Ärztin, dass Eltern, die Zwillinge erwarten, »dann [halt] Pech« haben. Dass als Alternativen für die Eltern die Freigabe zur Adoption oder ein kompletter Abbruch der Schwangerschaft benannt werden, zeigt an, dass die Ärztin an diesem Punkt das Eintreten in ein Arbeitsbündnis ablehnen und die Verantwortung für die Krisenlösung somit uneingeschränkt an die Schwangere zurückweisen würde. Diese Routine der Ablehnung einer stellvertretenden Krisenbewältigung jenseits der quasi-rationalen Risiko-indizierten Begründbarkeit einer medizinischen Indikation ist allerdings zunächst rein hypothetischer Natur, da sie sich auf die Frage bezieht, was die Ärztin machen »würde«, wenn sie mit einem entsprechenden Fall konfrontiert »wäre«. Der auf der latenten Ebene mitlaufende Wertaspekt tritt schließlich zutage, als sich der nach den Regeln objektiver Vernünftigkeit begründete moralische Selbstanspruch der Ärztin in der Lebenspraxis bewähren muss – und hier angesichts seiner grundsätzlichen Fragilität bei der Überführung in praktische Vernünftigkeit fehlschlägt.

Im Zuge der Konfrontation mit einer entsprechenden selbst erfahrenen Krisensituation zeichnet sich nun ein Wandel von der ursprünglichen Haltung, die manifest rational, aber latent moralisch ist,

---

[39] Vogd: Professionalisierungsschub oder Auflösung ärztlicher Autonomie (Anm. 10), S. 302.

[40] Silja Samerski: Die verrechnete Hoffnung. Von der selbstbestimmten Entscheidung durch genetische Beratung. Münster 2002, S. 113.

zu einer kritischen Selbstreflexion und Selbstkonversion dieser Grenzbestimmungsfunktion ab. Inwiefern das Einlösen der Begründungsverpflichtung eine Frage der konkreten Lebenspraxis ist und damit nicht technokratisch auf der Basis rein wissenschaftlicher Maßstäbe eingelöst werden kann, wird im nachfolgenden Erzählabschnitt deutlich:

Und dann hat mich mal eine angerufen, in der Klinik war ich noch, und da hat mir mein Chef – der wusste, dass ich so dazu stehe – hat gesagt: »Nimm du mal das, den Telefonhörer, mach du das mal«. Und dann habe ich mein blaues Wunder erlebt, weil das war eine junge Frau [...], ihr Mann Fernfahrer, fast nie zuhause, hat ein einjähriges Kind zuhause und hat jetzt Zwillinge spontan bekommen. Wollten immer gerne noch ein Kind, aber nicht zwei und nicht so schnell hintereinander und sie ist so traurig und war schon bei der Beratungsstelle [...] und dort wurde ihr nur der Schein gegeben zum Abbruch, ohne zu beraten, was man so für Möglichkeiten hat, und sie so und dann, »Nee ein Abbruch, ach! Sie will eigentlich nicht, aber na gut und so, aber schafft es nicht, drei Wickelkinder, und Mann nie zuhause und finanziell auch nicht so gut« Naja, und dann habe ich gesagt, »Na gut, dann kommen Sie« [leise] – plötzlich [lauter].[41]

Die Schilderung von Frau K. bezieht sich auf ein Erlebnis aus einer früheren Phase ihrer beruflichen Laufbahn, in der sie noch in der Klinik tätig war, in welcher sie auch ihre fachspezifische Ausbildung durchlaufen hat. Dass ihr Chef, dem die Haltung der Ärztin zum Thema Mehrlingsreduktionen bekannt war, einen entsprechenden Fall an sie weiterleitet, macht deutlich, wie bedeutsam der Aspekt der »Bildung« gegenüber dem des einfachen »Lernens« aus der Binnenperspektive der Pränataldiagnostik ist. Während Lernprozesse als Sache des routinisierten Einübens zu verstehen sind, wie es beim Lernen von Vokabeln und der Aneignung von kodifiziertem Wissen im Allgemeinen der Fall ist, eröffnen sich Bildungsprozesse immer nur in der Logik der Krisenbewältigung.[42] Aus pragmatistischer Sicht, die das Individuum als Träger seiner Erfahrung betrachtet, sind es folglich die Krisen, die den Weg von fixen Gewohnheiten freimachen für

[41] Interview (Anm. 36), Zeilen 221–231.

[42] Ulrich Oevermann: Biographie, Krisenbewältigung und Bewährung. In: Sylke Bartmann, Axel Fehlhaber, Sandra Kirsch, Wiebke Lohfeld (Hg.): »Natürlich stört das Leben ständig«. Perspektiven auf Entwicklung und Erziehung. Wiesbaden 2009, S. 35–55, hier S. 36.

Kapazitäten, die vorher nicht funktioniert hätten und somit Neuregelung und Umlenkung fordern.[43]

Eine solche Erfahrung macht auch Frau K., die durch die Weiterleitung des Anrufs durch ihren Chef von diesem bewusst in eine Krise »hineingestoßen« wird. Die Konfrontation mit der konkreten Lebenspraxis der mit Zwillingen schwangeren und darüber in eine Krise geratenen Frau stellt Frau K.s aus der Distanz der Theorie und damit bis auf weiteres hypothetische Grenzziehung auf die Probe. Was sie als »blaues Wunder« beschreibt, stellt sich professionssoziologisch betrachtet als die Erkenntnis dar, dass die aus der Distanz der Hypothetisierung geäußerte und damit lediglich »mögliche Rationalität«[44] einer risikobasierten Geltungsfragenbearbeitung in der Praxis nicht haltbar ist. Im offenen Bewährungsprozess zeigt sich, dass nicht etwa Risikowahrscheinlichkeiten als Mittler auftreten beim Entscheiden darüber, die Frau doch zu beraten. Die Analyse der Argumentation von Frau K. fördert vielmehr eine Reihe anderer Mittler zutage, die beim Einlösen der Begründungsverpflichtung assoziiert werden.

Diesbezüglich lassen sich aus der weiter oben zitierten Interviewsequenz das Alter der Schwangeren, das bereits geborene Kind, das selbst noch sehr betreuungsaufwendig ist, die Familienplanung, die nur ein weiteres Kind vorsieht, die prekäre finanzielle Lage sowie die Aussicht, dass sich die Frau aufgrund des Berufs ihres Mannes mehr oder weniger allein um alle Kinder würde kümmern müssen, identifizieren. Diese Aspekte allein decken jedoch das Spektrum der Mittler, die im Prozess der Krisenbewältigung einen Unterschied machen, nicht ab. Hinzu kommt das Empfinden der Schwangeren, die gegenüber der Pränataldiagnostikerin geäußert hat, dass sie »so traurig« ist. Das Gefühl des Traurigseins ergibt sich entsprechend der Interpretation der Aussagen von Frau K. aus der Diskrepanz zwischen dem grundsätzlich durchaus vorhandenen Kinderwunsch und der Angst, in Anbetracht der gegenwärtigen Umstände den Alltag mit zwei weiteren Wickelkindern nicht stemmen zu können. Die Frau steckt in einem Dilemma aus Wünschen und Wollen auf der einen und fehlender Zuversicht auf der anderen Seite. Sie hat bereits eine Beratungsstelle besucht, die einen Schein für den Abbruch der Schwangerschaft für beide Kinder ausgestellt hat. Da dieser Weg der

---

[43] John Dewey: Human Nature and Conduct. An introduction to social psychology. Overland Park 2012, S. 111–114.

[44] Oevermann: »Krise und Routine« als analytisches Paradigma (Anm. 1), S. 67.

Problemlösung für sie jedoch kein gangbarer ist, bleibt die Krise bestehen. Die Frau will weder einen Abbruch der Schwangerschaft, da sie sich eigentlich – wenn auch später – noch ein Kind wünscht, sie traut sich jedoch ebenso wenig die Versorgung dreier Wickelkinder auf einmal zu. Die Situation erweist sich damit als paradigmatisch für eine unentscheidbare Entscheidung. Die Zukunft, die im Rahmen der Entscheidungsfindung hypothetisch konstruiert wird, bleibt im Moment der Gegenwart zwangsläufig kontingent.[45] Weder die Schwangere noch die Ärztin wissen, was am Ende die beste Lösung sein wird, aber dennoch müssen beide eine Entscheidung treffen, die sich im Nachhinein vernünftig begründen lässt.

Obwohl Frau K. bis dato die Betreuung eines solchen Falles kategorisch aus ihrem Zuständigkeitsbereich ausgeschlossen hatte, entscheidet sie sich im Moment des Telefonats, die Frau zum Termin einzuladen und somit die stellvertretende Krisenbewältigung im Rahmen des therapeutischen Arbeitsbündnisses zu übernehmen. Dies geschieht »plötzlich«, wie sie selbst sagt, woran erkennbar ist, dass das Hier und Jetzt der unmittelbaren Gegenwart im Moment des Entscheidens noch über keine praxiszeitenthobene Ausdrucksgestalt verfügte.[46] Was bislang ausgeschlossen wurde, nämlich im Falle einer Zwillingsschwangerschaft einen selektiven Abbruch auf Basis einer psychosozialen Rechtfertigungsordnung als Option im Möglichkeitsspielraum der Schwangerenberatung zu betrachten, wird nun zum Scharnier für das Arbeitsbündnis. Während die Beratungsstelle in der Heimatstadt der schwangeren Frau den Schein für einen Abbruch der Schwangerschaft ausgestellt hat, »ohne zu beraten, was man so für Möglichkeiten hat«, ist dies nun der Punkt, an dem Frau K. ansetzt – sie will und wird über andere Möglichkeiten beraten.

4.3 *»Ethik der Empathie« und Strukturlogik der Parteinahme*

Die Rekonstruktion dieser Schlüsselsituation zeigt, dass erst die lebenspraktische Erfahrung den Möglichkeitsspielraum einer psychosozialen Indikation für einen Beratungsfall öffnet, dessen Problemlösung die Pränataldiagnostikerin jenseits dieser Erfahrung für sich persönlich kategorisch ausgeschlossen hatte. Sie zeigt einen Wandel

---

[45] Dewey: Human Nature and Conduct (Anm. 43), S. 208.

[46] Oevermann: Genetischer Strukturalismus (Anm. 11), S. 299.

der professionsethischen Haltung auf, der dadurch angestoßen wird, dass die quasi-rationalen Geltungskriterien der ursprünglichen Argumentation sich dort als nicht mehr belastbar erweisen, wo ein empathisches »Mit-Erleben«[47] mit der Schwangeren einsetzt. Die direkte Konfrontation mit deren persönlicher Krisenerfahrung führt zu einer Veränderung der ursprünglichen Positionierung der Ärztin, die sich in der Umstellung ihres Rechtfertigungsmodus von »Risikofundierung« und der damit (wenn auch verdeckten, so doch) verbundenen moralischen Grenzziehung auf »Empathie« widerspiegelt.

Nach Fritz Breithaupt[48] kann vor allem in emotional intensiven Situationen empathisch mit-erlebt werden, weil in ihnen die individuellen Differenzen zum anderen geringer werden. Dies ist zum Beispiel in Entscheidungssituationen der Fall, in denen der Druck der Situation auf ein Individuum besonders wahrnehmbar ist.[49] Empathisch zu sein bedeutet dann, sich imaginär in der Situation des anderen zu erleben und auch mitzudenken und mitzuempfinden, was jemand tun sollte oder könnte.[50] Das »Mit-Erleben« der empathischen Beobachterin wird dabei unter anderem durch das Selbstinteresse beeinflusst, das sie der anderen Person unterstellt, indem die Annahme darüber, ob eine Situation für diese gut oder schlecht und was für sie wünschenswert ist, als Maßstab zur Bewertung der möglichen künftigen Entwicklungen dient.[51]

Durch die Konfrontation mit dem Anruf der mit Zwillingen Schwangeren wird Frau K. zur empathischen Beobachterin, die sich durch das »Mit-Erleben« der Situation dem unterstellten Selbstinteresse der Frau – ihrem Gesuch nach Hilfe, auf das die Ärztin mit dem Angebot einer Beratung reagiert – nicht entziehen kann. Die entsprechend vollzogene Umstellung ihrer professionsethischen Haltung von der fixen Grenzziehung auf eine »Ethik der Empathie« wird durch die folgende Abstraktion der rekonstruierend ex post eingelösten Begründungsverpflichtung noch einmal besonders deutlich:

Also die Grenzen verschieben sich von Fall zu Fall und deswegen, das ist finde ich das Spannende, dass man eigentlich immer wieder sich sagen muss, man muss ganz offen sein mit seinen Beratungen und auch mit der

[47] Fritz Breithaupt: Die dunklen Seiten der Empathie. 2. Aufl. Berlin 2017, S. 15.
[48] Breithaupt: Die dunklen Seiten (Anm. 47), S. 18.
[49] Breithaupt: Die dunklen Seiten (Anm. 47), S. 17–18.
[50] Breithaupt: Die dunklen Seiten (Anm. 47), S. 16.
[51] Breithaupt: Die dunklen Seiten (Anm. 47), S. 21.

Hilfe, die man anbietet, weil das wirklich immer eine Einzelfallentscheidung ist. Ja.[52]

Während eine moralische Grenzziehung den Möglichkeitsspielraum für das Entscheiden in bestimmten Fällen auf ein vorgefasstes Richtig-Falsch-Schema einschränkt, bedeutet eine »Ethik der Empathie« die Verallgemeinerung einer Routinisierung der permanenten Verschiebung moralischer Grenzen. Diese erfolgt »von Fall zu Fall«, ohne dass sich aus je konkreten Fällen Ableitungen für das Vorgehen in Folgefällen gewinnen lassen. Es sind nicht die objektiven Sinnbezüge, die im Prozess der Krisenbewältigung eine Rolle spielen, sondern deren Übersetzung und Verknüpfung durch die Beteiligung der Ärztin als empathische Beobachterin der je individuellen Situation, in der sich betroffene Eltern befinden. Erst eine solche Haltung, die Tür und Tor professionsethischer Entwicklung öffnet, ist aus pragmatistischer Perspektive als tatsächlich moralisch zu verstehen. Moral bedeutet hier gerade nicht, die Gegenwart einer rigiden und abstrakten Zukunft zu unterwerfen, sondern liegt im Zuwachs an Bedeutung im Handeln, beziehungsweise der Ausdehnung von Bedeutung als Folge der Beobachtung der Bedingungen und Effekte von Handlungen.[53]

Eine »Ethik der Empathie« ist jedoch in diesem Zusammenhang nicht zu verwechseln mit dem »anything goes« eines Automatismus aus von Eltern artikulierten Wünschen und einer schlichten Identifikation durch die Ärztin. Während Identifikation die imaginäre Verschmelzung der Perspektiven des Beobachters und des Beobachteten bedeutet und damit »total« ist, beruht Empathie auf einer stillen Parteinahme, die immer nur »situationsgebunden« erfolgt.[54] Identifikation mit den Eltern ohne jegliche Voraussetzungen wäre dementsprechend nur das spiegelbildliche Pendant zu einem Dogmatismus moralischer Grenzziehung, da die Krisenbewältigung routiniert gemäß dem Schema »was die Eltern wollen« erfolgen würde. »Mit-Erleben« im weiter oben genannten Sinne ist allerdings keine Einbahnstraße, sondern eröffnet die Möglichkeit für verschiedene Konsequenzen: Es kann sein, dass man sich besonders mit dem anderen verbunden fühlt, es kann aber ebenso gut sein, dass man sich distanzieren möchte.[55]

---

52 Interview (Anm. 36), Zeilen 231–235.

53 Dewey: Human Nature and Conduct (Anm. 43), S. 110–111.

54 Fritz Breithaupt: Kulturen der Empathie. 4. Aufl. Frankfurt am Main 2009, S. 165.

55 Breithaupt: Die dunklen Seiten (Anm. 47), S. 18.

Die interessante Frage an dieser Stelle ist, wann Empathie zu einem Gefühl der Verbundenheit und damit zur Parteinahme und wann sie zu einem Wunsch nach Distanzierung führt. Wie sieht die Strukturlogik der Krisenbewältigung in der Pränataldiagnostik aus, wenn auf einen Rechtfertigungsmodus empathischen »Mit-Erlebens« abgestellt wird? Die Antwort von Frau K. auf die Frage, ob es Prinzipien oder Ideale gebe, an denen sie sich orientiert, gibt hierüber näheren Aufschluss:

> Also ich mein, ich hab schon […], nee, also […] das ist ja pro Problem immer anders. Ich meine, es gibt Paare, die ein Kind mit einer Lippen-Kiefer-Gaumenspalte abtreiben wollen. Und da kann ich dann nicht mehr mitgehen, ja. Also, vor allen Dingen weil das auch kosmetisch toll […] zu operieren ist. Aber auch da gab es wieder Unterschiede, weil wenn man das bei 13 Schwangerschaftswochen weiß, und die Frau weiß genau, was auf sie zukommt, weil ihre Schwester hatte auch ein Kind mit so einer Erkrankung und die will das jetzt nicht. Die will das nicht mit auch erleben. Dann gehe ich da wieder schon ein bisschen anders mit um, als wenn Leute kommen, bei denen ich denke, in ihrem Leben ist alles perfekt und so treten sie auch auf und kommen bei 22 Wochen und das ist [unverständlich] für so einen späten Abbruch dann für mich nicht hart genug.[56]

Auch in dieser Gesprächssequenz hebt der erste Satz erneut auf die Unausweichlichkeit einer fallspezifisch ausgerichteten Praxis ab. Es folgt die Aussage, dass Frau K. »dann« nicht mehr mit dem Wunsch der Eltern nach einem Abbruch »mitgehen« kann, wenn dieser auf der Feststellung einer Lippen-Kiefer-Gaumenspalte des Kindes beruht. Begründet wird die Ablehnung einer Indikation für diesen Fall mit der Operabilität der Fehlbildung. Der Rekurs auf den Befund des Kindes statt auf die Gefahr einer schwerwiegenden Beeinträchtigung des seelischen Gesundheitszustandes der Schwangeren in der Argumentation der Ärztin ist hier nicht etwa als »Rückfall« in den Modus einer embryopathischen Indikation zu interpretieren, sondern stellt sich unter dem Gesichtspunkt des empathischen »Mit-Erlebens« als Parteinahme für das Ungeborene dar. Die Erläuterung, dass eine Lippen-Kiefer-Gaumenspalte »auch kosmetisch toll […] zu operieren ist«, verweist auf die Zurückweisung der Bewertung der Situation als eine krisenhafte für die Eltern. Entsprechend erfolgt eine Parteinahme für das Kind, mit dem die Ärztin durch Projektion seiner möglichen, durch die Operierbarkeit der Lippen-Kiefer-Gaumenspalte aus

[56] Interview (Anm. 36), Zeilen 239–248.

ihrer Sicht nicht oder kaum beeinträchtigten Zukunft empathisch »mit-erlebt« und das damit zum alleinigen Partner des Arbeitsbündnisses wird.

Darüber, nach welcher Strukturlogik die Parteinahme konkret erfolgt, gibt nun die anschließende Erläuterung der Pränataldiagnostikerin Aufschluss, in der sie ausdifferenziert, welche Geltungskriterien bei der Verknüpfung von Mittlern im Rahmen der Darstellung der Eltern für sie von Bedeutung sind. Als grenzbestimmungsrelevante Mittler einer »Ethik der Empathie« werden zum einen die Schwangerschaftswoche und zum anderen das Auftreten der Eltern miteinander assoziiert. Mit Blick auf die Schwangerschaftswoche grenzt die Pränataldiagnostikerin den Bereich ihrer Verantwortlichkeit auf die Spanne zwischen der 13. und der 22. Schwangerschaftswoche ein. Der untere Pol dieser Spanne ist fixiert insofern, als bis zur zwölften Woche ein Abbruch nach Beratungsregelung entsprechend §218a Abs. 1 StGB für alle Schwangerschaften möglich ist. In einem solchen Fall ist die Ärztin von der Entscheidung über das Ausstellen einer Indikation also ohnehin entlastet, da er nicht in den speziellen Bereich entsprechender professionsethischer Erwägungen hineinfällt. Anders verhält es sich mit Blick auf den Pol der oberen Grenzmarkierung, der bei differenzierter Betrachtung durch eine Verknüpfung mehrerer Mittler charakterisiert ist. Hierzu gehört zum einen der Fetozid, der ein aktives Eingreifen des professionellen Personals durch Tötung des Kindes im Mutterleib bedeutet. Die Bezugnahme auf die 22. Schwangerschaftswoche deutet hierbei auf die Grenzmarkierung zur extrauterinen Überlebensfähigkeit des Kindes hin, die nach gegenwärtigem Stand der Medizin vor einem entsprechenden Gestationsalter eine sehr seltene Ausnahme darstellt.[57] Wie Frau K. noch einmal explizit in einer späteren Phase des Interviewgesprächs ausführt, stellt die Durchführung eines Fetozids für Ärztinnen und Ärzte eine extreme Belastung dar. Entsprechend ist davon auszugehen, dass der Aspekt der antizipierten persönlichen Belastung der Pränataldiagnostikerin hier als eigenständige Entität in die Übersetzung der Schwangerschaftswoche als relevantes Geltungskriterium mit hineinspielt.

---

[57] Vgl. Arbeitsgemeinschaft der Wissenschaftlichen Medizinischen Fachgesellschaften e. V.: Frühgeborene an der Grenze der Lebensfähigkeit, S. 6. http://www.awmf.org/uploads/tx_szleitlinien/024–019l_S2k_Frühgeburt_Grenze_Lebensfähigkeit_2014–09-verlaengert.pdf (abgerufen 8.1.2018).

Dieses wird nun von Frau K. in der Argumentation mit dem Auftreten der Eltern assoziiert, welches als Heuristik für das »Mit-Erleben« mit ebenjenen fungiert. Welche Relevanz der Schwangerschaftswoche beim Einlösen der Begründungsverpflichtung zukommt, erweist sich als verknüpft mit der Begründung, die die Eltern selbst für ihren Wunsch nach einem Abbruch der Schwangerschaft in der Interaktion und Kommunikation mit der Ärztin übermitteln. Frau K. führt aus, dass sie dann »da wieder schon ein bisschen anders mit um[geht]«, wenn eine Frau ihr vermittelt, dass sie weiß, was auf sie zukommt, weil sie selbst nicht aus abstrakter Distanz, sondern erfahrungsbasiert argumentiert und zugleich das Gestationsalter mit 13 Wochen sehr nah an der gesetzlichen Grenze für einen Abbruch nach Beratungsregelung ohne Notwendigkeit einer medizinischen Indikation liegt.

Die Möglichkeit des »Mit-Erlebens« und »Mit-Gehens« eröffnet sich für die Ärztin in diesem Fall durch das vergangene »Mit-Erleben« der Schwangeren mit einer ihr nahestehenden Person, dass diese nun nicht auch selbst erleben möchte, sowie durch den Umstand, dass es hier nicht um einen Spätabbruch gehen würde. Als Abgrenzungsfolie zu einer erfahrungsbasierten und damit in ihrem projizierten Leidensdruck legitimen Rechtfertigungslogik der Schwangeren zeichnet die Pränataldiagnostikerin den Typus von »Leute[n]« nach, die ihr den Eindruck vermitteln, alles in ihrem Leben sei perfekt, und die auch entsprechend auftreten. Die Kombination dieses Typus mit der 22. Schwangerschaftswoche, die für das professionelle Personal ein aktives Eingreifen in Form eines Fetozids erforderlich macht, wird von Frau K. in die Folgerung überführt, dass ein Abbruch in diesem Fall nicht rechtfertigungsfähig – da für sie »nicht hart genug« – ist. An der Grenze der Empathie mit der Schwangeren erfolgt entsprechend eine Parteinahme für das Kind, das durch Zurückweisung der Feststellung einer Indikation zum Bündnispartner der Ärztin wird.

5. Schluss: Von der moralischen Grenzziehung zur »Ethik der Empathie«

Eine professionsethische Haltung – so das Ergebnis der vorliegenden empirischen Fallrekonstruktion – entsteht nicht primär durch die Aneignung von theoretischem Wissen über berufspraktische Grundsätze und Leitlinien, sondern entwickelt sich über Prozesse der Krisenbewältigung im Rahmen der beruflichen Praxis. Dies bedeutet nicht, dass theoretische Annahmen keine Rolle spielen. Sie stehen jedoch nicht im Zentrum professionsethischer Entwicklung, sondern stellen zunächst nur potenzielle Mittler dar, die durch Assoziationen im Akteur-Netzwerk der Geltungsfragenbearbeitung zu Mittlern werden können. Dies geschieht dann, wenn sie in der Argumentation des professionellen Personals als Entitäten sichtbar werden, die durch Verknüpfungen mit anderen Mittlern einen Unterschied machen.

Dass vor diesem Hintergrund moralisch fixierte (Selbst-)Ansprüche extrem fragil sind, zeigt die Dechiffrierung der Erzeugungsregeln des Falls Frau K. Dieser erweist sich als typischer Fall praxisinduzierter Bildung im Zuge der eigenständigen Bearbeitung von Geltungsfragen im Hinblick auf die Positionierung zur Entscheidung für oder gegen das Ausstellen einer Indikation zum Schwangerschaftsabbruch. Bevor die Pränataldiagnostikerin mit einem konkreten Fall in der Praxis konfrontiert wird, ist für sie persönlich nach den Regeln objektiver Vernünftigkeit das Ausstellen einer psychosozialen Indikation nach § 218a Absatz 2 für einen selektiven Abbruch bei einer Zwillingsschwangerschaft ausgeschlossen. Der Anruf einer mit Zwillingen schwangeren Frau fordert diese Grenzbestimmungsfunktion nun heraus, als sich die ursprüngliche Risiko-fundierte, verdeckt wertbasierte Rechtfertigungslogik der Ärztin für die Ablehnung einer entsprechenden Indikation in der direkten Konfrontation mit der Notlage der Schwangeren als nicht haltbar erweist. Im Zuge der Bewältigung der entsprechend aufbrechenden Entscheidungskrise der Ärztin – »Werde ich diese Frau beraten oder werde ich sie nicht beraten?« – unterliegt ihre ursprüngliche Haltung in der Übersetzung in praktische Vernünftigkeit einem Wandel von der fixen Grenzziehung zu einer »Ethik der Empathie«.

Durch das Freilegen der Charakteristik, mit der die durch die Regeln objektiver Vernünftigkeit eröffneten Optionen von der Pränataldiagnostikerin als handelnde Instanz in praktische Vernünftigkeit übersetzt werden, wird die Fallstrukturiertheit dieser Lebenspraxis deutlich. Es wäre grundsätzlich möglich, die Schwangere mit ihrem Beratungsgesuch auf Basis der Begründung zurückzuweisen, dass mit Blick auf das Risiko für die Ungeborenen keine Notwendigkeit für das Entscheiden über einen selektiven Abbruch besteht. Das Gespräch mit der schwangeren Frau führt allerdings dazu, dass deren Krise zu einer Situation wird, die die Pränataldiagnostikerin etwas angeht. Während die moralische Grenzziehung aus der Distanz zur entsprechenden Situation und damit nur hypothetisch ist, stellt das Telefonat eine emotional intensive Situation dar. Diese führt zu einem empathischen »Mit-Erleben« der Ärztin, durch das die individuellen Differenzen zwischen ihr und der Schwangeren geringer werden und sie sich so imaginär in deren Situation erleben kann.

Es zeigt sich hier, dass Neues entsteht, wenn etwas noch nie Dagewesenes dazu zwingt, einer Situation irgendwie zu begegnen und es so plötzlich zu neuen Assoziationen kommt. Risikowahrscheinlichkeiten werden als Mittler fallengelassen, während andererseits die Emotionen der Frau und Entitäten ihrer Geschichte in der Erzählung der Ärztin als neue Mittler auftauchen. Die Reflexion dieser Erfahrung führt die Pränataldiagnostikerin zur Entwicklung einer (professions-)ethischen Theorie, die sich in der Abstraktion wie folgt rekonstruieren lässt: Weder wissenschaftsbasierte noch moralisch fixierte (und damit zwar objektive, aber nur hypothetische) Geltungskriterien sind bei der Entscheidungsfindung in der professionalisierten pränataldiagnostischen Praxis unhintergehbar. Wie die vorliegende empirische Analyse zeigt, müssen sich vor allem moralische Grenzziehungen zur Beanspruchung von Gültigkeit in der Lebenspraxis erst bewähren. Denn im Sinne einer »Ethik der Empathie« erfordern unvorhersehbare zukünftige Erfahrungen einzelfallspezifische Grenzverschiebungen, deren Rechtfertigungsmodus auf den Aspekt des »Mit-Erlebens« abstellt.

In dieser professionsethischen, aus der Praxiserfahrung gewonnen Theorie ist zugleich auch die Antwort darauf zu finden, nach welcher Logik sich ein empathisches »Mit-Erleben« in Krisensituationen überhaupt erst entwickelt. Aufschluss hierüber gibt die Begründungsstruktur der Reflexion einer Grenzziehung der Pränataldiagnostikerin bezogen darauf, welche Assoziationen von Mittlern sie für ein mögliches Mitgehen skizziert: Aus ihrer diesbezüglichen Referenz auf die Schwangerschaftswoche in Verknüpfung mit dem Auftreten der Eltern lässt sich ableiten, dass Empathie dann nicht zur Distanzierung, sondern zu einem Gefühl der Verbundenheit führt, wenn die Narration derer, die die Ärztin mit der stellvertretenden Bewältigung einer Krise betrauen, auf einer Begründung basieren, in der sich die erfahrungsbasierte Handlungstheorie der Professionellen widerspiegelt.

Diana Schneider

Nicht-invasiver Pränataltest und elterliche Entscheidungsfindung

Herausforderungen und Lösungsansatz

Abstract:
This contribution approaches the topic of non-invasive prenatal test (NIPT) from the perspective of technology assessment, especially from the discussion of sociotechnical futures. Therefore this article analyses subjects of statements, position papers, and press releases, and relates them with a hypothetical case of parental decision-making of (non-) using NIPT: What subjects are pregnant women and their partners confronted with if they inform themselves about NIPT with the help of these documents? What sociotechnical futures are drawn within the documents? Is there a social pressure to use the NIPT? In the last step, the critique of the methods assessment of the Federal Joint Committee about the funding of the NIPT in case of risk pregnancy is discussed. The statements of the Federal Joint Committee are analyzed regarding their possible effects for pregnant women and their partners.

1. Einleitung

Nicht erst die Ankündigung der Markteinführung des PraenaTests® durch die Firma LifeCodexx im Jahr 2011 rief eine Vielzahl an KritikerInnen auf den Plan. Bereits zuvor erntete der von Dezember 2006 bis Sommer 2010 frei verkäufliche Gender-Test® der Firma PlasmaGen AG Kritik, welcher die Geschlechtsbestimmung des Fötus vor der zwölften Schwangerschaftswoche mittels Analyse des mütterlichen Blutes ermöglichte. Jedoch verschärfte sich die Kritik mit dem auch als Bluttest bezeichneten, nicht-invasiven Pränataltest (NIPT) wie PraenaTest® und Co. GegnerInnen betonen die Möglichkeit und Gefahr, dass zukünftig durch den NIPT nur noch perfekte und gesunde Kinder geboren werden würden.[1] Der molekulargenetische Test be-

[1] Oliver Hoesch: »Es darf keine Pflicht zum gesunden Kind geben«. Landesbischof July im Gespräch mit Parlamentariern zum neuen Bluttest auf Trisomie 21 (21.2.

günstige die Vorstellung, dass Krankheit und Behinderung vermeidbar wären. Der Grund für das erneute Aufflammen der Diskussion lag auch in der Neuartigkeit des Testverfahrens: Da der Fötus über die Nabelschnur und Plazenta mit dem Blutkreislauf der Schwangeren verbunden ist, befinden sich in diesem auch Anteile der fetalen DNA. Das mütterliche Blut wird auf diese fetale DNA im Rahmen des NIPT untersucht, indem es mittels »Next Generation Sequencing« ausgewertet wird, damit eine valide Aussage über das mögliche Vorliegen einer chromosomalen Anomalie wie Trisomie 21 getroffen werden kann. BefürworterInnen des NIPT betonen, dass im Gegensatz zu vergleichbaren Methoden wie der Amniozentese oder der Chorionzottenbiopsie bei dem NIPT kein Risiko eines spontanen Aborts bestehe. In einer Pressemitteilung spricht die Firma LifeCodexx bei Einführung des PraenaTests® von »bis zu 700 Kindern […], die jährlich durch Komplikationen bei invasiven Untersuchungen sterben«.[2] Mit Hilfe des innovativen Tests könnte eine Reduzierung der invasiven Verfahren und damit auch eine Reduzierung der eingriffsbedingten Fehlgeburten erzielt werden, so die Hoffnung. Dies ist zugleich eines derjenigen Argumente, auf das sich das Methodenbewertungsverfahren des Gemeinsamen Bundesausschusses berufen kann, in dessen Rahmen seit August 2016 geprüft wird, ob der NIPT zukünftig für Risikoschwangere in den Leistungskatalog der gesetzlichen Krankenversicherung aufgenommen werden soll.[3] Beide, KritikerInnen und BefürworterInnen, zeichnen mit ihren Argumentationen nicht nur bestimmte, zum Teil technikdeterministische Visionen, sondern nutzen diese bestimmten Zukunftsszenarien, um die Aufmerksamkeit des Diskurses zu bestimmen.

2013). https://www.elk-wue.de/pressemitteilung/21022013-es-darf-keine-pflicht-zum-gesunden-kind-geben (abgerufen am 8.1.2018).

[2] Elke Decker: PraenaTest® jetzt in Deutschland, Österreich, Lichtenstein und in der Schweiz verfügbar (20.8.2012). https://lifecodexx.com/praenatest-jetzt-in-deutschland-oesterreich-liechtenstein-und-in-der-schweiz-verfuegbar (abgerufen am 8.1.2018).

[3] Josef Hecken, Harald Deisler, Regina Klakow-Franck, Kassenärztliche Bundesvereinigung, GKV-Spitzenverband: Antrag auf Bewertung der Methode der nicht-invasiven Pränataldiagnostik zur Bestimmung des Risikos autosomaler Trisomien 13, 18 und 21 mittels eines molekulargenetischen Tests für die Anwendung bei Risikoschwangerschaften im Rahmen der Mutterschafts-Richtlinien nach §135 Absatz 1 Sozialgesetzbuch (SGB) V (4.7.2016). https://www.g-ba.de/downloads/40-268-3933/2016-08-18_Einleitung-Beratungsverf_nicht-invasive-Praenataldiagnostik_Antrag.pdf (abgerufen am 8.1.2018).

Im vorliegenden Beitrag wird der Versuch unternommen, der Diskussion um den NIPT und dessen Zukunftsszenarien aus Sicht der Technikfolgenabschätzung zu begegnen, wobei sich im Rahmen dessen auf die elterliche Entscheidungsfindung konzentriert wird. Ziel der Auseinandersetzung ist es, die soziotechnischen Zukünfte auf ihre dargebotenen Lösungsansätze zu hinterfragen. Da dieses Vorhaben schon allein seines Umfangs wegen nicht in einem Beitrag umfassend erschöpft werden kann, wird sich folgend auf eine dieser soziotechnischen Zukünfte konzentriert. Dafür muss jedoch zunächst geklärt werden, mit welchen Zukünften und Entscheidungsmöglichkeiten werdende Eltern und schwangere Frauen konfrontiert werden, wenn sie sich mit dem NIPT auseinandersetzen. Auf Basis des Ergebnisses werden einige Kritikpunkte an dem Methodenbewertungsverfahren des Gemeinsamen Bundesausschusses aufgerollt, um folgend der Frage nachzugehen, ob die Entscheidungsfindung der Schwangeren und ihrer PartnerInnen durch eine mögliche Kostenübernahme als Befürwortung der Inanspruchnahme des NIPTs interpretiert werden kann. Zugespitzt mündet dies in der Frage, ob die Aufnahme des NIPT in die Mutterschafts-Richtlinien zukünftig einen gesellschaftlichen Druck zur Nutzung des Tests beinhalten würde. Im zweiten Teil der Arbeit wird demnach insbesondere der durch die KritikerInnen thematisierte gesellschaftliche Druck auf Schwangere hinterfragt. Abschließend wird ein konkreter Lösungsansatz formuliert.

2. Soziotechnische Zukünfte um den NIPT

Trotz der stetigen Forderung nach einem breiten Diskurs zu den ethischen und gesellschaftlichen Aspekten des NIPT ist nicht zuletzt mit Blick auf Initiativen von Institutionen, Verbänden, nichtstaatlichen Organisationen und Nichtregierungsorganisationen sowie der breiten medialen Berichterstattung erkennbar, dass es bereits eine kontroverse Diskussion hierzu gibt. Verschiedene zivilgesellschaftliche AkteurInnen thematisieren den NIPT in Form von Stellungnahmen, Protesten und Petitionen, auf Veranstaltungen und in politischen Gremien. Bereits kurz nach der Markteinführung des PraenaTests® durch die Firma LifeCodexx erregte die Frage, wie über den NIPT in der Gesellschaft gesprochen wird, das Forschungsinteresse. Eine Darstellung der Argumente innerhalb der Medienlandschaft findet sich bei Sänger.[4] Der folgende Beitrag möchte diese Frage erweitern, indem die im öffentlichen Diskurs formulierten Themen hypothetisch mit der elterlichen Entscheidungsfindung zur (Nicht-)Inanspruchnahme des NIPT in Beziehung gesetzt werden.

Möchten Schwangere und ihre PartnerInnen die Informationen zum Test nicht nur von ihren ÄrztInnen oder den AnbieterInnen des Tests erhalten, können sie auf die zahlreichen Statements, Stellungnahmen und Positionspapiere von diversen Organisationen, Verbänden, Institutionen, nichtstaatlichen Organisationen und Nichtregierungsorganisationen zurückgreifen. Diese prägen den Diskurs und dadurch auch die Entscheidungsfindung insofern, da sie mit ihrer Argumentation direkt oder indirekt Vorstellungen des zukünftigen gesellschaftlich-technischen Miteinanders generieren. Diese unter dem Begriff der soziotechnischen Zukünfte zusammengefassten Visionen, Utopien und Dystopien sind »Projektionen und Vorstellungen, die implizit oder explizit Zusammenhänge zukünftiger technischer und gesellschaftlicher Verhältnisse imaginieren«.[5] Dabei können die soziotechnischen Zukünfte sich nicht nur konträr gegenüberstehen und unterschiedliche Reichweiten haben, sondern auch die Rolle der Technik selbst – hier des NIPTs – innerhalb dieser skizzierten soziotechnischen Zukünfte kann unterschiedlich ausfallen: Der Test kann einerseits als ursächlicher Faktor für die zukünftigen gesellschaftlichen Veränderungen angesehen werden, andererseits ist es möglich, dass er nur ein Faktor neben anderen darstellt.[6]

---

[4] Eva Sänger: Mutters Blut, Kindes Schicksal. In: GID. Genethischer Informationsdienst 224 (2014), S. 15–17.

[5] Andreas Lösch, Knud Böhle, Christopher Coenen, Paulina Dobroc, Arianna Ferrari, Reinhard Heil, Dirk Hommrich, Martin Sand, Christoph Schneider, Stefan Aykut, Sascha Dickel, Daniela Fuchs, Bruno Gransche, Armin Grunwald, Alexandra Hausstein, Karen Kastenhofer, Kornelia Konrad, Alfred Nordmann, Petra Schaper-Rinkel, Dirk Scheer, Ingo Schulz-Schaeffer, Helge Torgersen, Alexander Wentland: Technikfolgenabschätzung von soziotechnischen Zukünften. Diskussionspapiere. Institut für Technikzukünfte. Karlsruhe 2016, S. 7.

[6] Lösch, Böhle, Coenen, Dobroc, Ferrari, Heil, Hommrich, Sand, Schneider, Aykut, Dickel, Fuchs, Gransche, Grunwald, Hausstein, Kastenhofer, Konrad, Nordmann, Schaper-Rinkel, Scheer, Schulz-Schaeffer, Torgersen, Wentland: Technikfolgenabschätzung von soziotechnischen Zukünften (Anm. 5).

2.1 Welche Themen werden im Rahmen der öffentlichen Kontroverse formuliert?

Auf der Basis gewonnener Materialien des Forschungsprojekts »Part-NIPD: Partizipation in technisch-gesellschaftlichen Innovationsprozessen mit fragmentierter Verantwortung: das Beispiel nicht-invasive Pränataldiagnostik«, welches vom Bundesministerium für Bildung und Forschung gefördert wurde und von August 2015 bis Juli 2017 am Institut Mensch, Ethik und Wissenschaft in Berlin angesiedelt war, wurden 54 Dokumente ausgewählt und eingehender mittels einer qualitativ orientierten Inhaltsanalyse ausgewertet. Das untersuchte Material enthielt vornehmlich Stellungnahmen und Positionspapiere sowie vereinzelte Pressemitteilungen von zivilgesellschaftlichen AkteurInnen wie Institutionen, Verbänden, Initiativen, nichtstaatlichen Organisationen und Nichtregierungsorganisationen sowie Regierungs- und Entscheidungsgremien. Untersucht wurden Veröffentlichungen des Zeitraums März 2007 bis Februar 2017, wobei einerseits darauf geachtet wurde, dass die Stellungnahmen und Positionspapiere mindestens einen Adressaten enthielten und andererseits zu bedenken ist, dass die Herausgabe derselben meist an ein bestimmtes Ereignis gekoppelt war, wie die Ankündigung oder Einführung eines NIPTs in den Markt beziehungsweise an die Einleitung des Erprobungs- oder des Methodenbewertungsverfahrens des Gemeinsamen Bundesausschusses.

Wesentlich lassen sich drei große Themenfelder innerhalb der untersuchten Dokumente ausmachen: Einerseits werden der NIPT und die mit ihm verbundenen Neuerungen thematisiert. Dies beinhaltet neben der Frage des medizinischen Nutzens und einer möglichen Finanzierung als Kassenleistung auch die öffentliche Finanzierung des Unternehmens LifeCodexx durch das Bundesministerium für Bildung und Forschung und das Bundesministerium für Wirtschaft und Energie im Rahmen der öffentlichen Förderungsprogramme »ZIMSolo« und »KMU Innovativ«, Machbarkeitsdiskurse sowie die Frage nach Routineuntersuchung und Risikoschwangerschaft. Andererseits gerät der Themenkomplex Behinderung und Diversität in den Fokus. Neben der Darlegung der Diversität von Trisomie 21 werden in diesem Themenfeld Forderungen zur Inklusion und Wertschätzung von Menschen mit Behinderung(en), die UN-Behindertenrechtskonvention sowie Selektion thematisiert. Hierbei wird sich von der Stigmatisierung von Behinderung als Leid distanziert und die Entscheidung für ein Kind mit Behinderung begrüßt. Mitunter wird in diesem Zusammenhang auf entsprechende Hilfen und Beratungsangebote für Ratsuchende verwiesen. Schlussendlich wird in einem weiteren Themenfeld die Schwangerschaft selbst sowie die Entscheidungsfindung der Schwangeren thematisiert. Neben der Gefahr eines Missbrauchs der Tests zu »Family-balancing« werden hier fehlende Alternativen der Entscheidungsfindung kritisiert sowie die Anwendung des NIPT vor der zwölften Schwangerschaftswoche problematisiert. Schlagworte des Themenfeldes beinhalten sowohl das Recht auf Nichtwissen, Schwangerschaftsabbruch, Selbstbestimmung, Verunsicherung/Angst, Beratung als auch die autonome, freie, informierte Entscheidungsfindung. Zudem werden die sogenannte Schwangerschaft auf Probe/unter Vorbehalt sowie ein Entscheidungs- und Rechtfertigungsdruck auf Schwangere und ihre PartnerInnen thematisiert.

Diese Themenfelder decken sich – wenn auch nicht mit der gleichen Kategorisierung – mit den Forschungsergebnissen von Sänger. In ihrer Medienanalyse identifizierte sie wesentlich drei Tendenzen: die Neuartigkeit des Testverfahrens und dessen Möglichkeiten, welche die Zukunft von Schwangerschaft und Pränataldiagnostik »dramatisch« verändern; die gesellschaftlichen Auswirkungen und ethischen Verantwortungen, die aus der Inanspruchnahme des NIPT für Eltern und Gesellschaft resultieren; sowie »die Berichterstattung um politisch-rechtliche Fragen und das Zulassungsverfahren«.[7]

2.2 *Welche Themen sind besonders häufig anzutreffen?*

Um herauszufinden, mit welchen Themen schwangere Frauen besonders häufig konfrontiert werden, wenn sie mit Hilfe der Stellungnahmen und Positionspapiere eine informierte Entscheidung treffen möchten, wurden die oben genannten Themen in Cluster zusammengefasst. Die Clusterbildung ermöglicht darüber hinaus Aussagen darüber, ob sich bestimmte Tendenzen soziotechnischer Zukünfte ausmachen lassen, da die Häufigkeit der Themen oft mit einer bestimmten Argumentationsstruktur korreliert. Selbst, wenn diese im Einzelfall unterschiedlich ausfällt, lassen sich bei großen Clustern aufgrund von thematischen Ähnlichkeiten und Überschneidungen

---

[7] Sänger: Mutters Blut (Anm. 4), S. 15.

bestimmte Grundannahmen über soziotechnische Zukünfte ableiten und rekapitulieren.

Im Rahmen der Analyse konnten insgesamt fünf Cluster gebildet werden: Das kleinste Cluster bündelt diejenigen Themen, die mit einer Häufigkeit von unter 5 % in den untersuchten Dokumenten vorkommen; die beiden größten Cluster beinhalten Themen, die mit einer Häufigkeit von über 50 % thematisiert wurden. Auf letztere wurde sich konzentriert, da (1) bei einer Häufigkeit größer als 50 % davon ausgegangen werden kann, dass diese aktuelle Trends wiedergeben und (2) davon ausgegangen werden muss, dass Schwangere und ihre PartnerInnen nur eine begrenzte Anzahl dieser Stellungnahmen und Positionspapiere lesen werden. Wenn etwas häufiger thematisiert wird, besteht die Chance, dass auch Schwangere und ihre PartnerInnen davon hören und dadurch gegebenenfalls in ihrer Entscheidung beeinflusst werden.

	Cluster 4 (52–57 %)	Cluster 5 (67–69 %)
Themen/ Schlagworte	Routineuntersuchung Risiko(-vermeidung) Kassenleistung medizinischer Nutzen Inklusion UN-Behindertenrechts-konvention	Abwertung/Verhinderung von Menschen mit Behinderung Schwangerschaftsabbruch / Abtreibung Beratung

Tab. 1: Häufigkeit der Themen in Stellungnahmen und Positionspapieren

Bereits ein erster Blick auf die beiden größten Cluster offenbart, dass in den untersuchten Stellungnahmen, Positionspapieren und Pressemitteilungen vordergründig nicht die Entscheidungsfindung der Schwangeren zur Inanspruchnahme des NIPTs thematisiert wurde. Vielmehr spielen Befürchtungen einer soziotechnischen Zukunft, in dessen stärksten Lesart Föten mit Hilfe des NIPT bei einem auffälligen Testergebnis (stets) abgetrieben werden, eine prägnante Rolle. Die Betonung von Inklusion und der UN-Behindertenrechtskonvention, die Befürchtung oder Kritik an einer Abwertung oder Verhinderung von Menschen mit Behinderungen, der häufige Schwangerschaftsabbruch bei Föten mit auffälligem Befund sowie die Infragestellung des medizinischen Nutzens des NIPTs können hier als Indikatoren dieser soziotechnischen Zukunft herangezogen werden. In dieser Argumentation wird regelmäßig darauf verwiesen, dass bereits heute Föten mit Trisomie 21 in bis zu 90 % der Fälle abgetrieben werden.[8] Aufgrund der einfachen Handhabung des Tests wird in dieser Argumentation zudem das Szenario gezeichnet, dass der Test mit Hilfe einer Finanzierung über die gesetzliche Krankenversicherung (Kassenleistung) zu einer Routineuntersuchung werden könnte. In mehr als der Hälfte aller untersuchten Dokumente wird damit der Umgang mit einem auffälligen Testergebnis in den Fokus gerückt. Die eigentliche Entscheidungsfrage für ratsuchende Schwangere, die vor der Auseinandersetzung mit dem Testergebnis liegt – nämlich die Frage, unter welchen Umständen sie sich für die Inanspruchnahme eines NIPTs entscheiden könnten – bleibt hingegen weitestgehend unberührt. Hier werden lediglich Beratung, die Vermeidung eines spontanen Aborts (Risikovermeidung) und finanzielle Gründe (Kassenleistung) angeführt. Diese Punkte könnten für eine soziotechnische Zukunft stehen, in welcher die Schwangerschaft durch den Einsatz des NIPTs insofern risikoärmer wird, da spontane Aborte durch den Nichteinsatz invasiver Methoden auch für Personen mit niedrigem Einkommen vermieden werden könnten. Es ist jedoch nicht auszuschließen, dass gerade letzteres, die Beratung, (auch) in Zusammenhang mit einem möglichen Schwangerschaftsabbruch assoziiert wird.

Zusammenfassend lässt sich festhalten: Stellungnahmen und Positionspapiere von diversen Verbänden, Gremien, nichtstaatlichen Organisationen und Nichtregierungsorganisationen sowie zivilgesellschaftlichen AkteurInnen scheinen nur bedingt hilfreich zu sein, um die Schwangeren und ihre PartnerInnen bei der Frage einer eventuellen Inanspruchnahme des NIPTs zu unterstützen oder gar zu beraten. Sie verweisen eher auf den Umgang mit dem Testergebnis, statt auf die vorher anstehende Entscheidung, ob der NIPT in Anspruch genommen wird. Dennoch kann gerade die Ausrichtung auf die Folgeentscheidungen bei der Inanspruchnahme des Tests einen wichtigen Beitrag leisten: Sie verdeutlicht, dass der NIPT keine Antwort darauf liefert, wie mit seinem Testergebnis umgegangen wird, sondern diese von den Nutzerinnen stattdessen einfordert. Es ist eine (weitere) Entscheidung, die der Schwangeren obliegt und die sich an die Entscheidung zur Inanspruchnahme des NIPT anschließt. Diese banale Erkenntnis verdient insofern Beachtung, da immer wieder

[8] FrauenRat NRW: Stellungnahme des FrauenRat NRW e. V. zum Bluttest auf Trisomie. https://frauenrat-nrw.de/aktuell/76-stellungnahme-des-frauenrat-nrw-e-v-zum-bluttest-auf-trisomie (abgerufen am 8. 1. 2018).

Klagen darüber laut werden, dass die Schwangeren auf die anstehende Entscheidung, mit dem Ergebnis des Tests umzugehen und darauf Handlungen abzuleiten, nicht vorbereitet waren.

Über den Grund eines solchen Nichtwissens lassen sich hier nur Spekulationen anstellen. In dem Sachstandsbericht des Büros für Technikfolgen-Abschätzung beim Deutschen Bundestag (TAB) wird im Jahr 2000 noch die Überlegung formuliert, dass eine Ausbreitung der pränatalen Diagnostik gerade im Hinblick auf die sich möglicherweise daran anschließende Herausforderung, mit einem Schwangerschaftsabbruch konfrontiert zu werden, eher unwahrscheinlich ist:

> Gegen eine zukünftige Ausweitung der Inanspruchnahme der Pränataldiagnostik generell und auch der Inanspruchnahme neuer DNA-analytischer Tests spricht die doch erhebliche Belastung der Frauen durch das Verfahren, die eine leichtfertige Inanspruchnahme genetischer Diagnostik, die unmittelbar mit der Frage konfrontieren könnte, die Schwangerschaft abzubrechen, unwahrscheinlich erscheinen lässt.[9]

Warum sich diese Vermutung gerade beim NIPT nicht zu bestätigen scheint, könnte mit Blick auf die Werbung des PraenaTests® der Firma LifeCodexx beantwortet werden. In dieser wird der Test eng mit der Kategorie »Wissen« (»Der PraenaTest® schafft Wissen.« oder »Gewissheit erlangen.«) verwoben; zudem wird die Inanspruchnahme des NIPT unter anderem mit psychologischen Gründen[10] wie dem Bedürfnis nach Sicherheit (»Beruhigt sein. Bereits ab der vollendeten 9. Woche.« oder »Entlastet sein. Mit hoher Sicherheit.«) beworben.[11] Dies könnte die potentiellen Nutzerinnen des Tests dazu verleiten, mögliche Folgeentscheidungen zu vernachlässigen oder gar unberücksichtigt zu lassen. Ob diese Vermutung berechtigt ist, müsste jedoch an anderer Stelle geklärt werden. Festzuhalten bleibt: Mit einem Blick in die Stellungnahmen und Positionspapiere könnte diesem (ungewolltem) Nichtwissen jedoch entgegengesteuert werden.

---

9 Leonhard Hennen, Thomas Petermann, Arnold Sauter: Stand und Perspektiven der genetischen Diagnostik. Sachstandsbericht. In: TAB-Arbeitsbericht (66) 2000, S. 1–168, hier S. 75.

10 Elke Decker: LifeCodexx führt nahezu 6.000 PraenaTest®-Analysen im ersten Jahr durch (22.08.2013). https://lifecodexx.com/lifecodexx-fuehrt-nahezu-6-000-praenatest-analysen-im-ersten-jahr-durch (abgerufen am 8.1.2018).

11 LifeCodexx. https://lifecodexx.com (abgerufen am 8.1.2018).

3. Diskussion

Bereits in einer weniger starken Lesart soziotechnischer Zukünfte wird deutlich, dass mit dem NIPT und seiner (möglichen) Etablierung bestimmte Themenbereiche gesellschaftlich neu ausgehandelt werden müss(t)en: Soll der NIPT im Rahmen der Mutterschafts-Richtlinien als Routineuntersuchung oder ausschließlich für Risikoschwangere angeboten werden? Ist eine Finanzierung durch die gesetzliche Krankenversicherung zu befürworten? Wie ist der medizinische Nutzen des NIPT zu bewerten? In welchem Verhältnis treffen sich die Bemühungen um Inklusion einerseits und eine Etablierung des NIPT andererseits? Gibt es hierbei überhaupt einen Zusammenhang? Wie ist die zeitliche Nähe zwischen der Durchführung des NIPTs und der Regelung des §218 StGB zu bewerten? Was beinhaltet eine gute Beratung und wann sollte diese stattfinden? In vielen dieser Fragen werden soziotechnische Zukünfte in ihrer Wirkung auf gegenwärtige Prozesse hinterfragt. Den Teilnehmenden der Diskussion ist hierbei bewusst, dass die Beantwortungen der aufgeworfenen Fragen zugleich auch richtungsweisend für das zukünftige gesellschaftliche Miteinander sind, da die Antworten auf diese fundamental-ethischen und gesellschaftlichen Fragen[12] implizit als gesellschaftliches Zeichen an aktuell und zukünftig Schwangere bezüglich der Inanspruchnahme des Tests bewertet werden kann.

Gerade die sehr starke Lesart einer soziotechnischen Zukunft, welche die gegenwärtig hohe Abbruchquote von Schwangerschaften bei Föten mit einem positiven Befund zusammen mit der einfachen Handhabung der Anwendung des NIPT zum Anlass nimmt, um eine Anwendungsweise des NIPTs zu prognostizieren, die zu einer Verhinderung von Menschen mit einer genetisch bedingten Behinderung führe, erhält starke Ablehnung. Eine solche Zukunft wird nicht zuletzt mit Blick auf die UN-Behindertenrechtskonvention und den aktuellen staatlichen Bemühungen unter dem Stichwort der Inklusion als nicht wünschenswert angesehen. Dies wird besonders in dem Gutachten von Gärditz deutlich, in welchem die Unvereinbarkeit des NIPTs mit Art. 3, Absatz 3, Satz 2 des Grundgesetzes (GG) betont

[12] Gemeinsamer Bundesausschuss: Nicht-invasive Pränataldiagnostik bei Risikoschwangerschaften – G-BA beginnt Methodenbewertung – Beratung zur Erprobung ruhend gestellt (18.8.2016). https://www.g-ba.de/downloads/34-215-635/32_2016-08-18_Methodenbewertung%20NIPD.pdf (abgerufen am 8.1.2018).

wurde und welcher die Legalisierung des NIPTs daher in seinem Gutachten ausschloss.[13] In dieser sehr engen Verknüpfung des Themenkomplexes NIPT und Behinderung wird der Test selbst als Symptom eines ursächlichen Faktors innerhalb soziotechnischer Zukünfte interpretiert und erhält damit einen besonderen, fast schon technikdeterministischen Stellenwert. Dabei steht der NIPT jedoch nicht allein. Die Diskussion um ihn ist stellvertretend für eine ganze Reihe an Untersuchungsmöglichkeiten innerhalb der Pränataldiagnostik. Seine einfache Handhabung und sein früher Einsatzzeitpunkt scheinen die Argumentation lediglich zu verstärken. Problematisch wird diese technikdeterministische Herangehensweise spätestens dort, wo alternative Zukünfte wie die Inanspruchnahme des Tests zur Vorbereitung auf ein Kind mit Behinderung nahezu undenkbar werden. Doch nicht nur der implizite Technikdeterminismus scheint charakteristisch für diese spezielle soziotechnische Zukunft zu sein, sondern mit ihm die Idee, dass eine autonome Entscheidungsfreiheit werdender Eltern verhindert oder gar unmöglich wird. Als Indikator wird in der Argumentation auf eine Art unbestimmter, gesellschaftlicher oder sozialer Druck verwiesen, sich entsprechend der Entscheidung für ein Kind mit Behinderung(en) »korrekt« zu entscheiden: Hier ist unter anderem von »Selektion nicht der Norm entsprechender Kinder«[14] und einem »Countdown für Sein oder Nicht-Sein von Menschen mit Down-Syndrom«[15] die Rede.

Mit Blick auf die Funktion soziotechnischer Zukünfte wird deutlich, warum diese, den NIPT tangierende, gesellschaftliche Diskussion, die – spitz formuliert – fragt, ob Menschen mit Behinderung auch zukünftig noch ein Teil der Gesellschaft sind, auch für die Entscheidungsfindung der Schwangeren und ihrer PartnerInnen von Bedeutung ist:

Die Leitfrage ist nicht, ob die Prognosen und Versprechen der Visionen realistisch und wünschenswert sind, sondern *was* soziotechnische Zukünfte

---

[13] Klaus Ferdinand Gärditz: Gutachterliche Stellungnahme zur Zulässigkeit des Diagnostikprodukts »PraenaTest®«, im Auftrag des Beauftragten der Bundesregierung für die Belange behinderter Menschen. Berlin 2012, S. 14.

[14] Cara Beratungsstelle zu Schwangerschaft und vorgeburtlicher Diagnostik: Das Leben ist bunt und jeder Mensch ist einzigartig. Bremen 2012.

[15] Deutsches Down-Syndrom InfoCenter: NIPD – Nicht-invasiver Bluttest zur Bestimmung von Trisomie 21 richtet sich gegen Menschen mit Down-Syndrom. Stellungnahme zu NIPD (8.9.2011), S. 1. https://www.ds-infocenter.de/downloads/Stellungnahme_NIPD_7Sept2011.pdf (abgerufen am 8.1.2018).

[…] in laufenden Transformationsprozessen der Gegenwart *ermöglichen* und ob die gegenwärtig beobachtbaren soziotechnischen Effekte […] wünschenswert sind.[16]

Demnach ist die zu beantwortende Frage nicht, ob eine Zukunft ohne Menschen mit Behinderung realistisch und wünschenswert sei, sondern – diese soziotechnische Zukunft zum Ausgangspunkt nehmend – welche soziotechnischen Effekte dieser Vision bereits in der Gegenwart zu beobachten sind und ob diese als wünschenswert wahrgenommen werden.

3.1 Wie begründet sich gesellschaftlicher oder sozialer Druck?

Um auf diese Frage eine Antwort zu finden, scheint es notwendig, dasjenige Phänomen, das sich hinter dem Schlagwort gesellschaftlicher und sozialer Druck verbirgt, in seinen Ursache- und Wirkmechanismen zu hinterfragen. Dafür wird sich im Folgenden zunächst von drei möglichen Erklärungsmodellen eines gesellschaftlichen oder sozialen Drucks distanziert: (1) Als Beleg für die Existenz des sozialen oder gesellschaftlichen Drucks soll es nicht ausreichen, bloß auf die historische Verbindung von Pränataldiagnostik und Genetik zu verweisen, obgleich diese nicht abgestritten werden soll. Der Verweis bleibt allein deswegen ungenügend, da in dieser Verknüpfung nicht nur *per se* eugenische Tendenzen, sondern auch Dysgenenik untergebracht werden kann. Wurden ehemals pathologische, familiäre Bedingungen herangezogen, konzentrierte sich die pränatale Diagnostik ab den 1960er Jahren zunehmend auf die Suche nach chromosomalen Anomalien mit Hilfe von genetischen Tests. Die Entdeckung, dass Erkrankungen und Behinderungen aufgrund der Möglichkeit von *de novo* Mutationen entstehen können, führte zu einem Wendepunkt und Paradigmenwechsel der klinischen und medizinischen Genetik,[17] welcher sich in erster Linie mit einer Hoffnung auf Therapie verband. Mit Hilfe der Pränataldiagnostik war es

[16] Andreas Lösch: Technikfolgenabschätzung soziotechnischer Zukünfte. Ein Vorschlag zur wissenspolitischen Verortung des Vision Assessments. In: Zeitschrift für Technikfolgen-Abschätzung in Theorie und Praxis 26 (2017), S. 60–65, hier S. 62.
[17] Ilana Löwy: How genetics came to the unborn: 1960–2000. In: Studies in History and Philosophy of Biological and Biomedical Sciences 47 (2014) S. 154–162, hier S. 155.

auch familiär belasteten Paaren möglich, sich für ein Kind zu entscheiden[18]:

> Before the advent of this technology, women who discovered after the birth of an affected child that they were carriers of a recessive hereditary trait often refrained from further pregnancies. PND [prenatal diagnostics] gave them the courage to have more children. Since a significant proportion of these children were carriers of the familiar trait, PND [prenatal diagnostics] increased the frequency of »harmful« genes in populations.[19]

Dass mittlerweile der Eindruck entsteht, diese Hoffnung auf Therapie sei in eine umfangreiche vorgeburtliche »prevention of birth of people with such diseases«[20] umgeschlagen, erklärt jedoch wenig die Ursachen für eine Existenz eines gesellschaftlichen Drucks oder dessen Nichtexistenz.

(2) Auch reicht es nicht aus, auf das subjektive Gefühl von Eltern zu verweisen, welche entweder das Bedürfnis oder den Druck einer Rechtfertigung als Reaktion verspüren – so tragisch dies im Einzelfall für die Betroffenen ist. In dem bereits oben zitierten Bericht des Büros für Technikfolgen-Abschätzung beim Deutschen Bundestag wird hierzu geschrieben:

> Das Gefühl der Stigmatisierung wird dabei häufig (insbesondere von den Eltern) mit negativen Erfahrungen aus dem eigenen sozialen Umfeld begründet: Man müsse sich zunehmend für die Existenz der eigenen Kinder rechtfertigen. Die PND [Pränataldiagnostik] führe in der Gesellschaft zunehmend zu der Haltung, dass die Eltern verantwortlich gemacht werden für die Geburt eines behinderten Kindes, da dies ja »heute vermieden werden kann«. […] Die Beziehung zwischen Schwangerer und Arzt werde in einer Weise verrechtlicht, die eine (direktive) Beratung zur PND [Pränataldiagnostik] nahe lege und einen unvoreingenommenen Umgang mit dem Thema Behinderung erschwere. Vereinzelt verbindet sich mit dem Gefühl der Stigmatisierung der subjektive Eindruck einer Gefahr auch materieller Ausgrenzung von Eltern behinderter Kinder.[21]

Problematisch an diesem Rechtfertigungsdruck ist, dass dennoch unklar bleibt, ob dieser ausschließlich als Reaktion auf direkte Vorwürfe wie jenem, dass ein Kind mit Behinderung mit Hilfe der pränatalen

---

[18] Löwy: How genetics came (Anm. 17), S. 158.
[19] Löwy: How genetics came (Anm. 17), S. 158.
[20] Löwy: How genetics came (Anm. 17), S. 156.
[21] Hennen, Petermann, Sauter: Stand und Perspektiven der genetischen Diagnostik (Anm. 9), S. 82.

Diagnostik vermieden werden könne, zu bewerten ist – und ob dieser Vorwurf zugleich eine allgemeine Meinung oder die Auffassung bestimmter Personengruppen darstellt. Denn rein im juristischen Sinne zwingt niemand die Frauen und werdenden Eltern, etwas Bestimmtes wie einen Schwangerschaftsabbruch bei einem auffälligen Ergebnis zu vollziehen. Gerade die Inklusionsbemühungen der letzten Jahre unterstützen vielmehr ein Gesellschaftsbild der Diversität. Vorstellbar wäre daher, dass dieses als gesellschaftlicher oder sozialer Druck benannte Gefühl von Personen »lediglich« individuell empfunden wird und damit keine gesellschaftliche Erwartungshaltung widerspiegelt. Zu hinterfragen wäre an dieser Stelle, woher dieses Gefühl kommt, was es auslöst und was es verhindern würde. Insofern wäre es auch denkbar, dass sich hinter dem gesellschaftlichen oder sozialen Druck eine unbestimmte Angst vor dem Alleingelassen-Werden bei komplexen Herausforderungen verbirgt. Ensel formuliert dies wie folgt: »Wenn wir davon ausgehen, dass Kinder bedingungslose Annahme brauchen, um sich als verantwortliche und bindungsfähige Menschen zu entwickeln, müssen wir fragen: Was brauchen schwangere Frauen, um ihren Kindern dieses Angenommensein zu vermitteln?«[22]

(3) Schlussendlich ist auch der Hinweis, dass bei der Entscheidungsfindung der Schwangeren zur Inanspruchnahme des NIPTs finanzielle Aspekte eine wichtige Rolle spielen, die durch eine Kassenfinanzierung der NIPTs wegfallen, allenfalls ungenügend. Die Betonung der ökonomischen Komponente in der Entscheidungsfindung mag ein nicht unwesentlicher Faktor sein – insbesondere dann, wenn die finanzielle Komponente für die Einzelnen erst entscheidend ist und dann hinfällig wird. In dieser Argumentation dient die ökonomische Komponente jedoch zu sehr als »Selbstläufer«, als Beginn eines Automatismus. Die finanzielle Entlastung allein kann kein Beleg, sondern allenfalls ein Indiz dafür sein, dass es zu einem irgendwie gearteten, gesellschaftlichen Druck zur Inanspruchnahme kommen könnte. Denn mit Blick auf das breite Marktangebot und die stetige Anzahl verkaufter NIPTs lässt sich bereits jetzt schließen, dass sich der NIPT in der ein oder anderen Weise – und zunächst einmal recht unabhängig von der Frage einer eventuellen Finanzierung als Kassenleistung – im Gesundheitssektor (weiter) etablieren wird, sofern er

[22] Angelica Ensel: Vertrauen und Macht. Ethische Implikationen für die Kommunikation im Kontext von Pränataldiagnostik. In: Hebammeninfo 6 (2007), S. 18–19.

nicht – zum Beispiel durch politische Regulation – daran gehindert wird.

All diese Verweise – die historische Verzahnung, das subjektive Gefühl der Rechtfertigung für ein Kind mit Behinderung und die (wegfallenden) ökonomischen Aspekte durch eine Finanzierung als Kassenleistung – sind zur alleinigen Erklärung des gesellschaftlichen Drucks nicht ausreichend, da sie kaum erklären können, warum aus ihnen ein Automatismus für das zukünftige Geschehen folgen sollte. Und selbst, wenn sie im vollen Umfang zuträfen, können aus ihnen kaum bis keine Lösungsvorschläge für die aktuelle Situation abgeleitet werden – obgleich es diese durchaus gibt. Ein Vorschlag, der von allen Seiten Zustimmung erhält, besteht in der Förderung der (non-direktiven) Beratung. Doch einerseits mangelt es nicht selten an konkreten Vorschlägen, wie diese im Einzelfall zu gestalten sei, andererseits besteht die Gefahr, dass mit der Inanspruchnahme der Beratung auch ein bestimmtes Ergebnis der Beratung assoziiert wird, was einer ergebnisoffenen Beratung widersprechen würde.

Besser wäre es daher, zu prüfen: Was wird genau gesagt und inwiefern könnte das die Entscheidungsfindung der Schwangeren und ihrer PartnerInnen beeinflussen? Für das weitere Vorgehen wird daher vorgeschlagen, das Phänomen des gesellschaftlichen oder sozialen Drucks unter diesen pragmatischen Gesichtspunkten zu untersuchen: Gesellschaftlicher oder sozialer Druck wäre dann eine gesellschaftliche Erwartungshaltung einer bestimmten, in der Öffentlichkeit sichtbaren Personengruppe oder von öffentlich sichtbaren und agierenden Individuen, welche eine direkte Antwort von den AdressatInnen auf direktem Weg einfordert – beispielsweise durch das Treffen von normativen Aussagen – aber nicht zwingend eine allgemein akzeptierte gesellschaftliche oder soziale Norm darstellen muss. Er umfasst damit mehr als den Verweis auf einen diffusen gesellschaftlichen Mainstream, wie »man« zu handeln habe, oder einen möglicherweise bloß individuell empfundenen Druck. Mit Hilfe dieser Definition soll nun im letzten Abschnitt geprüft werden, ob der Gemeinsame Bundesausschuss durch seine Äußerungen dazu beitragen würde, einen gesellschaftlichen oder sozialen Druck auf Schwangere und ihre PartnerInnen auf- oder auszubauen, zukünftig den NIPT im Rahmen der Mutterschafts-Richtlinien in Anspruch zu nehmen.

3.2 Das Problem der direktiven Sprache

Wesentlich lassen sich die Argumente der KritikerInnen an den Gemeinsamen Bundesausschuss gegen eine Finanzierung des NIPTs als Kassenleistung in drei Punkten zusammenfassen: Zunächst wird kritisiert, dass der NIPT vom Gemeinsamen Bundesausschuss nicht nach ethischen und gesellschaftlichen Gesichtspunkten bewertet werde. In dieser Kritik wird betont, dass es mehr Faktoren für die Bewertung einer neuen Methoden geben müsste als diejenigen, für die der Gemeinsame Bundesausschuss durch §135 und §137e des Sozialgesetzbuches (SGB) V zuständig ist: andere Kriterien als nur jene »für eine ausreichende, zweckmäßige und wirtschaftliche Versorgung der Versicherten«.[23] Dies wird vom Gemeinsamen Bundesausschuss nicht zurückgewiesen. In der Sitzung am 16.8.2016 wird von dem Unparteiischen Vorsitzenden Josef Hecken stattdessen betont, dass man sich der Bedeutung des sensiblen Themas und der fundamental-ethischen und gesellschaftlichen Fragestellung sehr bewusst sei.[24] Der Gemeinsame Bundesausschuss forderte im August 2016 daher den Gesetzgeber auf, sich diesem Thema anzunehmen und lud auch den Deutschen Ethikrat ein, sich mit dem Thema erneut[25] zu befassen. In einem zweiten Kritikpunkt wird betont, dass der Gemeinsame Bundesausschuss seiner im §135, Absatz 1 des Sozialgesetzbuches (SGB) V festgelegten Aufgabe nicht nachgekommen sei: In diesen werde nach dem medizinischen Nutzen einer jeden Methode oder Leistung gefragt, welche bewertet werden soll. KritikerInnen wie das Gen-ethische Netzwerk und fünf weitere zivilgesellschaftliche Organisationen betonen in ihrem gemeinsamen offenen Brief 2016, dass die Begriffe »diagnostischer Nutzen« und »medizinische Notwendigkeit« jedoch in »einer die gesellschaftspolitischen Richtung weisen-

---

[23] Gemeinsamer Bundesausschuss: Methodenbewertungsverfahren (30.7.2013). https://www.g-ba.de/institution/themenschwerpunkte/methodenbewertung (abgerufen am 8.1.2018).

[24] O.A.: Nicht invasive Pränataldiagnostik: G-BA beginnt mit Methodenbewertung. In: Ärzteblatt (18.8.2016). https://www.aerzteblatt.de/nachrichten/70090/Nicht-invasive-Praenataldiagnostik-G-BA-beginnt-mit-Methodenbewertung (abgerufen am 8.1.2018).

[25] Deutsche Ethikrat: Die Zukunft der genetischen Diagnostik – von der Forschung in die klinische Anwendung. Berlin 2013. http://www.ethikrat.org/dateien/pdf/stellungnahme-zukunft-der-genetischen-diagnostik.pdf (abgerufen am 8.1.2018).

den Praxis – die Geburt behinderter Kinder zu verhindern«, genutzt würden.[26] Einen medizinischen Nutzen wollen auch andere KritikerInnen darin nicht sehen und schreiben daher: »Er [der NIPT] hat keinerlei medizinischen Nutzen, wie beispielsweise die bessere Versorgung von Mutter oder Kind«[27] oder »Bei den jetzt verhandelten Bluttests steht aber von vornherein fest, dass diese den besagten Nutzen nicht haben werden: Der Gemeinsame Bundesausschuss hätte das Verfahren niemals eröffnen dürfen, wenn er seinem (gesetzlichen) Auftrag gerecht werden will«[28]. Schlussendlich besteht der dritte Kritikpunkt an einer möglichen Kassenfinanzierung des NIPTs darin, diesen mit einem Routine-Screening nach Föten mit Trisomie 21 gleichzusetzen: »Beim Fötus gezielt nach dem Vorliegen einer Trisomie 13, 18 oder 21 zu suchen, […] kommt […] einem Screening auf Chromosomenabweichungen gleich«.[29] Ein Screening auf genetische Merkmale, auch genetische Reihenuntersuchung genannt, ist jedoch nach § 16, Absatz 1 des Gendiagnostikgesetzes (GenDG) nur gestattet,

> wenn mit der Untersuchung geklärt werden soll, ob die betroffenen Personen genetische Eigenschaften mit Bedeutung für eine Erkrankung oder gesundheitliche Störung haben, die nach dem allgemein anerkannten Stand

[26] Gen-ethisches Netzwerk e. V., BioSkop – Verein zur Beobachtung der Biowissenschaften e. V., Netzwerk gegen Selektion durch Pränataldiagnostik, Deutsche Gesellschaft für Hebammenwissenschaft e. V., Pua-Fachstelle für Information, Aufklärung, Beratung zu Pränataldiagnostik und Reproduktionsmedizin, Cara Beratungsstelle zu Schwangerschaft und Pränataldiagnostik: Offener Brief an den Gemeinsamen Bundesausschuss aus Anlass von Tagesordnungspunkt 8.2.1 der öffentlichen Sitzung des Gemeinsamen Bundesausschusses am 18.8.2016 (12.8.2016), S. 3. https://www.gen-ethisches-netzwerk.de/files/16_08_12%20Offener%20Brief%20G-BA.pdf (abgerufen am 8.1.2018).

[27] Hubert Hüppe, Corinna Rüfer, Dagmar Schmidt, Kathrin Vogler: TOP 8.2.1 der 91. ßB2ßÖffentlichen G-BA Sitzung am 18.8.2016 (17.8.2016). Offener Brief. Berlin 2016, S. 1. http://www.corinna-rueffer.de/wp-content/uploads/2016/08/Brief_MdBs_zur_91_G-BA-Sitzung.pdf (abgerufen am 8.1.2018).

[28] Stellungnahme. Keine Aufnahme weiterer selektiver Untersuchungen in die Regelversorgung! (14.2.2017), S. 1. https://www.gen-ethisches-netzwerk.de/files/Stellungnahme-GBA-2017_02_14.pdf (abgerufen am 8.1.2018).

[29] Gen-ethisches Netzwerk e. V., BioSkop – Verein zur Beobachtung der Biowissenschaften e. V., Netzwerk gegen Selektion durch Pränataldiagnostik, Deutsche Gesellschaft für Hebammenwissenschaft e. V., Pua-Fachstelle für Information, Aufklärung, Beratung zu Pränataldiagnostik und Reproduktionsmedizin, Cara Beratungsstelle zu Schwangerschaft und Pränataldiagnostik: Offener Brief an den Gemeinsamen Bundesausschuss (Anm. 26), S. 4.

der Wissenschaft und Technik vermeidbar oder behandelbar ist oder der vorgebeugt werden kann.[30]

Die KritikerInnen sehen in dem NIPT eine Verletzung dieser Regelung – insbesondere, wenn das Ergebnis eines Fötus mit auffälligem Befund statt zu einer Therapie (bloß) zu einem Schwangerschaftsabbruch führt. Der Gemeinsame Bundesausschuss reagierte auf die letzten beiden Kritikpunkte unter anderem dadurch, dass er nach eigenen Angaben das Erprobungsverfahren unterbrach, um ein Methodenbewertungsverfahren einzuleiten, welches drei Jahre in Anspruch nehmen würde.[31] Dieser Zeitraum, so der Gemeinsame Bundesausschuss, könne und solle »für eine breite gesellschaftliche und vor allem parlamentarische Debatte über pränataldiagnostische Testverfahren« genutzt werden.[32] Eine Entscheidung könne und dürfe der Gemeinsame Bundesausschuss hier nicht allein fällen.[33] Bei allen drei Kritikpunkten zeigt sich der Gemeinsame Bundesausschuss zunächst gesprächsbereit und unterstützt formal eine gesellschaftliche Debatte. Das kann durchaus als ein Zeichen dafür gewertet werden, dass kein Druck auf die Entscheidungsfindung der werdenden Eltern ausgeübt werden soll.

Darüber hinaus beauftragte der Gemeinsame Bundesausschuss das Institut für Qualität und Wirtschaftlichkeit im Gesundheitswesen im Februar 2017 für die Erstellung einer Versicherteninformation, in welcher laut des Gemeinsamen Bundesausschusses insbesondere »deutlich werden [soll], dass neben dem Recht auf Wissen und Partizipation am wissenschaftlichen Fortschritt auch ein Recht auf Entscheidungsfreiheit und Nichtwissen besteht«.[34] Doch auch diese Ankündigung rief Kritik von Seiten der KritikerInnen hervor. Zu unklar

---

[30] Gesetz über genetische Untersuchungen bei Menschen (Gendiagnostikgesetz – GenDG) vom 31.7.2009, Bundesgesetzblatt I S. 2529, 3671, §16, Absatz 1.

[31] Gemeinsamer Bundesausschuss: Antwortschreiben auf den Brief der Abgeordneten Hüppe, Rüffer, Schmidt und Vogler, Berlin 19.8.2017, S. 2. http://www.netzwerk-praenataldiagnostik.de/fileadmin/praenatal-diagnostik/bilder/Antwortschreiben_des_G-BA_auf_Proteste_01.pdf (abgerufen am 8.1.2018).

[32] Gemeinsamer Bundesausschuss: Antwortschreiben (Anm. 31), S. 2.

[33] Gemeinsamer Bundesausschuss: Antwortschreiben (Anm. 31), S. 1.

[34] Gemeinsamer Bundesausschuss: Konkretisierung des Auftrags des Gemeinsamen Bundesausschusses an das Institut für Qualität und Wirtschaftlichkeit im Gesundheitswesen (IQWiG): Erstellung einer Versicherteninformation über die bestehenden Möglichkeiten der Pränataldiagnostik gemäß MutterschaftsRichtlinien (Mu-RL) sowie der Einbindung von Eckpunkten, die sich gegebenenfalls aus einer zukünftigen Änderung der Mu-RL ergeben (16.2.1017). https://www.g-ba.de/downloads/40–

sei, heißt es in der einzigen Stellungnahme, die dem prüfenden Institut für Qualität und Wirtschaftlichkeit im Gesundheitswesen diesbezüglich einging, warum man eine Versicherteninformation erstellen wolle, wenn die Frage der Kassenfinanzierung des NIPT noch gar nicht abgeschlossen sei.[35] In der Kritik spiegelt sich die Befürchtung wieder, dass sich das Methodenbewertungsverfahren zum NIPT und die Erstellung der Versicherteninformation gegenseitig beeinflussen werden, obwohl der Gemeinsame Bundesausschuss dies ausdrücklich verneint.[36] Die Kritik verweist zudem auf die ambivalenten Rollen, die der Gemeinsame Bundesausschuss innerhalb dieser Debatte um den NIPT einzunehmen scheint: einerseits möchte er eine differenzierte Debatte vorantreiben, indem er Information und Aufklärung anbietet, andererseits tritt er damit ein Stück weit aus seiner ihm gesetzlich auferlegten Aufgabe, nämlich die vorhandenen Methoden auf ihre Evidenz zu bewerten.

Gleichwohl ist eine Bündelung der Argumente zum NIPT *per se* nicht negativ zu betrachten und kann dann als begrüßenswert angesehen werden, wenn sich im Rahmen der Darstellung derselben an eine non-direktive Sprech- und Schreibweise gehalten wird. Hierbei wäre es wichtig, die Argumente für und gegen die Inanspruchnahme des NIPT (und anderer Methoden und Verfahren der pränatalen Diagnostik) so gegeneinander abzuwägen, dass beide gleichwertig nebeneinander existieren. Ein Vorhaben, welches durchaus seine Schwierigkeiten birgt:

> Die Sorge von Frauen um das Wohl ihres Kindes und der Wunsch, ein gesundes Kind zur Welt zu bringen, ebenso wie die Angst vor der Belastung durch das Leben mit einem behinderten Kind treffen auf ein umfangreiches, durch die Krankenkassen finanziertes Angebot und eine rechtliche Situation, die kaum geeignet erscheint, dem von den Humangenetikern propagierten Prinzip der non-direktiven Beratung sowie der freien Entscheidung der Frau für oder gegen eine PND [Pränataldiagnostik] Geltung zu verschaffen.[37]

268–4205/2017–02–16_Mu-RL_IQWiG-Auftragskonkretisierung-Versicherteninfo-PD.pdf (abgerufen am 8.1.2018).

[35] Eva Mildenberger: Stellungnahme der DGPM zum vorläufigen Berichtsplan »Versicherteninformation zur Pränataldiagnostik«. https://www.iqwig.de/download/P17-01_Versicherteninformation-zur-Praenataldiagnostik_DWA-vorlaeufiger-Berichtsplan_V1–0.pdf (abgerufen am 8.1.2018).

[36] Gemeinsamer Bundesausschuss: Konkretisierung des Auftrags (Anm. 34).

[37] Hennen, Petermann, Sauter: Stand und Perspektiven der genetischen Diagnostik (Anm. 9), S. 73.

Diese Einschätzung kann nur unterstützt werden, denn der Gemeinsame Bundesausschuss arbeitet in seiner Ankündigung der Versicherteninformation mit Gegenüberstellungen, die durchaus irreführend sind: da wäre einerseits das Recht auf Wissen mit dem dazugehörigen Recht auf Nichtwissen. Verbleibt man in dieser Analogie des Satzes, so steht aber auch das Recht auf Partizipation am wissenschaftlichen Fortschritt dem Recht auf Entscheidungsfreiheit gegenüber. In der Logik des Satzes entscheidet man sich bei einer Nichtinanspruchnahme des NIPT dafür, nicht am wissenschaftlichen Fortschritt zu partizipieren. Was bedeutet dies für die elterliche Entscheidungsfindung? Ist eine Nichtinanspruchnahme demnach rückständig? Ist es gar verantwortungslos? Fragen, die sich aufgrund der Gegenüberstellung durchaus anschließen.

Die Suggestion könnte ein bedauernswerter Einzelfall sein, bloß eine unglückliche Gegenüberstellung, doch mit Blick auf weitere Dokumente des Gemeinsamen Bundesausschusses bleibt es nicht der einzige Fehltritt auf dem Gebiet der direktiven Schreibweise. Statt einer bloß deskriptiven Auflistung von Möglichkeiten der pränatalen Untersuchung finden sich vermehrt normative Aussagen. Ein Blick in die Mutterschafts-Richtlinien offenbart, dass das Recht auf Nichtwissen oder die Freiwilligkeit der Untersuchungen hier keine Rolle spielen. Beides findet keine Erwähnung. Stattdessen finden sich normativ klingende Beschreibungen wie »versorgungsrelevant«, »Sicherung« und »allgemein anerkannte[r] Stand […] der medizinischen Erkenntnisse«. Dies kann bei Schwangeren und ihren PartnerInnen durchaus den Eindruck entstehen lassen, dass eine verantwortliche Mutterschaft mit der Inanspruchnahme der in den Mutterschaft-Richtlinien angebotenen Untersuchungen einhergehe – dies gelte dann selbstverständlich auch für den NIPT, sollte er zu einer Kassenfinanzierung für Risikoschwangere werden.

Ungeübte LeserInnen könnten zudem leicht übersehen, dass die als Handlungsempfehlungen wahrgenommenen Mutterschafts-Richtlinien mitnichten eine Verbindlichkeit, sondern lediglich Angebote der gesetzlichen Krankenversicherungen nach § 24d des Sozialgesetzbuches (SGB) V darstellen und nach § 10 des Gendiagnostik-Gesetzes (GenDG) freiwillig geschehen. Doch auch darauf findet sich kein Hinweis. Sätze wie »Beraten Sie sich mit Ihrem Arzt und befolgen Sie seine Ratschläge!«[38] auf der ersten Seite des Mutterpasses

[38] Gemeinsamer Bundesausschuss: Mutterpass. Berlin 2015. https://www.g-ba.de/

weisen vielmehr in eine andere Richtung. Eine Studie der Bundeszentrale für gesundheitliche Aufklärung (BZgA) aus dem Jahr 2008 unterstreicht den direktiv wahrgenommenen Charakter der Dokumente: Demnach würden 36,8 % der Frauen pränataldiagnostische Untersuchungen in Anspruch nehmen, da sie denken, dass diese als »part of general prenatal care«[39] zu verstehen sind.

4. Fazit und Lösungsansatz

Zusammenfassend lässt sich festhalten, dass Schwangere und ihre PartnerInnen derzeit wenige Möglichkeiten haben, sich selbst umfassend über die Inanspruchnahme des NIPTs zu informieren. Zwar können neben den Informationen von ÄrztInnen und AnbieterInnen auch die Stellungnahmen, Positionspapiere und Pressemittelungen von zivilgesellschaftlichen AkteurInnen bemüht werden, doch wird in diesen vornehmlich der Umgang mit dem Testergebnis des NIPT statt die elterliche Entscheidungsfindung selbst thematisiert. Die in diesen Dokumenten gezeichneten soziotechnischen Zukünfte bringen oft die einfache Handhabung des Tests, dessen frühe Anwendung vor der zwölften Schwangerschaftswoche und die Schwangerschaftsabbrüche von Föten mit einem auffälligen Befund in Verbindung. Dies kann die Frage aufwerfen, ob der NIPT auch in soziotechnischen Zukünften gedacht werden kann, wo die Inanspruchnahme des NIPTs und die Existenz von Menschen mit Behinderungen gemeinsam bestehen können. Die Verneinung solcher Zukünfte wird dort vermutet, wo ein gesellschaftlicher oder sozialer Druck zur Inanspruchnahme des NIPTs argumentativ mit einem Technikdeterminismus verbunden wird.

Innerhalb dieses Beitrags wurden die historische Verzahnung von Pränataldiagnostik und Genetik, das subjektive Gefühl der Betroffenen sowie (wegfallende) ökonomische Gründe als alleinige Begründungen für die Existenz eines gesellschaftlichen oder sozialen Drucks verneint. Zu unklar bleibt, wie sich aus diesen Faktoren ein

downloads/83-691-386/Mu-RL_Anl3_Mutterpass_2015-11-10.pdf (abgerufen am 8.1.2018).

[39] Bundeszentrale für gesundheitliche Aufklärung: Experience of Pregnancy and Prenatal Diagnosis. Representative Survey of Pregnant Women on the Subject of Prenatal Diagnosis. Köln 2006, S. 31.

Druck für zukünftiges Handeln ergeben kann. Stattdessen wurde vorgeschlagen, sich konkrete Äußerungen in der laufenden Debatte um die Einführung des NIPTs als Kassenleistung für Risikoschwangere anzuschauen und diese Äußerungen auf eine mögliche Beeinflussung der elterlichen Entscheidungsfindung zu hinterfragen. Dabei wurde deutlich, dass sowohl die Ankündigung einer Versicherteninformation zu den Methoden der Pränataldiagnostik als auch die bestehenden Dokumente der Mutterschafts-Richtlinien und des Mutterpasses normative Äußerungen enthalten, welche in der stärksten Lesart die Nicht-Inanspruchnahme der angebotenen Diagnostik mit einer Vernachlässigung der verantwortungsvollen Mutterschaft gleichzusetzen scheinen. Problematisch an der direktiven Schreibweise des Gemeinsamen Bundesausschusses ist, dass die vorhandenen Dokumente, welche ausschließlich deskriptiv ein Angebot von Untersuchungen während der Schwangerschaft darlegen sollten, einen normativen Charakter aufweisen. Die Befürchtungen von KritikerInnen, dass Schwangere in ihrer Entscheidung unter Druck gesetzt würden, sind insofern berechtigt. Der Gemeinsame Bundesausschuss könnte dieser Auffassung entgegenwirken, indem er die vorhandenen Dokumente an eine non-direktive Schreibweise anpasst. Konkret für die Umsetzung der Versicherteninformation bedeutet dies jedoch, dass sich das Institut für Qualität und Wirtschaftlichkeit im Gesundheitswesen in seiner Darstellungsform möglichst nicht an der Schreibweise des Gemeinsamen Bundesausschusses orientieren sollte, welche die Nicht-Nutzung des NIPT noch vor einer Entscheidung bezüglich der eventuellen Kassenfinanzierung mit Rückständigkeit gleichzusetzen scheint.

Joanna Miksa

Reproductive rights of Polish women in light of the evolution of the Polish abortion legislation

Abstract:
The evolution of the Polish legislation on accessibility to abortion shows the political character of the discussion on the reproductive rights of women. The legislation that regulates the legal access to abortion reflects the political power of different institutions that promote various solutions. In this discussion, a prominent voice belongs to the Catholic Church. Through its influence on the social and political debate, as well as through its impact on the educational system in schools, the Catholic Church in Poland has been able to shape the outlook of both the legal regulations in place and the public opinion on the topic. Yet, recent projects on legislation proposed by groups actively supporting the women's reproductive rights show that there is a rising awareness of the need to fight for these rights. Special attention in this context should be put on the content of school curricula.

1. Introduction

The coming into being of the civil society and the beginning of the democratic era in Poland in 1989 triggered a series of changes in every sphere of the social life. One of those changes was enacting in 1993 of the law that dramatically restricted the access to legal abortion. This law, as it became clear within the 20 years of its validity, noticeably limited the reproductive rights of Polish women. In 2016, abortion emerged once again as central issue of the public debate and that happened due to the draft law proposed by the non-governmental organization called »Ordo Iuris«. It envisaged a complete prohibition of abortion with the only exception being the situation of a direct threat to life of a pregnant woman. In October 2016, for the first time since 1989, massive demonstrations occurred. These were a proof of political commitment of the citizens on a scale unprecedented within the last 28 years of the existence of the free society in Poland. In this paper, I undertake to cover the evolution of the Polish legislation on abortion from 1989 onwards and to present the draft laws that were proposed in the two last years. In the next steps, I explain how these changes are linked to the way in which other institutions of the public sphere evolved in the same period of time, with special attention paid to the education system. The fate of regulations on access to legal abortion shows the extent to which the topic of bioethics is a politicized issue in Poland. In the first place, the analysis reveals how much the politics in Poland is influenced by the Catholic Church, which serves as a privileged subject of public debate and as an institution that has a prominent voice in the legislative process, especially in the case of the morally relevant laws. It is the education system that is an area in which the influence of the Catholic Church can be observed particularly strongly, and that is mainly due to the presence of classes on religion that are taught by the catechists and catholic priests who are subordinate to the bishops. On the other hand, the debates on the bioethical issues constitute an important factor that makes it possible for the women's movements, as well as the liberal sectors of the public opinion, to define its political identity. The public debate on abortion led to the emergence of the consciousness of reproductive rights. The demands to respect them are motivated by the appeal to human rights.

2. The right to legal abortion in Polish legislation

2.1 Evolution of the legal regulations on abortion 1956–2007

In the People's Republic of Poland, the access to abortion was regulated by the law issued on 27.4.1956. Article 1.1. of this law made it legal to conduct abortion if: 1. there was a »medical recommendation« for the procedure; 2. if a woman was experiencing »difficult living conditions«; 3. if there were reasons to suspect that pregnancy was a result of a criminal act.[1] It was stated in the text of the law that the reason for this legislation was the intention: »to protect the pregnant women against the adverse effects of abortions carried out in inade-

[1] Ustawa o warunkach przerywania ciąży z dnia 27 kwietnia 1956 r. Dziennik Ustaw Polskiej Republiki Ludowej z 1956 r., numer 12, pozycja 61 [The Act on Admissibility of Abortion of 27. April 1956. In: Journal of Laws of the Republic of Poland of 1956, number 12, position 61].

quate conditions by persons who are not medical doctors«[2] The political reason for the introduction of the law were the changes that took place in Poland after Stalin's death. It formed a part of so called »destalinization« which started in Poland already in 1953. In the following years, it continued as a phenomenon called the »Khrushchev's Thaw«, initiated in February 1956.

On 7.1.1993, the Polish Parliament issued the »Act on Family Planning, Protection of the Human Fetus and the Provisions of Abortion« (further shortened as the »Act on Family Planning«).[3] The Sejm, the lower house of the Polish Parliament, in its First Term, was dominated by the center-right parties, which had emerged from the »Solidarity« movement. The article 1 of the new law stipulated that: »Every human being has the inherent right to life from the moment of the conception«, after which followed the declaration that: »Life and health of the child from the moment of the conception remain under the protection of the law«.[4] The article 7 introduced changes in the Polish Penal Code, by the virtue of which the carrying out of abortion was punishable by imprisonment for up to 2 years. It was decided that the pregnant woman herself would not be punished. It was further decided that the termination of pregnancy would only be legal in the three following cases: 1. if continuation of pregnancy would constitute a threat to the life or health of the mother; 2. abortion is a consequence of the measures taken to save the life or health of the mother, 3. the results of prenatal tests give reason to believe that the fetus is affected by severe and irreversible impairment, and 4. there is a justified suspicion that the pregnancy is the result of a criminal act.[5] Apart from that, the law issued in 1993 introduced the duty to include in the school curriculum the following topics: »Human sex life«, »Principles of conscious and responsible parenthood«, »Family as a value«, »The value of the unborn life« as well as »The methods and means of conscious procreation«.[6]

---

[2] Ustawa o warunkach [The Act on Admissibility] (note 1).

[3] Ustawa o planowaniu rodziny, ochronie płodu ludzkiego i warunkach dopuszczalności przerywania ciąży z dnia 7 stycznia 1993 r. Dziennik Ustaw Rzeczypospolitej Polskiej z 1993 r., numer. 17, pozycja 78 [The Act on Family Planning, Protection of the Human Fetus and the Provisions of Abortion of 7. January 1993. In: Journal of Laws of the Republic of Poland of 1997, number 17, position 78].

[4] Ustawa o planowaniu rodziny [The Act on Family Planning] (note 3), article 1.

[5] Ustawa o planowaniu rodziny [The Act on Family Planning] (note 3), article 7.

[6] Ustawa o planowaniu rodziny [The Act on Family Planning] (note 3).

In 1996, an attempt to revise the 1993 bill on abortion was undertaken. The initiator of the change were members of the leftist party called »Democratic Left Alliance« (»Sojusz Lewicy Demokratycznej«) which was a member of a governing coalition at the time and whose founders were the former members of the »Polish United Worker's Party« (»Polska Zjednoczona Partia Robotnicza«), dissolved on the 29th of January 1990. The amendment of the 1993 »Act on Family Planning« issued in 1996 introduced in the first place an extensive preamble, in which it was stated that »Life is a fundamental good of man«, as well as a declaration of the citizens' right to: »[...] decide responsibly about having children and to have access to information, education, counselling and means that make the use of the right in question possible«.[7] The most important change, which is valid until the present day, was the removal of a fragment on the duty to protect human life from the moment of conception. It was replaced with an axiologically neutral formula on the duty to protect human life in the prenatal stage. Article 1 from the »Act on Family Planning« of 1993 was changed so that, until now, it says: »The right to life should be protected, including the prenatal stage, within the limits specified in the Act«.[8] The subject which is to be protected by the Act is therefore, first of all, the pregnant woman, for whom the medical care is guaranteed, and then the fetus, whose right to life is to be protected within the limits specified in the Act.

Yet, the most important change that was introduced in 1996 was introduction of the article 4a, in which it was stated that abortion could be legally performed until the end of the 12. week of pregnancy if: »[...] the pregnant women is experiencing difficult living conditions or is in a difficult personal situation«[9] (so called »abortion on the social grounds«). The legal situation established through the amendment was virtually the same as the one that was in place before 1993. This solution did not last long, the verdict of the Constitutional Tribunal of the Republic of Poland, issued on the 28.5.1997, over-

[7] Ustawa o zmianie ustawy o planowaniu rodziny, ochronie płodu ludzkiego i warunkach dopuszczalności przerywania ciąży z dnia 30 sierpnia 1996 r. Dziennik Ustaw Rzeczypospolitej Polskiej z 1996 r., numer 139, pozycja 646 [The Act on Changing the Act on Family Planning, Protection of the Human Fetus and the Provisions of Abortion of 30. August 1996. In: Journal of Laws of the Republic of Poland of 1997, number 139, position 646].

[8] Ustawa o zmianie ustawy [The Act on Changing the Act] (note 7).

[9] Ustawa o zmianie ustawy [The Act on Changing the Act] (note 7).

turned the amendment in question.[10] In the justification of the verdict it was stated that making it legal to abort because of the difficult living conditions experienced by the woman is tantamount to the breach of the principles of social justice, and that the legislator groundlessly:

> […] gave priority to the interests conditioned by the living conditions and personal situation of the mother before the right of the child to live. Such a choice means a resolution that satisfies the claims of a lesser good at the expense of a good of significantly greater worth. Such a resolution constitutes a breach of the principles of justice.[11]

In 1996 there were also introduced amendments in the bill on abortion that concerned the duty to provide classes on sex education in schools. It was stipulated that the Ministry of National Education has a duty to introduce into the school curriculum an independent subject called »Knowledge on Human Sex Life«.[12] That amendment was overturned in 1999 when the duty to have an independent subject on sex life in the curriculum was abolished and the legal situation from 1993 was restored. After that, the schools were only obliged to include the knowledge about human sexuality in the general plan of education.[13]

A further attempt to change the law on abortion occurred in 2006, when 155 parliamentary members from the center-left parties took action with the intention to change the articles 30 and 38 of the Constitution of the Republic of Poland. The initiative aimed at introducing the right to protection of the human life from the moment of conception into the Constitution. It was proposed that the article 30 should read as follows: »The source of freedoms and rights of persons and citizens is the he inherent and inalienable dignity of the person, which belongs to him from the moment of the conception. The respect and protection thereof shall be the obligation of public authori-

---

[10] Orzeczenie Trybunału Konstytucyjnego z dnia 28 maja 1997r., sygnatura K 26/97 [The verdict of the Constitutional Tribunal of 28. May 1997, signature K 26/97].

[11] Orzeczenie Trybunału Konstytucyjnego [The verdict of the Constitutional Tribunal] (note 10).

[12] Ustawa o zmianie ustawy [The Act on Changing the Act] (note 7).

[13] Ustawa o zmianie ustawy o planowaniu rodziny, ochronie płodu ludzkiego i warunkach dopuszczalności przerywania ciąży z dnia 16 grudnia 1998 r. Dziennik Ustaw Rzeczypospolitej Polskiej z 1998 r., numer 5, pozycja 32 [The Act on Changing the Act on Family Planning, Protection of the Human Fetus and the Provisions of Abortion of 16. December 1998. In: Journal of Laws of the Republic of Poland of 1998, number 5, position 32].

ties«.[14] The article 38 after the changes should state that: »The Republic of Poland shall ensure the legal protection of the life of every human being from the moment of the conception until natural death«.[15] The proposed amendments were rejected by the parliament on the 13.4.2007, as the proponents of the changes did not manage to win the support of the two thirds of parliamentary members, which is a majority required when a constitutional change is to be introduced.

2.2 Current proposals for changes in legislation on abortion

The 2015 parliamentary elections were won by the right-wing party »Law and Justice« (»Prawo i Sprawiedliwość«). In the new political context, the issue of the legislation on abortion was brought up again, although the initiative to amend it was, this time, not put forward by the politicians. It was a significant change in the Polish political life, as, for the first time in the post-1989 era, the proposal to change legislation on an issue that was at the same time so important and highly conflicting, was formulated from outside of the Parliament. In April 2016, the »Institute of Legal Culture Ordo Iuris« (»Instytut Kultury Prawnej Ordo Iuris«) made public a draft of a law, which included a proposal of a virtually complete ban on abortion. »Ordo Iuris« is a non-governmental organization, which was set up by the »Piotr Skarga Christian Culture Association« (»Stowarzyszenie Kultury Chrześcijańskiej im. Piotra Skargi«), an organization to which belong lay Catholics. The internet page of the »Institute of Legal Culture Ordo Iuris« is virtually free from alluding to the teachings of the Catholic Church. It can be read that its activity is justified only by the will to respect the values inscribed in the Constitution of the Republic of Poland and the idea of the natural law.[16] It is not the case of the

---

[14] Sprawozdanie Komisji Nadzwyczajnej do rozpatrzenia poselskiego projektu ustawy o zmianie Konstytucji Rzeczpospolitej Polskiej [Report of the Special Commission on Project of the representatives about changes in the Constitution of the Republic of Poland]. Sejm Rzeczypospolitej Polskiej. Druk 1472. http://orka.sejm.gov.pl/Druki5ka.nsf/0/187220D167D4788DC125729800451B91/$file/1472.pdf (accessed on 8.1.2018).

[15] Sprawozdanie Komisji Nadzwyczajnej [Report of the Special Commission] (note 14).

[16] »Instytut Kultury Prawnej Ordo Iuris« [»Institute of Legal Culture Ordo Iuris«]. http://www.ordoiuris.pl/kim-jestesmy (accessed on 8.1.2018).

»Piotr Skarga Christian Culture Association«, which justifies its activity with the will to propagate the teaching of the Catholic Church and to promote Christian values.[17] The draft law proposed by the »Ordo Iuris« was a civic project and as such may be voted in the parliament only if it is signed by 100.000 people, which was achieved by the proponents of the draft law in question.

The draft law presented by »Ordo Iuris« quotes in the preamble the right to life which is guaranteed in the Polish Constitution and proposes to extend it in such a way so that it includes everyone »regardless of the stage of their development«[18] because of the »inherent and inalienable dignity of man«.[19] It proposed to change the article 1 of the »Act on Family Planning« of 1993, so that it reads: »Every human being has the inherent right to life from the moment of the conception, that is, the physical union of male and female gametes. Life and health of the child from the conception remain under the protection of the law«.[20] Furthermore, it proposed to change the article 115 of the Penal Code so that there shall be a penalty of 3 months up to 5 years in prison for anyone who causes death of a conceived child.[21] In this way, not only abortion would be made completely illegal, but it was as well proposed that a physician who would perform it, shall be punished with imprisonment. Punishment for the women who would have abortion has also been foreseen, although the proposal stated that under certain circumstances the jury might decide to waive the punishment or apply its mitigation.[22] Furthermore, termination of pregnancy due to unintentional actions would be punishable

---

[17] »Stowarzyszenie Kultury Chrześcijańskiej im. Piotra Skargi« [»Piotr Skarga Christian Culture Association«]. http://www.piotrskarga.pl/o-nas,4728,1.html (accessed on 8.1.2018).

[18] Projekt ustawy o zmianie ustawy o planowaniu rodziny, ochronie płodu ludzkiego i warunkach dopuszczalności przerywania ciąży z dnia 7 stycznia 1993 r. [Project of the Act on Changing the Act on Family Planning, Protection of the Human Fetus and the Provisions of Abortion of 7. January 1993]. https://www.stopaborcji.pl/wp-content/uploads/2016/03/projekt_2016.pdf (accessed on 8.1.2018).

[19] Projekt ustawy o zmianie ustawy [Project of the Act on Changing the Act] (note 18).

[20] Projekt ustawy o zmianie ustawy [Project of the Act on Changing the Act] (note 18).

[21] Projekt ustawy o zmianie ustawy [Project of the Act on Changing the Act] (note 18).

[22] Projekt ustawy o zmianie ustawy [Project of the Act on Changing the Act] (note 18).

with up to three years in prison. Such regulation could be particularly dangerous, as it means that a woman could be imprisoned in the case of a miscarriage. Termination of pregnancy would not be punishable in situation in which abortion would be a side-effect of actions undertaken with the intention of rescuing the life of a pregnant woman.[23]

The draft law included also the duty to provide education on family planning in the public schools. That should be implemented through a facultative subject dedicated to education to life in the family, which would contain among its contents the knowledge on »principles of responsible parenthood as well as the value of family and of the human life from the moment of conception until natural death«.[24] It was stressed that the participation in those classes would depend on the consent of the parents.[25]

The draft law proposed by »Ordo Iuris« in 2016 triggered mass demonstrations in the autumn of the same year. The proclamation of the plans to tighten up the law on abortion resulted in women coming together spontaneously, out of the fear of being stripped out of their reproductive rights. A group called »Girls for Girls« (»Dziewuchy dziewuchom«) was created on the social network site Facebook and gathered opponents of the proposed bill. On the 22.9.2016, when the parliamentary debate on the draft law was conducted, the left wing party »Together« (»Razem«) and Małgorzata Adamczyk, organized a demonstration that was called the »black protest«. On the 2. and 3.10.2016, mass demonstrations took place across Poland, which were primarily managed by the Facebook group »Girls for Girls«. There were controversies over the number of people who participated in the demonstrations. The Media Group »Wirtualna Polska« cited that as many as 98.000 people took place in the demonstrations across Poland.[26] It can be said with a high probability that because of these

---

[23] Projekt ustawy o zmianie ustawy [Project of the Act on Changing the Act] (note 18).

[24] Projekt ustawy o zmianie ustawy [Project of the Act on Changing the Act] (note 18).

[25] Projekt ustawy o zmianie ustawy [Project of the Act on Changing the Act] (note 18).

[26] Wirtualna Polska: »Czarny protest«. Manifestacje w wielu miastach w Polsce. Ile osób wzięło udział w demonstracjach? [»Black protest«. Demonstrations in many Polish cities. How many people took part in the demonstrations?]. https://wiadomosci.wp.pl/czarny-protest-manifestacje-w-wielu-miastach-w-polsce-ile-osob-wzielo-udzial-w-demonstracjach-6043943038128769a (accessed on 8.1.2018).

protests, on the 6.10.2016 the draft law was turned down by the parliament.

The »Girls for Girls« group turned out to be an important subject of public discussion and the source of many local initiatives, mostly of educational and cultural nature. One of its missions is to popularize possible positions that can be defended in the frame of a discussion on women's reproductive rights. As a matter of fact, it is hard to overrate its role as far as shaping of the public opinion is concerned. At the moment, the group has around 110.000 of members and it is divided into several local groupings. It does not have a legal personality though; formally it is not even an association. The basic common denominator of the members of that movement is the will to action in the face of the refusing of the basic reproductive rights. The members of the movement avoid defining themselves politically. Especially, there is no formal collaboration of the group with any political party. Probably because of its open character and lack of formal organization, the »Girls for Girls« group did not propose a new draft law on abortion. The movement emerged as a reaction to the announcement of the draft law written by »Ordo Iuris«, which resulted in the reappearance of the highly conflicting issue of abortion in the public discussion for the first time on such a scale since the early 1990s. The »Girls for Girls« group provided a platform for public discussion on the women's reproductive rights. Until 2016, such a function was fulfilled mainly by the »Federation for Women and Family Planning« (»Federacja na Rzecz Kobiet i Planowania Rodziny«), a non-governmental organization set up in 1991, whose mission is precisely to support actions for the women's reproductive rights.

The idea to propose a new draft law on abortion was finally took up by the women. On the 24.7.2017, a »Legislative Initiative Committee Let's Save Women« (»Komitet Inicjatywy Ustawodawczej Ratujmy Kobiety«) was registered. It presented a draft law on abortion which for the first time since 1993 reflected the women's point of view on the subject.[27] That draft law was signed by 500.000 citizens, which is five times as much as it is required for the civic project of a law to be voted in the Parliament. For the first time appeared in the legislative process a project that regarded abortion in the context of

[27] Projekt ustawy o prawach kobiet i świadomym macierzyństwie [Project of the Act on Rights of the Women and Conscious Motherhood]. https://www.dropbox.com/s/y3m0j7fc9elzjmy/ProjektRatujmy2017final-2.pdf?dl=0 (accessed on 8.1.2018).

human reproductive rights understood as human rights. In the proposed article 1 of the project it was stated that the mission of the new law should be to regulate the issue of »the right to information, education, counselling and means that make it possible to make decisions about conscious parenthood, on the basis of the reproductive rights understood as human rights«.[28] The article 2 included definitions of the following concepts: »reproductive rights«, »means of birth control«, »conscious parenthood«, »prenatal testing«, »health care for pregnant women« and »the service provider«.[29] The fact that reproductive rights were defined in the project is worth particular attention. In the project, they were defined as:

> [...] set of rights enabling the realization of basic human rights, as the right of all couples and individuals to decide freely and responsibly about the number of children brought into the world, the moment in which this [action] takes place, and the intervals between those acts; the right to information and means that guarantee it.[30]

For the first time in history of the Polish debate on legislation of abortion it was claimed that women should have the right to legal abortion because of their reproductive rights and that the right to abort should be defined as a human right.

The key element of the project is article 8 which includes the proposal of a right to have abortion until the end of the 12. week of pregnancy. There are no conditions mentioned under which such a right should be granted or refused. The proposed article 8 reads as follows: »A pregnant woman has a right to terminate the pregnancy until the end of the 12. week of its duration«.[31] Apart from that, the proposal names situations, in which it would be possible to have an abortion beyond this deadline. These are the cases included in the »Act on Family Planning« of 1993: threat to the life or health of the pregnant woman, serious malformation of the fetus or its irreversible and life-threatening disease, and pregnancy which is a result of a

---

[28] Projekt ustawy o prawach kobiet [Project of the Act on Rights of the Women] (note 27).

[29] Projekt ustawy o prawach kobiet [Project of the Act on Rights of the Women] (note 27).

[30] Projekt ustawy o prawach kobiet [Project of the Act on Rights of the Women] (note 27).

[31] Projekt ustawy o prawach kobiet [Project of the Act on Rights of the Women] (note 27).

criminal act.[32] In the last case, the novelty resides in the fact that the draft law provides the possibility that abortion would be possible until the 18. week of pregnancy, whereas in the »Act on Family Planning« it was only possible in such a situation to have an abortion until the end of the 12. week of pregnancy.

The draft law of the »Legislative Initiative Committee Let's Save Women« stipulates that the state should have a duty to include in the curriculum an independent school subject called »Preparation for Life in a Family and Society« (»Przygotowanie do zycia w rodzinie i społeczeństwie«) for the first three classes of the primary school. In the later educational stage, a subject called »Knowledge on Human Sex Life« (»Wiedza o życiu seksualnym czowieka«) should be introduced.[33] Among the contents, the subject should not only promote the knowledge about reproductive rights and means of birth control, but also certain attitudes. In the first three classes of the primary school there should be education promoting equality and »basic knowledge on protection and defense against violence and harassment«.[34] In the further years of education children should be taught how to »build violence-free and equal relationships as well as how to achieve the equality of the sexes in the society«.[35] Furthermore, the article 12 makes it illegal to »[…] organize protests against the contents of this bill in the distance smaller than 100 meters from the health service centers, especially gynecological and obstetric hospitals, and the educational centers, such as schools and kindergartens«.[36] That regulation constitutes a reaction to the quite widely spread phenomenon that appeared through putting up enormous posters with the photos of aborted fetuses in the neighborhoods of schools as well as gynecological and obstetric hospitals.

The last legislative initiative that is relevant in the context of this analysis, has been proposed by the pro-life movement. In the first

---

32 Projekt ustawy o prawach kobiet [Project of the Act on Rights of the Women] (note 27).

33 Projekt ustawy o prawach kobiet [Project of the Act on Rights of the Women] (note 27).

34 Projekt ustawy o prawach kobiet [Project of the Act on Rights of the Women] (note 27).

35 Projekt ustawy o prawach kobiet [Project of the Act on Rights of the Women] (note 27).

36 Projekt ustawy o prawach kobiet [Project of the Act on Rights of the Women] (note 27).

days of September 2017, the »Legislative Initiative Committee Stop Abortion« (»Komitet Inicjatywy Ustawodawczej Stop Aborcji«) has been registered. Its objective was to overturn article 4a from the 1993 »Act on Family Planning«[37], which makes it legal for a woman to have an abortion when: »prenatal testing or other medical indications suggest a high probability of serious and irreversible damage to the fetus or irreversible and life-threatening disease«.[38] The draft law does not envisage punishing women for having abortion. The main change presented by the authors of the draft law is the necessity to fight against, what they call, a »eugenic abortion« which is abortion carried out because of the genetic defect or the irreversible malformation of the fetus. In the text of the draw law there is a justification of this new legislative initiative: »from the point of view of contemporary natural sciences […] nowadays there are no doubts about the fact the human life begins from the moment of conception«.[39] It is said furthermore, that making it legal to abort fetuses affected by a genetic defect, regardless of its nature, is tantamount of letting kill people because of their health condition. Such a possibility is called in the draft law »discrimination against certain categories of people« as far as their right to the protection of life is concerned.[40] A lasting change in the public debate is the introduction of the notion »eugenic abortion« by this proposal. In October 2017, the support for the draft law was expressed by the President of Poland Andrzej Duda and the Prime Minister, Beata Szydło. On the 3.11.2017, more than one hundred parliamentary members from the »Law and Justice« party asked the Constitutional Tribunal of the Republic of Poland to issue an opinion in which it would be stipulated if the right to abort in the case of a severe malformation of the fetus or its irreversible illness is in accordance with the right of every person to live, which in its turn is guar-

---

[37] Projekt ustawy z września 2017 o zmianie ustawy o planowaniu rodziny, ochronie płodu ludzkiego i warunkach dopuszczalności przerywania ciąży z dnia 7 stycznia 1993 r. [Project of the Act from September 2017 on Changing the Act on Family Planning, Protection of the Human Fetus and the Provisions of Abortion of 7. January 1993]. http://orka.sejm.gov.pl/Druki8ka.nsf/0/F18A213C98C5BDC0C125820B0057 93D9/%24File/2146.pdf (accessed on 8.1.2018).

[38] Ustawa o planowaniu rodziny [The Act on Family Planning] (note 3), article 4a.

[39] Projekt ustawy z września 2017 o zmianie ustawy [Project of the Act from September] (note 37).

[40] Projekt ustawy z września 2017 o zmianie ustawy [Project of the Act from September] (note 37).

anteed by the Polish Constitution. If the Constitutional Tribunal decides it is not, the access to legal abortion will be restricted without a necessity of enacting a new bill. The verdict of the Tribunal is expected within the first six months of 2018.

3. Public opinion in Poland and the right to abortion

Attitudes of the Polish society on the issue of abortion are the topic of periodical public opinion polls. Impulses for such polls are often provided by the propositions of changes in the currently binding regulations. In the period of discussions on the »Act on Admissibility of Abortion« of 1956, when the propositions of conducting a referendum on the issue of abortion was raised, public opinion polls showed that the majority of voters would reject any law that would lead to changes in the current legal regulations. In the poll conducted by the »Center for Public Opinion Polls« (»Centrum Badań Opinii Społecznej«, CBOS) in March 1992, the following question was asked: »How would you vote in a public referendum on the issue of changing the regulations on abortion?« 50 % of the respondents answered that they would be for maintaining the current regulation, that is, the right to abortion »on demand«. 26 % of the respondents were for changing this regulation and 15 % had no opinion on the matter.[41] After the promulgation of the Act on Family Planning in 1993, which – as it turned out – determined the rules on abortion in Poland for the next 25 years, CBOS conducted another poll in which women were asked about foreseen effects of the new law. 80 % of the respondents answered that the new law will lead to deterioration of social and financial situation of Polish families. Only 9 % had an opposite opinion on the issue and 11 % could not provide a definite answer.[42] It is important to state that most of the women expressing their concerns in that matter belonged to the group with low level of education,

[41] Wyniki sondaży opinii publicznej o prawnej dopuszczalności przerywania ciąży w latach 1989–1996 [Results of the opinion polls on legal allowance of abortion in years 1989–1996]. Kancelaria Sejmu. Biuro Studiów i Ekspertyz, Raport numer 90/1996, p. 8. http://biurose.sejm.gov.pl/teksty_pdf_96/r-90.pdf (accessed on 8.1.2018).

[42] Centrum Badania Opinii Społecznej: Społeczne konsekwencje ustawy o warunkach dopuszczalności przerywania ciąży [Social consequences of the legislation on provisions of allowance of abortion]. In: Komunikat z badań CBOS, BS/173/140/93. Warszawa 1993, p. 2.

without permanent job or employed in a self-owned small business.[43] 75 % of the respondents predicted that the number of after-birth complications will rise and a similar number (72 %) of the women included in the poll provided an opinion that women will use contraceptives more often. 10 % of the respondents stated that the number of deaths and complications during the birth would not rise, 15 % had no opinion on the issue.[44] Most divided were the opinions whether the number of women conducting abortion will decline: 43 % of the respondents acknowledged that that number will drop, 41 % had an opposite view, 16 % could not provide a definite answer.[45] The effectiveness of legal provisions included in the »Act on Family Planning« was viewed positively by older people with strong religious beliefs and lower education; whereas, young women on executive positions questioned the regulations included in this legal act.[46]

From the point of changes in the legal regulations, interesting are the results of the poll conducted in 1995; one year before the question of liberalization of abortion has been anew raised in the in the Polish Parliament. In this poll, 53 % of the respondents of the »Center of Investigation of Public Opinion« (»Ośrodek Badań Opinii Publicznej«, OBOP) were for legalization of abortion on the grounds of difficult social situation of the woman; however, the number of people with this opinion decreased since 1993 by 12 %. At the same time, the number of respondents opposing legalization of abortion on grounds of difficult social situation of the woman increased by 11 %.[47]

Taking under the consideration the character of the opinions on the issue of the abortion between 1990 and 2000, Mieczysław Gałuszka stated that:

> [...] from the point of public consensus, the most appropriate solution would be provision of such regulation which would reject extreme positions: on the one hand, complete ban of abortion which is supported by approximately 12 % of the society [...], on the other hand, permission on

---

[43] Centrum Badania Opinii Społecznej: Społeczne konsekwencje [Social consequences] (note 42).
[44] Centrum Badania Opinii Społecznej: Społeczne konsekwencje [Social consequences] (note 42).
[45] Centrum Badania Opinii Społecznej: Społeczne konsekwencje [Social consequences] (note 42).
[46] Centrum Badania Opinii Społecznej: Społeczne konsekwencje [Social consequences] (note 42).
[47] Wyniki sondaży opinii publicznej [Results of the opinion polls] (note 41).

abortion without restrictions which is supported by approximately 15 % of the population.[48]

According to Gałuszka, the opinion polls show that optimal solution is similar to the regulation proposed in 1996. They include the right of abortion according to regulations of the »Act on Family Planning« of 1993 with special changes provided through provision of abortion when the woman is in difficult financial situation. As an extreme idea should be considered the complete restriction of abortion without considering the background circumstances – a solution supported by the Catholic Church in Poland.[49]

However, already in the first decade of the discussion about right to abortion, one could observe a change in the public opinion polls on the topic of the right to abortion based on the difficult financial situation of the woman. The trend is constant and confirmed by successive opinion polls. According to data collected by CBOS, in March 1992 47 % of the respondents supported decision about abortion based on difficult financial situation of the women. In June 1999, the same answer gave 38 % of the respondents, in January 2005 42 %, in September 2007 34 %, in June 2010 only 26 %, in November 2012 16 %, and in March 2016 14 %.[50] After the »black protest« demonstrations, the number of respondents with this opinion rose to 20 %.[51] In the same time, the number of opponents of liberalization of abortion on grounds of difficult financial situation successively increased: from 39 % in March 1992 to 72 % in October 2016.[52] In the meantime, between 1992 and 2016, a majority of respondents declared the support for the legal abortion in situation of threat for the mother's life. The highest number of the supportive voices gained this issue in September 2007 – 91 %, the least in March 2016 – 80 %. In the whole

---

48 Mieczysław Gałuszka: Obraz aborcji w mediach oraz w badaniach opinii społecznej [The picture of abortion in media and public opinion polls]. In: Mieczysław Gałuszka, Kazimierz Szewczyk (eds.): Narodziny i smierć. Bioetyka kulturowa wobec stanów granicznych życia ludzkiego. Warszawa, Łódź 2002, pp. 110–154, here p. 153.

49 Gałuszka: Obraz aborcji [The picture of abortion] (note 48), pp.153–154.

50 Centrum Badania Opinii Społecznej: Jakiego prawa aborcyjnego oczekują Polacy? [What abortion law is expected by people in Poland?]. Komunikat z badań CBOS, 144/2016. Warszawa 2016, p. 2.

51 Centrum Badania Opinii Społecznej: Jakiego prawa aborcyjnego [What abortion law] (note 50).

52 Centrum Badania Opinii Społecznej: Jakiego prawa aborcyjnego [What abortion law] (note 50).

time, more than 75 % of the respondents declared themselves in favor of the right to legal abortion in case of rape or incest. Relatively small changes can be observed in case of abortion on the grounds of the genetic defect of the fetus or its disease. In March 1992, there were 71 % of the supporters of such solution against 15 % of opponents; in September 2007, there were 66 % of the supporters against 21 % of opponents; and in March and October 2016, 53 % and 60 % of supporters against 30 % and 25 % opponents respectively.[53]

4. Opinions against the »Abortion compromise« of 1993 before the »black protests«

The place of the abortion debate in the Polish society has been very accurately described by sociologist and female movement activist Iza Desperak:

> The problems of the borderland between health and reproductive rights became in Poland political questions. Sexual education, access to anticonception, and most importantly, the right to abortion have been politicized; from the beginning of the 1990s the opinion on these questions, especially on abortion, became an important criterion of divisions on the political stage.[54]

After 1993, each and every attempt to re-initiate the discussion on abortion has been called as a »substitutive topic« and the »Act on Family Planning« started to be commonly known as the »abortion compromise«. Enactment of this law has been vigorously accompanied by actions of bishops of the Catholic Church. As it has been shown by Michał Chałubiński, the anti-abortion legislation and rejection of an abortion referendum have been actively commented by the Catholic Church primate Józef Glemp, personal engagement of the pope John Paul II, and statements by prominent Catholic bishops.[55] Chałubiński also points out that the work on abortion legislation was

---

[53] Centrum Badania Opinii Społecznej: Jakiego prawa aborcyjnego [What abortion law] (note 50).

[54] Iza Desperak: Antykoncepcja, aborcja i … eutanazja. O upolitycznieniu praw reprodukcyjnych w Polsce [Anticonception, abortion and … euthanasia. On politicization of reproductive rights in Poland]. In: Acta Universitatis Lodzensis. Folia Sociologica 30 (2003), pp. 193–207.

[55] Mirosław Chałubiński: Polityka, Kościół, aborcja [Politics, the Church, abortion]. In: Mirosław Chałubiński (ed.): Polityka i aborcja, Warszawa 1994, pp. 89–153, here pp. 142–144.

conducted during the time in which the concordat between the Polish government and the Vatican has been negotiated. The concordat has been signed on 27.7.1993.[56]

The issue of the Catholic Church's engagement in the support of the »abortion compromise« has been brought up by women's organizations in 2002, two years before access of Poland into the European Union and during the access negotiations. One hundred of female activists for women's rights pointed out in an open letter that Poland has one of the most restrictive laws on abortion in Europe. Among the signatories of the letter were: Nobel laureate in literature Wisława Szymborska, film director Agnieszka Holland, sculptor Magdalena Abakanowicz and several other representatives of Polish science and culture societies as well as social activists. They also emphasized the fact that even though abortion in Poland is allowed under few conditions, women are effectively precluded from access to this procedure. The letter states that the entity responsible for this state of affairs is the Catholic Church and politicians reject the discussion about women's rights, in exchange for the Church's support of the Poland's access to European Union:

> In the lobbies of Polish integration with the European Union, a specific trade of women's right happens, covered by non-objective way of presenting the issue. The protection of the conceived human life has been treated as an objective dogma and abortion on social grounds is presented only as an ideological claim of feminist activists trying to cover a murder.[57]

Women's organizations alarmed at the same time about slender access to abortion, even if the procedure has been permitted by the regulations in force. The most important organization which monitors access to abortion is »Federation for Women's Rights and Family Planning« (»Federacja na Rzecz Kobiet i Planowania Rodziny«). This group prepares reports on reproductive rights in Poland; in particular, on accessibility to abortion, anticonception and sexual education. In year 2009, this organization published a report: *20 Years, 20 Changes. Women in Poland in the Time of Transformation 1989–2009*. In the

---

[56] Chałubiński: Polityka, Kościół, aborcja [Politics, the Church, abortion] (note 55), pp. 113–115.

[57] List 100 kobiet [Letter of One Hundred Women]. https://www.kuwi.europa-uni.de/de/lehrstuhl/lw/depolitbez/Lehrveranstaltungen/Seminarmaterial/list100kobiet.pdf (accessed on 8.1.2018).

chapter on reproduction health, one can come across the section on the issues of abortion. This section confirms the presence of an abortion underground and abortion tourism, which serve not only for women that not allowed to conduct the procedure in Poland but also for women that, on the grounds of the current regulations, could theoretically have access to abortion.[58] After an analysis of data provided by the »Federation for Women's Rights and Family Planning«, the author of the report states that: »Possibility of a legal abortion in Poland is very difficult to achieve and even borders on impossibility.«[59] The author also cites data provided by non-government organizations that estimate the number of illegal abortions at 100.000 to 190.000 a year.[60] The state of mind of the women interested in changing the abortion law is provided by Kazimiera Szczuka in her best-selling book *Milczenie owieczek. Rzecz o aborcji:* »How should we describe the situation of Polish women under a strict law that denies them access to abortion, absence of sexual education, absence of funding for anticonception? Humiliation? Objectification? Abandonment?«[61]

Yet, the results of the opinion polls on the issue of changing of the abortion law show that the experience of denial of legal abortion, even within the framework guaranteed by the legal regulations, do not translate to the women's will for fighting for their reproductive rights. The success of the »black protests« of 2016 resulted, above all, from extreme character of proposed changes. The project of delegalizing of, so-called, »eugenic abortion« promulgated in 2017 did not trigger similar protests. Explanation for the evolution of the public opinion on the issues of abortion could be provided by an analysis of schools' curricula on the topics of sexual education and reproductive rights.

[58] Agata Chełstowska: Krótka historia aborcji [Short History of Abortion]. In: Anna Czerwinska, Joanna Piotrowska (eds.): 20 lat, 20 zman. Kobiety w Polsce w okresie transformacji 1989–2009, pp. 11–31, here pp. 13–15.

[59] Chełstowska: Krótka historia [Short History] (note 58), p. 15.

[60] Chełstowska: Krótka historia [Short History] (note 58).

[61] Kazimiera Szczuka: Milczenie owieczek. Rzecz o aborcji [The silence of the little lambs. A treaty on abortion]. Warszawa 2004, p. 28.

5. School curriculum topic »Education to life in the family«

The legal »Act on Family Planning« of 1993, which codified access to abortion, also included a section on provision of sexual education in schools. Yet only in 1999, an executive act of the Ministry of National Education regulated organization of such classes.[62] Among the aims of the lessons on sexuality of a human being were »integral depiction of the topic of sexuality« and »creation of pro-family, pro-health and pro-social attitudes«. The official name of the classes is »Education to life in the family«.[63] Since novelization of the »Announcement« in 1999, the classes are not obligatory and the absence is allowed from the moment in which a written declaration is provided by the parents of the pupil or herself/ himself, if they are under legal age.[64]

In 2011, the Ministry of National Education published the redacted curriculum for this subject. In this document, the emphasis is put on the role of the family and marriage as an area of experiencing sexuality. The curriculum for secondary schools includes a section on harmfulness of abortion: »Abortion as a threat for mental and physical health – legal, medical, and ethical aspects«.[65] On the other hand, the curriculum includes also the problem of dysfunctional families, such as »violence in a family«, »sexual exploitation«.[66] It is important to note that on the level of high school a topic on »Tolerance for cultural, ethnic, religious and sexual differences« has been included in the curriculum.[67]

From the beginning of the school year 2017/2018 a new curriculum has been adapted. It concentrates to a high degree on the idea that family should be a foremost area of human sexual realization. Among the topics covered by the curriculum, highest prominence receive opinions that sexuality should only take place in the context of a family,

---

[62] Obwieszczenie Ministra Edukacji Narodowej z dnia 18 grudnia 2013 r. Dziennik Ustaw Rzeczpospolitej Polskiej 2014 r., pozycja 395 [Announcement of the Minister of National Education of 18. December 2013 In: Journal of Laws of the Republic of Poland of 2014, position 395].

[63] Obwieszczenie Ministra [Announcement of the Minister] (note 62).

[64] Obwieszczenie Ministra [Announcement of the Minister] (note 62).

[65] Ministerstwo Edukacji Narodowej: Podstawa programowa przedmiotu »Wychowanie do życia w rodzinie« [Curriculum for the school subject »Education to life in the family«]. https://men.gov.pl/wp-content/uploads/2011/02/4i.pdf (accessed on 8.1. 2018).

[66] Ministerstwo Edukacji Narodowej: Podstawa programowa [Curriculum] (note 65).

[67] Ministerstwo Edukacji Narodowej: Podstawa programowa [Curriculum] (note 65).

aim at conceiving an offspring and serve as a reinforcement of emotional bonds among the spouses.[68] In this curriculum, several points highlight the conservative values that are provided during the lessons. For example, the student should know: »what constitutes the maturity to for establishing the family«, »the functions of the family, for example, procreative, caring, educational function, and their meaning during the development of a human being«, and »how the family education to love, truth, honesty, as well as patriotic, religious and moral upbringing can be achieved within the family«.[69] Within the area of sexuality, the student: »can describe the main functions of sexuality, such as: expressing the love, building up of connection and parenthood as well as mutual help, complementariness, integral cooperation of the genres«.[70] A point on the topic »Life as a fundamental value« is also included in the curriculum: »[the student] understands the meaning of the family planning and knows which aspects should be regarded when the decision on procreation is being taken«.[71] Furthermore, »[the student] expresses his/hers appreciation and care for life from its beginning during the conception until the natural death«.[72] Within the area of fertility: »[the student] knows the difference between anticonception and natural family planning, in vitro conception and naprotechnology«.[73]

A close examination of the new curriculum allows noticing that the subject »Education to life in the family« repeats the teachings of the Catholic Church within the domain of the human sexuality. This doctrine is anyway present in the school lessons on religion, intro-

[68] Ministerstwo Edukacji Narodowej i Ośrodek Rozwoju Edukacji: Podstawa programowa kształcenia ogólnego z komentarzem. Szkoła podstawowa. »Wychowanie do życia w rodzinie« [Curriculum for the school subject with commentary. Primary school. »Education to life in the family«], p. 11. http://new.ore.edu.pl/wp-content/uploads/2017/05/wychowanie-do-zycia-w-rodzinie.-pp-z-komentarzem.-szkola-podstawowa.pdf (accessed on 8.1.2018).

[69] Ministerstwo Edukacji Narodowej: Podstawa programowa [Curriculum] (note 68), p. 11.

[70] Ministerstwo Edukacji Narodowej: Podstawa programowa [Curriculum] (note 68), p. 12.

[71] Ministerstwo Edukacji Narodowej: Podstawa programowa [Curriculum] (note 68), p. 12–13. It is important to note that earlier curricula on the subject did not distinguish between anticonception and natural methods of the family planning.

[72] Ministerstwo Edukacji Narodowej: Podstawa programowa [Curriculum] (note 68), p. 13.

[73] Ministerstwo Edukacji Narodowej: Podstawa programowa [Curriculum] (note 68), p. 13.

duced to Polish schools in 1990. This fact can lead to a conclusion that the Polish school, as a public institution, made another step on the road to resign, maybe not from the axiological neutrality, but certainly from the protection of plurality of values in the educational process.

6. Conclusion

The evolution of the Polish legislation on accessibility to abortion shows the political character of the discussion on the reproductive rights of the women. The arrangement of the legislation that regulates the legal access to abortion mirrors the political power of different institutions that promote various solutions. The Catholic Church turned out to be a subject with much greater gravity on the Polish political stage than non-governmental organizations representing Polish women. As an especially important point should be considered the ability of the Church to shape the educational topics taught in schools; during the religion lessons but also during the school subject »Education for life in the family«. After almost 25 years of one of the most restrictive legislations on abortion in Europe being in force, and considering the problems with access to legal abortion in Poland, it is difficult to foresee the future of the reproductive rights in Poland. The debate on these rights highly polarizes Polish society – the political atmosphere of the discussion on the issue of abortion in 2016 and 2017 was similarly tense as the dispute in 1992–1993. The chances for liberalization of the »Act on Family Planning« of 1993 are negligible. Yet, the fight for changing of this regulation became an important catalyst for shifting of the opinion on the women's rights which probably has not been considered this carefully in the 28 years of Polish democracy as in the last two years. One of the expressions of this change is the legislation project provided by the initiative »Let's save women« that questions the currently binding, so called, »abortion compromise«. For the first time, the women initiate legal changes, which they demand without support of political parties and without regard for political divisions. A refusal of discussion on the women's reproductive rights and resignation from initiating changes in the »abortion compromise« became a common denominator of almost all Polish political parties up to 2016. The only exception was an attempt to change the abortion law made in 1996. It is clear that the awareness of the need to fight for the reproductive rights is closely tied together with the influence on school curricula and with the need to protect women's rights also in the symbolic social space.

Autorenverzeichnis

Jasmin Dittmar, M.A.
Universität Kassel
Fachbereich Gesellschaftswissenschaften – Soziologie
Nora-Platiel-Straße 1
D-34127 Kassel
jasmin.dittmar@uni-kassel.de

Franziska Huber
Universität Augsburg
Institut für Bio-, Gesundheits- und Medizinrecht
Universitätsstraße 24
D-86159 Augsburg
franziska.huber@jura.uni-augsburg.de

Barbara Krzyżewska, B.A.
ul. Tetmajera 28
PL-05–071 Sulejówek
bkrzyzewska@gmail.com

Prof. Dr. Josef Franz Lindner
Universität Augsburg
Lehrstuhl für Öffentliches Recht, Medizinrecht und Rechtsphilosophie
Universitätsstraße 24
D-86159 Augsburg
josef.lindner@jura.uni-augsburg.de

Dr. Joanna Miksa
University of Łódź
Institute of Philosophy
ul. Lindleya 3/5
PL-90–131 Łódź
jmalaxer@wp.pl

Dr. Marcin Orzechowski
Universität Ulm
Institut für Geschichte, Theorie und Ethik der Medizin
Parkstraße 11
D-89073 Ulm
marcin.orzechowski@uni-ulm.de

Dr. Nadia Primc
Ruprecht-Karls-Universität Heidelberg
Institut für Geschichte und Ethik der Medizin
Im Neuenheimer Feld 327
D-69120 Heidelberg
Primc@uni-heidelberg.de

Vasilija Rolfes, M.A.
Heinrich-Heine-Universität Düsseldorf
Institut für Geschichte, Theorie und Ethik der Medizin
Center for Health and Society
Universitätsstraße 1
D-40225 Düsseldorf
vasilija.rolfes@uni-duesseldorf.de

Dr. Giovanni Rubeis
Universität Ulm
Institut für Geschichte, Theorie und Ethik der Medizin
Parkstraße 11
D-89073 Ulm
giovanni.rubeis@uni-ulm.de

Diana Schneider, M.A.
Fachhochschule Bielefeld
Fachbereich Sozialwesen
Interaktion 1
D-33619 Bielefeld
diana.schneider@fh-bielefeld.de

Dr. Maximilian Schochow
Universität Ulm
Institut für Geschichte, Theorie und Ethik der Medizin
Parkstraße 11
D-89073 Ulm
maximilian.schochow@uni-ulm.de

Univ.-Prof. Dr. Florian Steger
Universität Ulm
Institut für Geschichte, Theorie und Ethik der Medizin
Parkstraße 11
D-89073 Ulm
florian.steger@uni-ulm.de

Antoni Torzewski
Uniwersytet Kazimierza Wielkiego w Bydgoszczy
ul. Piękna 1
PL-89–200 Szkocja
antoni.torzewski@gmail.com

Manuel Willer, M.A.
Martin-Luther-Universität Halle-Wittenberg
Institut für Geschichte und Ethik der Medizin
Magdeburger Straße 8
D-06112 Halle (Saale)
manuel.willer@medizin.uni-halle.de

Krisztina Vinter-Orzechowski, LL.M.
Lehrer-Tal-Weg 124
D-89075 Ulm
krisztina.vinter@live.de